职业教育汽车技术专业
"岗""课""赛""证"综合育人
新形态创新教材

新能源汽车技术

郭阳阳　曹　源　杨民东　主编

天津出版传媒集团

天津科学技术出版社

内 容 提 要

本书主要内容包括：新能源汽车概况、纯电动汽车、混合动力电动汽车、燃料电池电动汽车、电动汽车动力蓄电池、电动汽车驱动电机、电动汽车控制系统、电动汽车辅助系统。

本书可作为职业院校的教学用书，也可作为相关专业人员的参考用书。

图书在版编目（CIP）数据

新能源汽车技术／郭阳阳，曹源，杨民东主编．—天津：天津科学技术出版社，2022.11（2025.1重印）

ISBN 978-7-5742-0352-5

Ⅰ.①新… Ⅱ.①郭… ②曹… ③杨… Ⅲ.①新能源—汽车—高等职业教育—教材 Ⅳ.①U469.7

中国版本图书馆CIP数据核字（2022）第130490号

新能源汽车技术
XINNENGYUAN QICHE JISHU

责任编辑：刘 颖
责任印制：刘 彤

出　　版：	天津出版传媒集团 天津科学技术出版社
地　　址：	天津市西康路35号
邮　　编：	300051
电　　话：	(022) 23332372
网　　址：	www.tjkjcbs.com.cn
发　　行：	新华书店经销
印　　刷：	昌昊伟业（天津）文化传媒有限公司

开本 889×1194 1/16 印张 11.5 字数 331 000
2025年1月第1版第2次印刷
定价：45.00元

前言

汽车的出现极大地推进了人类文明的发展，它不仅改变了人类的交通方式，更改变了人类的生产生活方式。汽车在给人类生活提供便利的同时，也带来了很多负面影响。石油短缺、环境污染、气候变暖是全球汽车产业面对的共同挑战，各国相继出台了一系列政策来支持新能源汽车的发展。

从汽车动力燃料出发，新能源汽车有别于传统能源汽车。传统燃料汽车一般使用汽油和柴油，而新能源汽车主要包括纯电动汽车、燃料电池汽车、混合动力汽车和氢能源动力汽车等。对整个汽车产业而言，发展新能源汽车已经成为一种必然的选择。

本书全面系统地论述了新能源汽车的基础知识，共分八个模块。模块一阐述了新能源汽车的类型、新能源汽车发展现状及趋势；模块二、三、四分别阐述了纯电动汽车、混合动力汽车、燃料电池汽车的类型、结构、工作原理，以及国内外典型的新能源汽车车型；模块五阐述了各类电动汽车动力蓄电池的结构、原理、充放电特性及应用；模块六阐述了各类电动汽车驱动电机的结构、原理、控制方法及应用；模块七阐述了电动汽车控制系统中整车控制器、电池管理系统、电机控制器的结构、功能、原理；模块八阐述了电动汽车辅助系统中 DC/DC 变换器、电动汽车制动系统、电动汽车转向系统、电动汽车空调系统的结构、原理、控制策略。

本书内容丰富，理论性和实用性强，既有在新能源汽车上已经广泛应用的成熟技术，也有最新获得发展的一些高新技术，可作为高等职业院校新能源汽车及相关专业的教材，也可作为新能源汽车相关领域的工程技术人员、管理人员和科研人员的参考用书。

由于各车厂的技术路线和设计差异很大，加之作者水平有限及本书的篇幅所限，难免会有错漏或不当之处，敬请广大读者批评指正。

谨将此书献给多年来给予作者帮助的各界朋友及广大读者。

编 者

编委会

主　审　孔水清　杨光勇

主　编　郭阳阳　曹　源　杨民东

副主编　(排名不先后)
　　　　胡　朝　陈高峰　许新福　张　磊
　　　　许　风　覃兴强

编　者　(排名不先后)
　　　　皮　相　李　帅　马文璐　雷　雲
　　　　邹　祥　刘一鸣　曹立昆　葛　瑶

丛书编委会

专家指导委员会主任　吴书龙

专家指导委员会副主任　张俊停

专家指导委员会顾问　郑延武　付亦凡　刘云鹏

编委会委员(排名不先后)
　　　　邓建平　高红花　武　彤　许云奎
　　　　涂　华　陈百强　孟　迪　孙彦博
　　　　金传琦　韩仕军　周　亮　梁嘉生
　　　　李苏婷　李云杰　何速舰　李国君
　　　　李春超　邹　明　张　宇　杨胜义

目　录

模块 1　新能源汽车概况 ··· 1
 1.1　新能源汽车基础认知 ·· 1
 1.2　新能源汽车的发展概述 ·· 4
 1.3　智能网联汽车的发展概述 ······································· 12

模块 2　纯电动汽车 ·· 20
 2.1　纯电动汽车概述 ·· 20
 2.2　纯电动汽车的结构与原理 ······································· 22
 2.3　纯电动汽车的经济性 ·· 28
 2.4　纯电动汽车车型实例 ·· 32

模块 3　混合动力电动汽车 ··· 40
 3.1　混合动力电动汽车概述 ·· 40
 3.2　混合动力电动汽车的工作原理 ··································· 45
 3.3　混合动力电动汽车的关键技术 ··································· 49
 3.4　混合动力电动汽车能量管理策略 ································· 51
 3.5　混合动力电动汽车车型实例 ····································· 54

模块 4　燃料电池电动汽车 ··· 70
 4.1　燃料电池概述 ·· 70
 4.2　质子交换膜燃料电池 ·· 74
 4.3　燃料电池汽车概述 ·· 76
 4.4　燃料电池电动汽车的结构与工作原理 ····························· 81
 4.5　燃料电池电动汽车车型实例 ····································· 86

模块 5　电动汽车动力蓄电池 ··· 92
 5.1　电池概述 ·· 92
 5.2　铅酸蓄电池 ·· 96
 5.3　镍氢电池 ··· 101
 5.4　锂离子电池 ··· 106
 5.5　电动汽车的其他储能装置 ······································ 110

模块 6　电动汽车驱动电机 …… 115

6.1　电动机概述 …… 115
6.2　直流电动机 …… 117
6.3　异步电动机 …… 124
6.4　永磁同步电动机 …… 128
6.5　开关磁阻电动机 …… 132
6.6　轮毂电动机 …… 135

模块 7　电动汽车控制系统 …… 139

7.1　整车控制器 …… 139
7.2　电池管理系统 …… 144
7.3　电机控制器 …… 149

模块 8　电动汽车辅助系统 …… 154

8.1　DC/DC 变换器 …… 154
8.2　电动汽车制动系统 …… 158
8.3　电动汽车转向系统 …… 163
8.4　电动汽车空调系统 …… 168

模块 1 新能源汽车概况

学习目标

知识目标：
1. 了解国内外新能源汽车现状与发展趋势。
2. 理解新能源汽车的定义与分类。
3. 了解智能网联汽车的现状与发展趋势。

技能目标：
1. 识别新能源汽车的类型与主流车型。
2. 掌握智能网联汽车的分级、结构。

素质目标：
1. 养成严谨科学的工作态度。
2. 培养自主学习、资料查找的能力。

1.1 新能源汽车基础认知

任务解析

汽车工业的高速发展及人们对于汽车使用需求的不断增加，带动了汽车产量和保有量的持续上升，从而加剧了人们目前普遍关注的能源问题和环境问题。寻找清洁的替代能源一直是各国努力探索的目标。新能源汽车因此得到高度重视。那么什么样的汽车可被称为新能源汽车呢？新能源汽车有哪些类型？

任务学习

1.1.1 新能源汽车的定义

2009 年 6 月 17 日，中华人民共和国工业和信息化部（以下简称为工业和信息化部）发布了《新能源汽车生产企业及产品准入管理规则》，对新能源汽车做出了明确的定义。

（1）新能源汽车是指采用非常规的车用燃料作为动力来源（或使用常规的车用燃料、采用新型车载动力装置），综合车辆的动力控制和驱动方面的先进技术，形成的技术原理先进、具有新技术、新结构的汽车。

（2）新能源汽车包括混合动力汽车、纯电动汽车（BEV，包括太阳能汽车）、燃料电池电动汽车

（FCEV）、氢发动机汽车、其他新能源（高效储能器、二甲醚）汽车等各类别产品。

根据以上定义，新能源汽车应该具有三个特征。第一个特征是必须是技术原理先进、具有新技术、新结构的汽车；第二个特征是综合了车辆的动力控制和驱动方面的先进技术；第三个特征是采用非常规车用燃料作为动力来源，或者使用常规的车用燃料，但是采用了新型的车载动力装置。

2017年7月，工业和信息化部公布的《新能源汽车生产企业及产品准入管理规定》中，深化了新能源汽车的定义与分类：本规定所称新能源汽车，是指采用新型动力系统，完全或者主要依靠新型能源驱动的汽车，包括插电式混合动力（含增程式）汽车、纯电动汽车和燃料电池汽车等。

1.1.2 新能源汽车的分类

按照汽车的驱动方式来分类，新能源汽车主要分为以电力驱动，如纯电动汽车、燃料电池电动汽车；以内燃机驱动，如燃气汽车、生物燃料汽车；以混合动力驱动，如增程式电动汽车、油电混合动力汽车、插电式混合动力汽车。

新能源汽车涵盖的范围较广，一般可分为电动汽车和替代燃料汽车，其中电动汽车包括纯电动汽车、混合动力电动汽车和燃料电池电动汽车。替代燃料汽车又分为燃气汽车、生物燃料汽车和氢燃料汽车等。

1. 纯电动汽车

纯电动汽车（Battery Electric Vehicle，BEV）是一种采用单一动力蓄电池作为储能动力源的汽车，它利用大容量蓄电池（镍镉电池、镍氢电池或锂离子电池等）作为储能动力源，通过电池向电动机提供电能，驱动电动机运转，从而推动汽车行驶。

纯电动汽车的核心组成包括电机、动力蓄电池及电控单元等。其中，由电机及控制系统组成的电驱动系统是纯电动汽车动力核心。这是其与传统内燃机汽车的最大的区别。动力蓄电池及控制单元则构成了纯电动汽车的动力源。

纯电动汽车的主要优点在于：采用动力蓄电池组及电机驱动动力，它工作时不排放污染大气的有害气体。由于电力可以从多种一次能源获得，如煤、核能、水力、风力、光、热等，缓解了人们对石油资源日渐枯竭的担心。电动汽车还可以充分利用晚间用电低谷时充电。同时，纯电动汽车的能量利用效率高，还可回收制动、下坡时的能量。但目前蓄电池单位质量储存的能量有待继续提高，纯电动汽车续航焦虑仍然存在。动力蓄电池价格较高，整车的使用成本也由于动力蓄电池的寿命问题而增大。同时充电时间较长，一般快充为大功率直流充电，半小时能够充到80%电量，1-1.5个小时左右可以充满电。慢充为交流充电，充满电一般需要6-8个小时。而且目前国内的充电站总体还是较少，配套设施还不够完善。

2. 混合动力汽车

混合动力汽车是指驱动系统由两个或多个能同时运转的单个驱动系统联合组成的车辆，车辆的行驶功率依据实际的车辆行驶状态由单个驱动系统单独或共同提供。因各个组成部件、布置方式和控制策略不同，混合动力汽车有多种形式。

按照动力系统的结构不同，混合动力汽车可以分为：串联式混合动力汽车（SHEV）、并联式混合动力汽车（PHEV）和混联式混合动力汽车（PSHEV）。按混合度（电动机功率与内燃机功率之比）的不同，混合动力汽车又可分为微混合汽车、轻度混合汽车、中度混合汽车和重混合汽车。混合动力电动汽车还可以按照动力蓄电池补充能量的方式分为：插电式混合动力汽车和自充电式混合动力汽车（油电混合和增程式），上面提到的串联和并联式混合动力电动汽车既可以是插电式也可以是自充电式。

混合动力电动汽车的主要特点在于：其有两套驱动行驶系统，根据不同的工况可以有选择性地搭配使用，保持良好的经济性；根据出行距离的远近来进行转换，实现近距离用电，远距离用油；在繁华市区，可关停内燃机，由电动机单独驱动，实现"零排放"；将制动和下坡时的能量回收到动力蓄电池中再次利用，降低了燃油消耗。但是混合动力汽车也存在一定的缺陷，如汽车生产成本较传统动力汽车高，长距离高速行驶不省油等。

3. 燃料电池电动汽车

燃料电池电动汽车（fuel cell electric vehicle，FCEV）是使用燃料电池作为能源的电动汽车。它是利用氢气和空气中的氧气在催化剂的作用下，在燃料电池中经电化学反应产生电能，并作为主要动力源驱动的汽车。燃料电池电动汽车实质上是纯电动汽车的一种，主要区别在于动力蓄电池的工作原理不同。一般来说，燃料电池是通过电化学反应将化学能转化为电能，电化学反应所需的还原剂一般为氢气，氧化剂则为氧气，因此最早开发的燃料电池电动汽车多是直接采用氢燃料，氢气的储存可采用液化氢、压缩氢气或金属氢化物储氢等形式。

燃料电池通过加燃料的方式补充能量，因此时间和加油相近，可以快速完成。使用氢作燃料时，无污染物排出。同时其直接将氢的化学能转化为电能，不经过燃烧过程，因而具有较高的能量转化效率。而且燃料电池汽车的续航里程长，克服了纯电动汽车续驶里程短的缺点。然而，燃料电池汽车在氢燃料的制取、储存、运输及携带等方面及非氢燃料电池的重整系统的效率、体积、质量大小及反应速度等方面的技术还需进一步提高。同时，燃料电池电动汽车的制造成本和使用成本较高，添加站点少也是其发展的制约因素。

4. 替代燃料汽车

替代燃料汽车主要有燃气汽车、生物燃料汽车和氢燃料汽车等。燃气汽车是指利用可燃气体作为能源驱动的汽车。目前常用的车用气体燃料可分为3种：压缩天然气，主要成分为甲烷；液化天然气，即经深度冷冻液化的甲烷；液化石油气，主要成分为丙烷和丁烷的混合物。燃用生物燃料或燃用掺有生物燃料燃油的汽车称为生物燃料汽车。与传统汽车相比，生物燃料汽车在结构上无重大改动，但排放总体上较低，如乙醇燃料汽车和生物柴油汽车等。氢燃料汽车是以氢为主要能量驱动的汽车。一般的内燃机通常注入柴油或汽油，氢动力汽车则改为使用气体氢。氢内燃机在汽车上的应用方式有3种：纯氢内燃机、氢—汽油双燃料内燃机、氢—汽油混合燃料内燃机。氢动力汽车是一种低排放的交通工具，且氢燃料储量丰富。

5. 其他新能源汽车

（1）飞轮储能汽车

利用飞轮的惯性储能，储存非满负载时发动机的余能及车辆在下坡时产生的能量、减速行驶时的能量，反馈到发电机上发电，驱动或加速飞轮旋转。飞轮使用磁悬浮方式，在70000r/min的高速下旋转。飞轮驱动在混合动力汽车上作为辅助，优点是可提高能源使用效率、重量轻、储能高、能量进出反应快、维护简单、寿命长，缺点是成本高、机动车转向受飞轮陀螺效应的影响。

（2）超级电容汽车

超级电容器是利用双电层原理的电容器。在超级电容器的两极板上电荷产生的电场作用下，在电解液与电极间的界面上形成相反的电荷，以平衡电解液的内电场，这种正电荷与负电荷在两个不同方向之间的接触面上，以正负电荷之间极短间隙排列在相反的位置上，这个电荷分布层称为双电层，因此电容量非常大。

1.2 新能源汽车的发展概述

任务解析

新能源汽车代表着未来汽车的发展方向，其在全球范围内所占的比例正在迅速增长。各国政府及产业界纷纷提出各自的发展战略，推动汽车产业的可持续发展，并提高本国及汽车产业界未来的国际竞争力。那么目前来看新能源汽车发展是什么现状呢？它的发展趋势又如何？

任务学习

新能源汽车"1+3+2"的技术发展体系如图1-2-1所示。"1"代表整车平台技术，作为新能源技术的综合载体，可通过传统汽车平台、传统平台的电气化改进及开发电动汽车专用平台来实现。"3"代表动力电池技术、驱动电机技术和电控技术（即"三电"），这三者是新能源技术的核心。其中最为核心的是动力电池技术，提高其能量密度和循环寿命是当前新能源汽车领域研究的重中之重。"2"代表充电技术和智能技术，分别是新能源汽车发展的保障和未来发展方向。

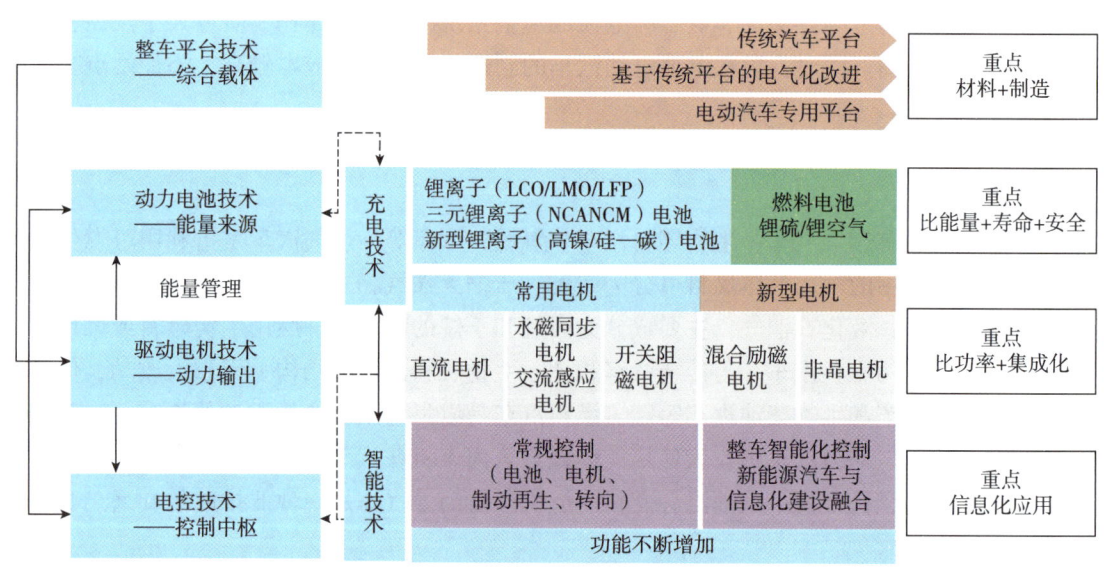

图1-2-1 新能源汽车技术发展体系

面对全球范围日益严峻的能源形势和环保压力，大力发展新能源汽车是解决上述问题的一个重要举措。近年来，世界主要汽车生产国都把发展新能源汽车作为提高产业竞争能力、保持经济社会可持续发展的重大战略举措。世界各国都依据自己的资源条件和产业技术状况制定和实施国家交通能源发展战略，增加投入，制定各种政策和计划，加快新能源汽车产业的发展。

1.2.1 国外新能源汽车的发展

新能源汽车代表着未来汽车的发展方向，其在全球范围内所占的比例正在迅速增长。石油作为不可再生能源，从长期来看无法持续支撑车用燃料的巨大需求，且不可避免地存在碳排放等污染问题。新能源汽车因此得到高度重视，一些国家及车企甚至提出了到2030年或之后只销售新能源汽车的计划。同时，世界各国纷纷推出了新能源汽车发展规划和全车补贴计划促进新能源汽车行业的发展。美系车企的技术路线主要是发展纯电动和增程式混合动力汽车。日韩系车企的技术路线主要是发展混合动力、纯电动和燃料电池汽车。德系车企技术路线主要是发展纯电动和插电式混动汽车。

1. 美国

20世纪90年代开始，美国政府以能源部为中心，通过加强与企业技术合作，增加了对电动汽车发展的投入。美国能源部于2009年拨款24亿美元，其中15亿美元用于资助蓄电池制造商及相关零部件供应商，5亿美元用于资助汽车企业生产电动汽车及其零部件，4亿美元用于资助插电式混合动力电动汽车示范运行和评估。2012年2月美国能源部成立了能量存储联合研究中心，开展先进电池技术研发。

2009年，特斯拉汽车公司推出了Model S（图1-2-2）纯电动汽车。Model S60车型搭载了由一台电动机和容量为60kWh的锂电池组成的纯电动系统，其中电动机最大功率为284.8kW，峰值扭矩为440N·m，百公里加速时间为5.8s，最大续驶里程为400km。

2015年福特汽车公司推出了Ford Fusion插电式混合动力汽车。其搭载了2.0L自然吸气发动机和电动机组成的混合动力系统，该系统最大输出功率145kW，车辆配备了容量为7.6kWh锂电池组为电动机提供动力，纯电动模式下续航里程为35km。

2016年，通用发布全新雪佛兰Bolt（图1-2-3）纯电动车。Bolt搭载一台单体电动马达和一套与LG合作研发的60kWh锂离子电池组，最大马力和扭矩达到了200 hp和360 N·m。Bolt可以在7s之内完成百公里加速，最高时速达到146 km/h，续航里程为320km。

图1-2-2 特斯拉Model S纯电动汽车

图1-2-3 雪佛兰Bolt纯电动车

近几年美国电动汽车发展效果显著，纯电动和插电式混合动力汽车年销量从2011年的1.78万辆上升至2019年的32.66万辆。自2015年被我国反超后，美国电动汽车的年销量稳居世界第二位。其中，特斯拉公司的Model系列车型对美国市场贡献巨大，年销量从2012年的2400辆增长到2018年的19.16万辆。2020年特斯拉在美国市场销量为20.6万辆，市占率达63%。从热销电动车车型来看，美国新能源车市场主要还是由Model 3和Model Y所主导。2021年3月，美国政府提议投资1740亿美元用于支持美国电动车市场发展，内容涉及完善美国国内产业链；销售折扣与税收优惠；到2030年建设50万个充电桩；校车、公交及联邦车队电动化。

2. 日本

日本是最早开始发展电动汽车的国家之一。1965年开始，日本就启动了电动车的研制，并正式把电动车列入国家项目，并于1967年成立电动车协会。随着能源形势日益严峻，日本发展的对象主要集中在纯电动车、插电式混合动力车和燃料电池车方面。

2006年6月，日本政府制定了《2030年国家能源战略》，提出发展各类新能源等战略构想，对新能源予以减税、政府财政补贴等政策支持，以期到2030年将日本对石油的依赖程度降低到40%。

2010年4月，日本经济产业部发布了面向未来的国内机动车产业指导规划——《新一代汽车战略2010》，目标是到2020年，在日本销售的新车中，纯电动汽车和混合动力汽车在整体销量中的占比达50%；到2030年，占比要扩大至70%，并计划在2020年前在全国建成200万个家用普通充电设备、5000个快速充电站。此外，为突破续驶里程瓶颈，攻克电池关键性技术，日本建立了开发高性能电动汽车动力蓄电池的最大新能源汽车产业联盟，包括丰田、日产等汽车企业，三洋电机等电机电池生产企业以及京都大学等著名学府及研究机构，共22家成员单位，拟通过开发高性能电动汽车动力蓄电池的方式，预计在2020年前将日本电动车一次充电的续驶里程增加三倍以上，实现到2020年把电动汽车的年销量提高到80万辆、混合动力汽车的年销量提高到120万辆的目标。

1997年，丰田汽车推出了第一款混合动力电动汽车Prius，其后又推出了第二代Prius、第三代Prius、第四代Prius和插电式混合动力车Prius PHEV，第四代Prius如图1-2-4所示。

本田汽车公司于1999年推出了Insight混合动力电动汽车，搭载了独创的IMA油电混合系统，有效地提升了燃油利用率。三菱公司于2009年10月推出"I-MiEV"电动汽车，一次充电可行驶160km，最高车速达130km/h。2014年12月，丰田公司向市场推出了首款燃料电池汽车（FCV），命名为"未来（Mirai）"，如图1-2-5。MIRAI加满一箱氢气只需3min，可连续行驶约650km，加氢时间和续航里程丝毫不逊于传统的内燃机汽车，燃料成本与内燃机汽车汽油成本相当，被业界认为是最具市场潜力的"终极环保车"。

图1-2-4　丰田第四代Prius

图1-2-5　丰田Mirai燃料电池汽车

3. 德国

2007年，德国政府通过《综合能源与气候计划》，并明确提出需制定德国在电动交通工具领域的发展规划。2009年初，德国政府通过了"500亿欧元的经济刺激计划"，其中很大一部分资金用于电动汽车研发、汽车充电站网络建设和可再生能源开发。

2009年德国《国家电动汽车发展规划》明确了电动汽车的国家战略性地位，致力于增强德国在电动汽车领域的国际竞争力，推动德国成为电动汽车领先市场，实现能源与环境政策目标。该文件确定了纯电驱动（BEV、PHEV及FCEV）的电动汽车技术路线及政府将支持的科研领域，并提出到2020年和2030年，电动汽车保有量分别达100万辆和500万辆；到2050年，城市交通领域不再使用化石燃料。

2011年5月，德国发布《电动汽车政府方案》，是《国家电动汽车发展规划》的细化和落实，从研发、示范、教育、标准化、基础设施、税收优惠、交通等方面提出了政府的未来详细行动方案，对德国电动汽车发展影响深远。2015年5月，德国联邦政府宣布将强化充电网络的建设，计划投资3亿欧元，在德国范围建造1.5万个充电站。2016年10月，德国联邦参议院正式通过了《零排量交通解决方案策略》，计划从2030年开始不再销售传统燃油汽车。

2013年，宝马汽车公司推出了首款纯电动汽车i3，如图1-2-6所示。其采用后置后驱的驱动方式，电动机最大输出功率为125kW，最大输出转矩为250N·m，百公里加速时间为7.2s，最高车速达150km/h。宝马i3配备了22km·h的锂离子蓄电池，在充满电的情况下续驶里程为130~160km。

图 1-2-6　宝马 i3 纯电动汽车

2015年，奥迪汽车公司发布了 A6Le-tron 插电式混合动力车型，其动力系统包括 2.0TFS 汽油发动机和电动机，综合输出功率可达 182.7kW，峰值转矩为 500N·m，百公里加速时间为 8.4s。它具有 3 种驱动模式，分别为发动机、纯电动和混合动力模式。纯电动模式下以 60km/h 匀速行驶，续驶里程为 80km。

4. 其他国家

韩国政府高度重视新能源汽车的开发，在法律保障、税收优惠等多方面进行扶持。2008 年 9 月，韩国政府发布了《绿色能源产业发展战略》，提出将绿色汽车作为推进阶段性增长动力的重点领域。2009 年 6 月，韩国政府宣布在 5 年内，直接投入 1500 亿韩元，并调动民间资金 5500 亿至 7200 亿韩元，用于提高汽车能效的技术研发，使韩国国产汽车的平均能效每年提高 5%。2009 年 11 月，韩国政府设定了一个自愿减排目标，到 2020 年，在 2005 年的基础上减排 4%。

2015 年 11 月，韩国产业通商资源部在应对气候变化与新能源产业研讨会上公布了韩国"2030 新能源产业扩散战略"，争取到 2030 年把韩国纯电动车的累计销量增加到 100 万辆，其具体措施包括把一次充电后的续航里程提高 1.5 倍，到 2030 年全国建成 1400 个基础充电站，建成 80 座用于燃料电池车的加氢站，还计划到 2030 年把 3.3 万多辆市区公交车全部电动车化。同时，为了鼓励消费者购买新能源车，政府还加大补贴力度。2016 年开始，氢燃料电池汽车每辆可获得 2750 万韩元（约合 2.2 万美元）补贴，而纯电动汽车和混合动力电动汽车的补贴分别为每辆 1200 万韩元（9600 美元）和 100 万韩元（800 美元），凡购买新电动汽车的消费者的消费税可免除 5%，注册税可免除 7%，总共可免除购车者 420 万韩元（3600 美元）的税收。

1995 年法国政府就制定了支持电动汽车发展的优惠政策，对购买每辆电动汽车提供最高 1.5 万法郎的补贴，并规定自 2008 年 1 月 1 日起，政府按所购买新车的二氧化碳排放量，对车主给予相应的现金"奖罚"，以鼓励购买低排量环保车型。2008 年 10 月，法国政府宣布投入 4 亿欧元用于研发和制造清洁能源汽车，同时在工作场所、超市和住宅区等大力推进充电站建设，保证电动汽车充电便捷。2009 年 10 月，法国政府公布了旨在发展电动车和充电式混合动力车的计划，目标是在 2020 年前，生产 200 万辆清洁能源汽车。

英国政府自 2011 年 1 月起，为购买符合标准的新能源汽车消费者提供补贴，乘用车补贴额为车价的 25%，最高补贴金额为 5000 英镑；货运车辆补贴额为车价的 20%，上限为 8000 英镑。此外，英国政府还为新能源汽车制定了一些税收减免优惠政策，如免除公路税、燃油税、提高车辆折旧减免优惠额等。一些地方政府对新能源汽车也有特殊优惠政策，如伦敦市政府为新能源汽车全免除了进城拥堵费等，并大力推进基础设施建设，完善充电点布设。根据英国汽车协会预测，到 2020 年，英国上路的插电式汽车和纯电动汽车的数量将达到 50 万辆。数据显示，从 2018—2020 年英国电动汽车充电地点数量逐年增多，至 2019 年 10 月首次突破 1 万个，达到 10022 个。

1.2.2 国内新能源汽车的发展

1. 我国新能源汽车的战略规划

我国高度重视新能源汽车技术的发展。"十五"期间，启动了 863 计划电动汽车重大科技专项，确立了"三纵三横"（三纵：混合动力汽车、纯电动汽车、燃料电池汽车；三横：电池、电机、电控）的研发布局（图 1-2-7），取得了一大批新能源汽车技术创新成果。

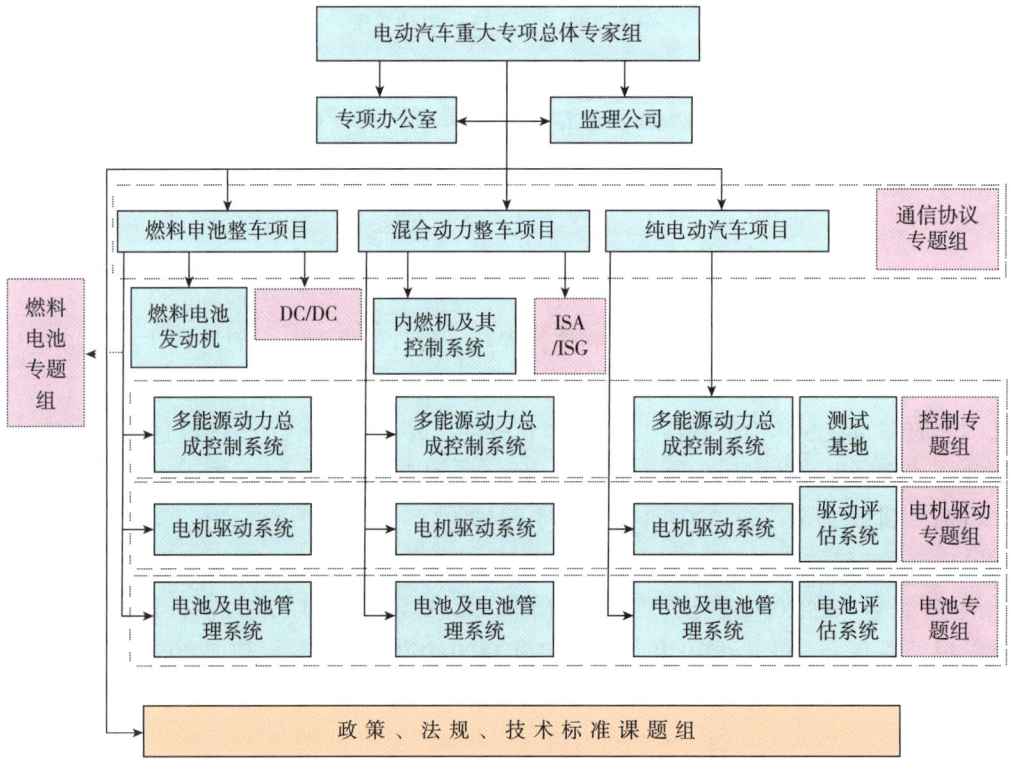

图 1-2-7 "十五"国家新能源汽车技术体系

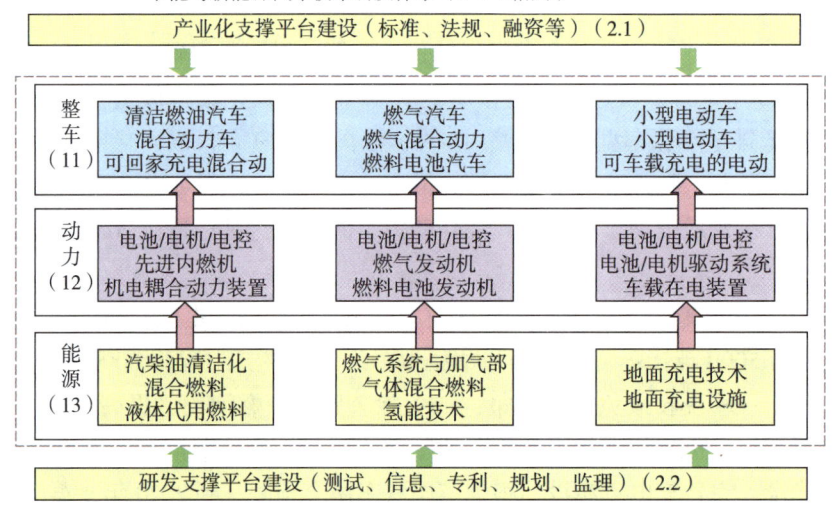

图 1-2-8 "十一五"国家新能源汽车技术体系

"十一五"期间，我国新能源汽车从打基础到示范考核阶段，如图1-2-8所示，组织实施了863计划节能与新能源汽车重大项目，继续坚持"三纵三横"的总体布局，围绕"建立技术平台，突破关键技术，实现技术跨越"、"建立研发平台，形成标准规范，营造创新环境"和"建立产品平台，培育产业生态，促进产业发展"三大核心目标，全面展开电动汽车关键技术研究和大规模产业化技术攻关，聚焦动力系统技术平台和关键零部件研发。

"十二五"期间，我国新能源汽车从示范考核到产业化启动阶段，如图1-2-9所示，组织实施了"电动汽车科技发展"重大专项，紧紧围绕电动汽车科技创新与产业发展的三大需求，继续坚持"三纵三横"的基本研发布局。在"三纵"方面，纯电动汽车、增程式电动汽车和插电式混合动力汽车作为纯电驱动汽车的基本类型归为一个大类；燃料电池汽车作为纯电驱动汽车的特殊类型继续独立作为一"纵"；混合动力汽车主要为常规混合动力汽车。在"三横"方面，"电池"包括动力电池和燃料电池；"电机"包括电机系统及其与发动机、变速箱总成一体化技术等；"电控"包括"电转向""电空调""电制动"和"车网融合"等在内的电动汽车电子控制系统技术。根据"纯电驱动"技术转型战略，更加突出"三横"共性关键技术，着力推进关键零部件技术、整车动力系统集成技术和公共平台技术的攻关与完善、深化与升级，形成"三横三纵三大平台"战略重点与任务布局。

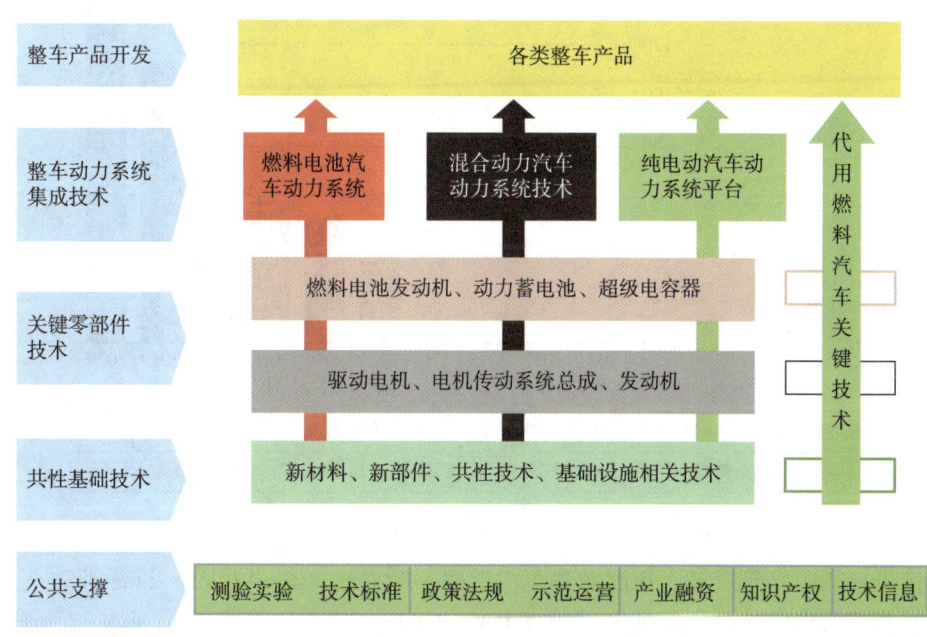

图1-2-9 "十二五"国家新能源汽车技术体系

经过近十五年的努力，我国电动汽车技术研发能力从无到有、从弱到强，自主创新取得重要进展，基本建立了适合中国国情、能有效联合产学研力量与汽车产业发达国家竞争的国家创新体系，搭建了自主知识产权的电动汽车动力系统技术研发平台，初步构成了关键零部件的配套研发体系，符合中国特色的各种动力系统技术不断创新和应用，形成了具有中国特色的技术特征与市场构成。

2020年11月，国务院办公厅正式发布《新能源汽车产业发展规划（2021—2035年）》，为未来十五年中国新能源汽车产业的发展指明了方向。到2025年，我国新能源汽车市场竞争力明显增强，动力电池、驱动电机、车用操作系统等关键技术取得重大突破，安全水平全面提升。纯电动乘用车新车平均电耗降至12.0kW·h/100km，新能源汽车新车销售量达到汽车新车销售总量的20%左右。力争经过15年（2035年）的持续努力，我国新能源汽车的核心技术能达到国际先进水平，质量品牌具备较强国际竞争力。纯电动汽车成为新销售车辆的主流，公共领域用车全面电动化，燃料电池汽车实现商业化应用，充换电服务网络便捷高效，氢燃料供给体系建设稳步推进。

2. 我国新能源汽车的发展

在新能源汽车方面，我国成为全球新能源汽车发展最为迅速的市场，成为全球最大的新能源汽车市场。中国车企以纯电动和插电混合动力汽车为主、兼顾燃料电池汽车路线。多款纯电动、插电式混合动力车型相继推出，并得到了较好的市场响应。在政策激励和技术进步的共同作用下，新能源汽车销量逐渐增长。

《中国汽车产业发展年报 2021》显示，2020 年，我国新能源汽车产销分别完成 136.6 万辆和 136.7 万辆，同比分别增长 7.5% 和 10.9%，产销量创历史新高。截至 2020 年底，全国新能源汽车保有量达 492 万辆，占汽车总量的 1.75%，比 2019 年增加 111 万辆，增长 29.18%。其中，纯电动汽车保有量 400 万辆，占新能源汽车总量的 81.32%。新能源汽车增量连续三年超过 100 万辆，连续 6 年位居全球第一，呈持续高速增长趋势。此外，随着推广应用力度加大，我国新能源乘用车消费主体逐步由公共领域向私人购买转变，私人消费占比大幅提升至 70% 左右。

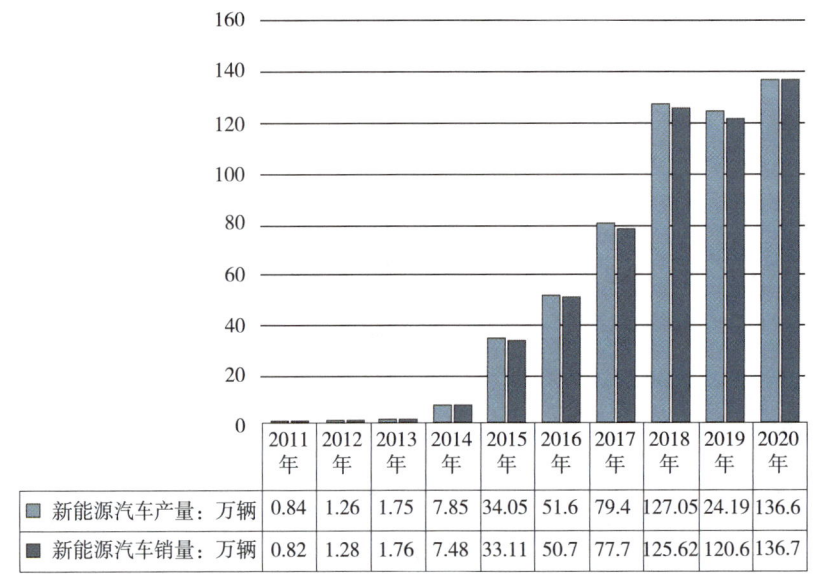

图 1-2-10　2011—2020 年中国新能源汽车产销量

我国大力推进新能源汽车发展，新能源汽车渗透率不断提高，在"双碳"目标带动下，适应产业升级趋势和绿色消费新需求的产品不断推出。2011 年推出了比亚迪 e6，配备了比亚迪自主研发生产的磷酸铁锂电池，最高时速达 120km/h，百公里加速时间小于 13s，百公里能耗约为 20 度电。2016 年 4 月，上汽乘用车推出的荣威 e550，是中国首款量产的插电式混合动力轿车。其采用由 1.5L 发动机构成的 Green-motion 高效能混合动力引擎组，能提供 147kW 的峰值功率及 587N·m 的峰值扭矩；纯电模式下续航里程 60km；总续航里程达 600km。2020 年 7 月，比亚迪汉 EV 上市，首次搭载新型磷酸铁锂刀片电池，最大功率 163kW，最大扭矩 330N·m，NEDC 续航里程为 605km。2020 年 9 月，上汽集团推出全球首款燃料电池 MPV——上汽大通 MAXUS EUNIQ 7，搭载上汽最新自主开发的第 3 代燃料电池系统。此外，北汽、长安、一汽、东风等汽车企业也都推出新能源车型，如北汽 EV200、长安逸动 EV、红旗 E-HS9、岚图 FREE 等。新能源汽车"造车新势力"也相继推出蔚来 ES6、小鹏 P7、理想 ONE、威马 EX5 等。

(a) 比亚迪e6纯电动车

(b) 荣威e550插电式混合动力汽车

(c) 比亚迪汉纯电动汽车

(d) 上汽大通MAXUS EUNIQ 7燃料电池汽车

图1-2-11 国内新能源汽车

在技术方面，我国动力电池水平稳步提升。主流纯电动乘用车电耗降低至12.5kWh/100km，续航里程提升到400km以上，系统能量密度最高达194.12Wh/kg，达到了国际先进水平，新能源客车技术水平世界领先。2020年中国厂商全球市场占有率超过40%，2021年1—11月中国国内电池装车量接近130GWh，同比累计上升超过150%，这也是与整车销量的大幅提升相对应的。电机、电控等核心部件关键技术取得长足进步，电机功率、功率密度、最高转速等关键指标不断突破。电机功率密度从2011年的2.7kW/kg左右提升至目前的4.5kW/kg以上，转速从5000rpm到16000rpm甚至更高，电机效率达到国际先进水平。新能源汽车续驶里程稳步提升，整车平均电耗降低，动力电池能量密度提升。新能源汽车关键技术取得一定突破，产业配套进一步完善。2020年，我国汽车专利公开量为29.5万件，新能源汽车、智能网联汽车专利占比达43%。宁德时代、比亚迪、中航锂电等动力电池企业成为全球重要供应商。

氢燃料电池（在港口、物流园等相对封闭和固定路线场景，中长途、高载重运输场景）具有突出优势。随着产业补贴"新政"落地，各地方也出台了相应的配套政策，氢燃料电池汽车产业化也步入了快速发展期。

网联化和智能化技术融合突破，产品持续创新。软件定义汽车形成行业共识，汽车与ICT企业加深融合，推动智能座舱、环境感知、车路协同等领域技术研发，以及智能汽车加速产业化。这也是智能网联汽车发展的一个重要体现。加快"单车智能+网联赋能"推广应用，在高级别辅助驾驶应用、智能座舱、车规级芯片、中央计算平台等领域均涌现出了一批先进水平产品。

充电基础设施逐步完善，推进公共领域充电网络建设。截至2021年11月，中国充电联盟内成员单位累计公共充电桩接近100万台，私人专属桩达130万台。中国公共充电设施规模占比接近全球的60%，公共快充设施占比达到全球的50%，月度充换电电量跃上15亿度台阶，预计全年将超过130亿度。中国高速城际快充设施总数量已经超过1万余台，高速公路覆盖率已超过35%，覆盖省级行政区27个，京津冀、长三角、珠三角重点区域高速已经实现全面覆盖。

多元化能源补给，快充、慢充和车电分离相结合。截至 2021 年 11 月，中国新能源换电站保有量接近 1200 座。从换电运营商来看，拥有换电站数量最多的是蔚来汽车，达到 700 座，其次是奥动新能源和伯坦科技。从换电站分布来看，北京、广东及东部沿海省份居多。在新能源汽车产销快速增长的大趋势下，换电模式的市场空间逐步展现。

在稳步提升的新能源汽车技术支撑下，新能源汽车逐渐成为市场上的主流产品，汽车产业初步实现电动化转型，全面掌握了高能量密度动力电池、高效驱动电机、先进电控系统、全新整车平台，以及低成本燃料电池等新能源汽车关键技术，并达到国际先进水平。新能源汽车技术显著增强，电池、电机、电控几个方面都实现了自主核心技术的自主可控。

当前，我国的新能源汽车发展已进入关键时期，既面临重大的发展机遇，也面临严峻的挑战。新能源汽车稳健发展，但产业仍处于"爬坡过坎"的关键时期，也存在关键核心技术创新能力有待提升、基础设施建设仍要提速等问题。纯电动汽车仍存在低温环境下续驶里程降低等问题。国内汽车企业需要加强芯片供应的稳定性保障。相关产业更进一步加强质量监管，促进整车电动化和智能网联技术等进一步融合，有效提升配套产业链水平，推动新能源汽车高质量发展。新能源汽车行业的发展与国家每一步战略部署都息息相关。在国家政策的大力推动下，未来中国新能源汽车市场有望迎来更大的增长空间。

我国已将发展新能源汽车作为国家战略，发展新能源汽车是我国从汽车大国迈向汽车强国的必经之路。《新能源汽车产业发展规划（2021—2035 年）》指出，以深化供给侧结构性改革为主线，坚持电动化、网联化、智能化发展方向，以融合创新为重点，突破关键核心技术，优化产业发展环境，推动我国新能源汽车产业高质量可持续发展，加快建设汽车强国。

1.3　智能网联汽车的发展概述

任务解析

汽车经过 100 多年的发展，已经成为一个高科技的集成物，朝着电动化、智能化、网联化、共享化的"智能网联汽车"发展。智能网联汽车不仅可提供更安全、更舒适、更节能、更环保的驾驶方式，还会带来汽车产品和技术的升级，从而重塑汽车及相关产业全业态和价值链体系。作为汽车行业的从业人员，你知道什么是"智能网联汽车"吗？

任务学习

1.3.1　智能网联汽车的定义与分级

1. 智能网联汽车的定义

智能网联汽车（Intelligent Connected Vehicle，ICV）是车联网与智能汽车驾驶技术相结合的产物。车联网是依托信息通信技术，通过车内、车与车、车与路、车与人、车与服务平台的全方位连接和数据交换，提供综合信息服务，形成汽车、电子、信息通信、道路交通运输等行业深度融合的新型产业形态。智能驾驶是利用信息技术、计算机技术、控制技术实现汽车性能的全面提升。

随着电子信息技术的发展，智能网联汽车进入了广泛应用的时代，成为汽车产业发展战略的重要方向。工业和信息化部、国家标准化管理委员会于 2017 年 12 月共同制定的《国家车联网产业标准体系建设指南（智能网联汽车）》明确了智能网联汽车的定义，即：智能网联汽车是指搭载先进的车载传感器、控制器、执行器等装置,并融合现代通信与网络技术,实现车与X(人、车、路、云端等)智能信息交换、共享,具有复杂环境感知、智能决策、协同控制等功能,可实现安全、高效、舒适、节能行驶,并最终可实现替代人来操作的新一代汽车。

根据中国汽车工程学会于2016年10月发布的《节能与新能源汽车技术路线图》的解释,智能网联汽车可以分为智能化、网联化两个技术层面。

"智能"是指搭载先进的车载传感器、控制器、执行器等装置和车载系统模块,具备复杂环境感知、智能化决策与控制等功能。通过一系列传感器信息处理和决策,汽车按照一定控制算法实现预定的驾驶任务。

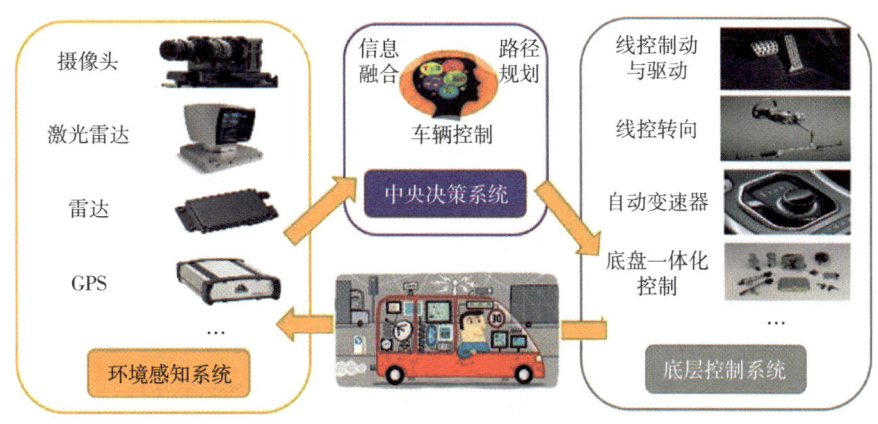

图 1-3-1　智能化技术层面的汽车

"网联"主要指信息互联共享能力,即通过通信与网络技术,实现车内、车与车、车与环境间的信息交互。车辆采用新一代移动通信技术(LTE-V、5G等),实现车辆位置信息、车速信息、外部信息等车辆信息之间的交互,并由控制器进行计算,进一步增强车辆的智能化程度和自动驾驶能力。

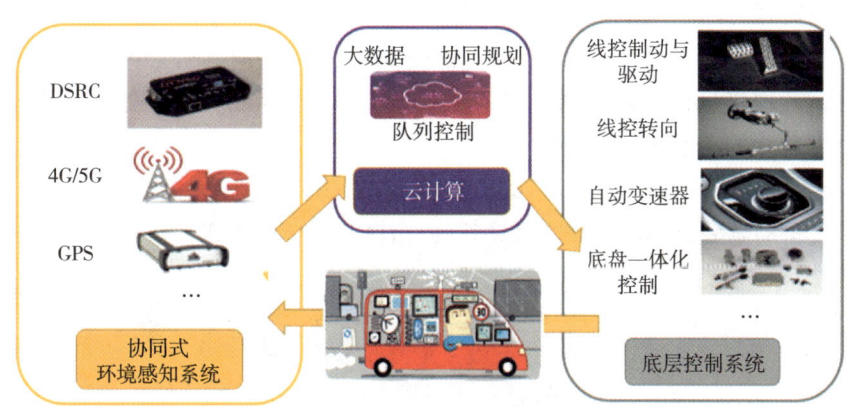

图 1-3-2　网联化技术层面的汽车

这两种模式都在各自向前发展,同时也在融合,其融合的结果就是智能网联汽车。智能网联汽车是车联网与智能汽车、智能交通系统、高级驾驶辅助系统(ADAS)的交集。智能汽车和智能网联汽车的终极发展目标是无人驾驶汽车。

从更为广义的角度来看,智能网联汽车已不是特指某类或单个车辆,而是以车辆为

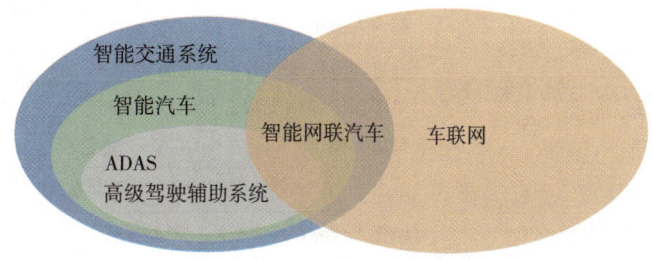

图 1-3-3　智能网联汽车

主体和主要节点，由车辆、道路基础设施、通信设备及交通控制系统，以及数据存储与处理系统等共同构成的综合协调系统，是未来智能交通系统下车联网环境中发挥着重要作用的智能终端，最终实现车辆"安全、高效、舒适、节能"行驶的新一代多车辆系统。

2. 智能网联汽车的分级

在国际上，美国汽车工程师学会（SAE）及美国国家高速公路交通安全管理局（NHTSA）分别对自动驾驶的等级做出划分，其中，SAE根据动态驾驶任务及其失效后的接管者、操作场景限定范围等，将自动驾驶划分为L0-L5六个等级，如表1-3-1所示。

表1-3-1　SAE对汽车自动驾驶的分级

等级分级	L0	L1	L2	L3	L4	L5
等级名称	无自动驾驶	辅助驾驶	部分自动驾驶	有条件自动驾驶	高度自动驾驶	完全自动驾驶
内容描述	由驾驶员全权驾驶汽车，在行驶过程中可以得到警告	通过驾驶环境对转向盘和加减速中的一项操作提供支持，其余由驾驶员操作	通过驾驶环境对转向盘和加减速中的多项操作提供支持，其余由驾驶员操作	由无人驾驶系统完成所有的驾驶操作，根据系统要求，驾驶员提供适当的应答	由无人驾驶系统完成所有的驾驶操作根据系统要求，驾驶员不一定提供所有的应答；限定道路和环境条件	由无人驾驶系统完成所有的驾驶操作，可能的情况下，驾驶员接管；不限定道路和环境条件
驾驶操作	驾驶员	驾驶员/辅助系统	自动驾驶系统			
环境监控	驾驶员			自动驾驶系统		
异常接管	驾驶员			系统提醒驾驶员	自动驾驶系统	
操作场景	无	部分				全部

我国也在加快制定智能网联汽车相关标准、法规，引导行业规范化、健康、稳定发展，先后出台了《节能与新能源汽车技术路线图》《国家车联网产业标准体系建设指南（智能网联汽车）》《智能网联汽车自动驾驶功能测试规程（试行）》等指导文件。根据我国相关标准、指南文件的定义，我国智能网联汽车可从智能化和网联化的角度进行划分。

（1）智能化分级。在汽车智能化方面，我国将智能化分为五个层次，即驾驶辅助（DA）、部分自动驾驶（PA）、有条件自动驾驶（CA）、高度自动驾驶（HA）和完全自动驾驶（FA），如表1-3-2所示。

表1-3-2　智能化分级

等级	等级名称	等级定义	控制	监视	失效应对	典型工况
		人（驾驶员）监控驾驶环境				
1	驾驶辅助（DA）	通过环境信息对方向和加减速中的一项操作提供支援，其他驾驶操作都由人操作	人与系统	人	人	车道内正常行驶，高速公路无车道干涉路段，泊车工况
2	部分自动驾驶（PA）	通过环境信息对方向和加减速中的多项操作提供支援，其他驾驶操作都由人操作	人与系统	人	人	高速公路及市区无车道干涉路段，换道、环岛绕行、拥堵跟车等工况
		系统（自动驾驶系统）监控驾驶环境				
3	有条件自动驾驶（CA）	由无人驾驶系统完成所有驾驶操作，根据系统请求，驾驶员需要提供适当的干预	系统	系统	人	高速公路正常行驶工况，市区无车道干涉路段

续表

等级	等级名称	等级定义	控制	监视	失效应对	典型工况
4	高度自动驾驶（HA）	由无人驾驶系统完成所有驾驶操作，特定环境下系统会向驾驶员提出响应请求，驾驶员可以对系统请求不进行响应	系统	系统	系统	高速公路全部工况及市区有车道干涉路段
5	完全自动驾驶（FA）	无人驾驶系统可以完成驾驶员能够完成的所有道路环境下的驾驶操作	系统	系统	系统	所有工况

（2）网联化分级。在汽车网联化方面，我国将网联化分为网联辅助信息交互、网联协同感知，以及网联协同决策与控制三个层次，如表1-3-3所示。

表1-3-3 网联化分级

等级	等级名称	等级定义	控制	典型信息	传输需求
1	网联辅助信息交互	基于车—路、车—后台通信，实现导航等辅助信息的获取，以及车辆行驶与驾驶员操作等数据的上传	人	地图、交通流量、交通标志、油耗、里程等信息	传输实时性、可靠性要求较低
2	网联协同感知	基于车—车、车—路、车—人、车—后台通信，实时获取车辆周边交通环境信息，与车载传感器的感知信息融合，作为车辆自动驾驶决策与控制系统的输入	人与系统	周边车辆/行人/非机动车位置、信号灯相位、道路预警等信息	传输实时性、可靠性要求较高
3	网联协同决策与控制	基于车—车、车—路、车—人、车—后台通信，实时并可靠获取车辆周边交通环境信息及车辆决策信息，车—车、车—路等交通参与者之间信息进行交互融合，形成车—车、车—路等各交通参与者之间的协同决策与控制	人与系统	车—车、车—路间的协同控制信息	传输实时性、可靠性要求最高

智能网联汽车的发展大致可以分为自主式驾驶辅助、网联式驾驶辅助、人机共驾、高度自动/无人驾驶4个阶段。

（1）自主式驾驶辅助。自主式驾驶辅助系统是指依靠车载传感器进行环境感知并对驾驶员进行驾驶操作辅助的系统，目前已经开始大规模产业化，如前向碰撞预警系统、车道偏离预警系统、盲区监测系统、车道保持辅助系统、自适应巡航控制系统、自动泊车辅助系统等。

（2）网联式驾驶辅助。网联式驾驶辅助系统是指依靠信息通信技术对车辆周边环境进行感知，并可对周围车辆未来运动进行预测，进而对驾驶员进行驾驶操作辅助的系统。通过现代通信与网络技术，汽车、道路、行人等交通参与者将成为智能交通系统中的信息节点。网联式驾驶辅助已经进入大规模测试和产业化前期准备阶段，如车道内自动驾驶、换道辅助、全自动泊车等。

（3）人机共驾。人机共驾是指驾驶员和车辆智能系统同时共存，分享车辆控制权，人机一体化协同完成驾驶任务。人机共驾技术还处于研发和小规模测试阶段，如高速公路自动驾驶、城郊公路自动驾驶、协同式列队行驶、交叉口通行辅助等。

（4）高度自动/无人驾驶。处于高度自动/无人驾驶阶段的智能汽车，驾驶员不需要介入车辆操作，车辆将会自动完成所有工况下的自动驾驶。在高度自动驾驶阶段，车辆在遇到无法处理的驾驶工况时，会提示驾驶员接管。如果驾驶员不接管，则车辆会采取如靠边停车等保守处理模式，保证安全。在无人驾驶阶段，车辆中可能已经没有驾驶员或乘客，无人驾驶系统需要处理所有驾驶工况，并保证安全。高度自动/无人驾驶也还处于研发和小规模测试阶段。

1.3.2 智能网联汽车的组成

1. 智能网联汽车的层次结构

智能网联汽车是以汽车为主体，利用环境感知技术实现多车辆有序安全行驶，通过无线通信网络等手段，为用户提供多样化信息服务。智能网联汽车的层次结构如图1-3-4所示，由环境感知层、智能决策层，以及控制执行层组成。

（1）环境感知层

环境感知层的主要功能是通过车载环境感知技术（视觉、雷达、高精度定位与导航等）、卫星定位技术、4G/5G及V2X无线通信技术等，实现对车内与车外（道路、车辆和行人等）静、动态信息的提取和收集，并向智能决策层输送信息，这是智能网联汽车各类功能实现的前提。

（2）智能决策层

智能决策层的主要功能是接收环境感知层的信息并进行分析、处理，做出自动驾驶行为决策。智能决策层可以根据识别到的道路、车辆、行人、交通标志和交通信号等去理解驾驶环境，分析和判断车辆需要采取的驾驶模式和决策将要执行的操作，并向车辆控制执行层输送指令。智能决策层是智能网联汽车各项功能得以实现的核心。

（3）控制执行层

控制执行层的主要功能是根据智能决策层的指令操作控制车辆，并通过交互系统向驾乘人员提供道路交通信息、安全信息、娱乐信息、救援信息、商务办公、在线消费等信息与服务，提供安全驾驶、舒适驾乘和智能交互等功能。

例如：汽车利用前方防碰撞预警系统（FCW）的毫米波雷达（77GHz）探测到前方车辆的信息（距离、车速等）和道路信息（车道线等），并把这些信息传输给智能决策层，判断车辆是否处于安全车距，再把判断结果传输到控制执行层，发出预警信息，保障车辆安全行驶。控制执行层主要依赖于车辆的基本结构，如底盘（驱动、转向、制动）、车身电气（车门、灯光、仪表、导航、影音）等系统实现车辆的自动控制，以及驾乘人员与车辆的交互。

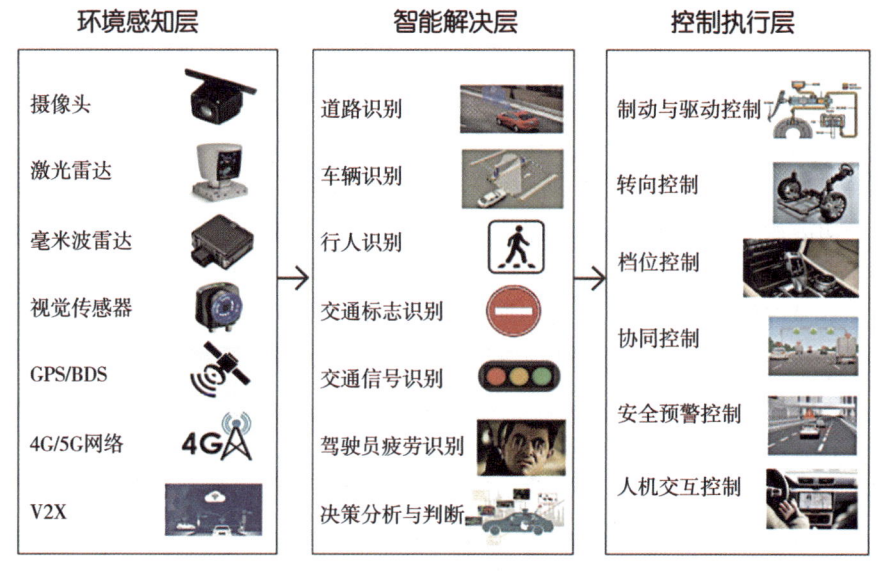

图1-3-4 智能网联汽车的层次结构

2. 智能网联汽车的技术结构

从技术结构的角度，智能网联汽车涉及车辆/设施技术、信息交互技术与基础支撑技术三大领域的技术，以及支撑智能网联汽车发展的车载平台及基础设施两大条件，如图1-3-5所示。

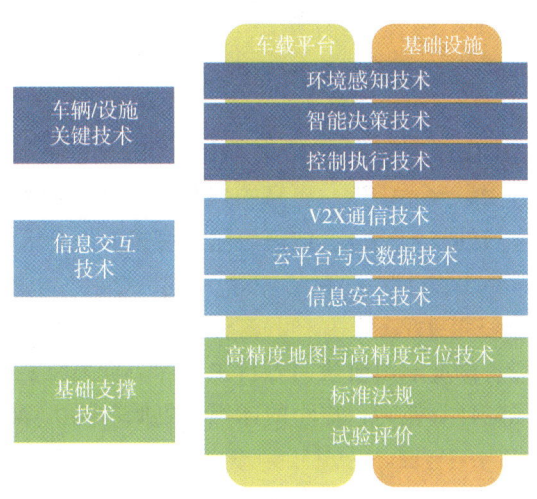

图1-3-5 智能网联汽车的技术结构

智能网联汽车包括了自动驾驶汽车的感知系统、决策系统和执行系统等物理结构，同时需要各类关键技术以实现各类典型功能，所涉及的关键技术有：

（1）环境感知技术，包括机器视觉图像识别技术、雷达（激光、毫米波、超声波）周边障碍物检测技术、车辆网络通信技术、多源信息融合技术、传感器冗余设计技术等。

（2）智能决策技术，包括风险建模技术、全局路径规划技术、局部路径规划技术、驾驶模式分析技术等。

（3）控制执行技术，包括驱动/制动控制、转向控制、基于驱动/制动/转向/悬架的集成底盘控制、车队列协同和车辆道路协调控制、人机交互技术等。

（4）交互通信技术，包括车辆专用通信系统、车与车信息共享与协同控制通信保障机制、移动自组织网络技术、多模通信融合技术等。

（5）云平台和大数据技术，包括智能网联汽车云平台架构和数据交互标准、云操作系统、数据高效存储和检索技术、大数据关联分析和数据挖掘技术等。

（6）信息安全技术，包括汽车信息安全建模技术、通信加密机制、证书管理、密钥管理、汽车信息安全测试方法、信息安全漏洞应急机制等。

（7）高精度地图和高精度定位技术，包括高精度地图数据模型和采集方式标准化技术、交换格式和物理存储技术、基于卫星定位系统和差分增强的高精度定位技术、多源辅助定位技术等。

（8）标准与法规，包括智能网联汽车整体标准体系，以及涵盖汽车、交通、通信等各个领域的关键技术标准。

（9）试验评价，包括智能网联汽车试验评价方法和试验环境建设。

1.3.3 智能网联汽车的发展趋势

我国高度重视智能网联汽车的发展。2015年，我国将智能网联汽车列为未来十年国家智能制造发展的重要领域。2016年，我国发布了《节能与新能源汽车技术路线图》，明确了我国智能网联汽车技术路线图，以指导汽车制造商的发展和未来的产业发展。2017年，《新一代人工智能发展规划》进一步明确了自动驾驶技术自主应用的战略目标。2018年1月，国家发展改革委发布了《智能汽车创新发展战略（征求意见稿）》。其中提到，到2020年，我国汽车市场新型智能汽车比例将达到50%，中高端智能汽车将以市场为导向；智能交通系统建设取得积极进展，大城市和公路LTE-V2X无线通信网络覆盖率约为90%。从技术角度，智能网联汽车技术将向着人工智能化、尺寸小型化、成本低廉化和高可靠性方向发展。

1. 环境感知技术

79GHz毫米波雷达将取代24GHz雷达，天线尺寸更小、角分辨率更高、芯片材料将向着互补金属氧化物材料发展；激光雷达将向着固态激光雷达、更高的探测距离和分辨率、更小的尺寸和更低的成本发展；摄像头方面，将沿着深度学习的技术路线，向模块化、可扩展、全天候方向发展。

2. 决策规划技术

人工智能技术将由机器学习、深度学习阶段向着自主学习方向发展；人工智能算法芯片，将会对软硬件进行深度整合使其拥有超强的计算能力、更小的体积、更低功耗，算法处理速率将会大幅提升。

3. 车辆控制技术

整车电子电气架构将向着跨域集中式电子架构和车辆集中式电子架构发展，分散的控制单元将减少，取而代之的是应用先进算法的集中控制单元；车辆控制算法也由传统控制方法向基于模型预测控制、最优控制、神经网络控制和深度学习等智能控制方法转变。

4. 自主式智能与网联式智能技术加速融合

网联式系统能从时间和空间维度突破自主式系统对于车辆周边环境的感知能力。在时间维度，通过V2X通信，系统能够提前获知周边车辆的操作信息、红绿灯等交通控制系统信息，以及气象条件、拥堵预测等更长期的未来状态信息。在空间维度，通过V2X通信，系统能够感知交叉路口盲区、弯道盲区、车辆遮挡盲区等位置的环境信息，从而帮助自动驾驶系统更全面地掌握周边交通态势。网联式智能技术与自主式智能技术相辅相成，互为补充，正在加速融合发展。

5. 智能新技术将助推智能网联汽车快速发展

人工智能中的深度学习、语义分割、边缘计算和大数据、云计算、5G，以及边缘端、云端等新技术在智能网联汽车中的应用将不断深入，助推智能网联汽车快速发展。

综上所述，随着计算机、卫星导航、传感器、无线通信等技术的发展，加上能源危机、环境污染、气候变暖等因素已经促进纯电动汽车技术的成熟并快速走向市场，实现汽车智能化和网联化是未来汽车工业的发展趋势。从宏观的角度看，智能网联汽车是一个非常重要的移动终端，既能满足人们出行的需求，又能提供各种可能需要的交互场景；从微观的角度看，智能网联汽车是一个具备高度集成化的智能移动空间。

从目前的发展来看，智能网联汽车的发展还处于初级阶段，这也是辅助驾驶、半自动驾驶和全自动驾驶智能网联汽车逐渐成熟到广泛应用所必经的阶段。智能网联汽车的智能化和网联化的特性，能够进行及时预警、合理的路径规划和主动控制避免交通事故，降低能源消耗，减轻交通拥堵的压力，随着技术的进步，满足车主更多安全、节能、舒适等功能的需求。

思考与练习

1. 新能源汽车的定义是什么？
2. 新能源汽车是如何分类的？
3. 纯电动汽车的基本结构特点是什么？
4. 新能源汽车的主要发展趋势是什么？
5. 什么是智能网联汽车？
6. 美国 SAE 和中国对汽车驾驶自动化是如何分级的？
7. 智能网联汽车的层次结构和技术架构是怎样的？

模块 2 纯电动汽车

学习目标

知识目标：

1. 了解纯电动汽车的定义与分类。
2. 理解纯电动汽车动力系统的结构与工作原理。
3. 理解纯电动汽车驱动系统的布置形式。

技能目标：

1. 熟悉纯电动汽车的特点与关键技术。
2. 掌握纯电动汽车的典型车型结构与技术路线。

素质目标：

1. 养成团结协作精神。
2. 理解和阅读工作文件，报告书写清晰简洁。

2.1 纯电动汽车概述

任务解析

由于大城市对燃油车限牌且摇号困难，所以客户王女士想买一辆纯电动汽车作为上下班的交通工具。但王女士对纯电动汽车不太了解，于是她找到一家4S店要求相关销售人员介绍纯电动汽车的概况。

任务学习

纯电动汽车具有低噪声、无污染、能量来源多样化、能量效率高的特点，是解决城市化中的汽车问题的重要途径。随着高性能的锂离子动力蓄电池、高效电力驱动系统等各种高新技术的发展应用及社会对零排放概念的深入理解，纯电动汽车有了新的发展机遇，近年来受到各国政府和各大汽车公司的重视。纯电动汽车的迅速发展是不可逆的趋势，世界各国都在加快步伐发展纯电动汽车技术。

2.1.1 纯电动汽车的定义

纯电动汽车（Battery Electric Vehicle，BEV）是指以车载电源为动力，用电动机驱动车轮行驶，符合道路交通、安全法规各项要求的车辆。就定义来说，纯电动汽车无须再用内燃机，是指单纯用充电蓄电池（铅酸蓄电池、镍镉蓄电池、镍氢蓄电池或锂离子蓄电池）作为驱动能源的汽车。它是涉及机械、动力学、电化学、电机学、微电子和计算机控制等多种学科的高科技产品。

2.1.2 纯电动汽车的特点

（1）工作时无污染，噪声低。纯电动汽车采用动力电池组及电机驱动，它工作时不会产生废气，不排尾气污染，对环境保护和空气的洁净是十分有益的，可以说几乎是"零污染"。纯电动汽车没有了发动机、变速器等振源，而电动机本身的运转平稳，噪声较小。另外，纯电动汽车变速控制完全由控制器控制电机转速实现无级变速，大大提高了汽车行驶的平顺性。

（2）能源效率高，多样化。电动汽车的研究表明，其能源效率已超过汽油机汽车，特别是在城市运行，汽车走走停停，行驶速度不高，电动汽车更加适宜。电动汽车停止时不消耗电量，在制动过程中，其产生的能量可通过驱动电机自动转化为电能，实现制动减速时能量的再利用。

另一方面，电动汽车的应用可有效减少对石油资源的依赖。向动力蓄电池充电的电力可以由煤炭、天然气、水力、核能、太阳能、风力、潮汐等能源转化。除此之外，如果夜间向动力蓄电池充电，还可以避开用电高峰，有利于电网均衡负荷，减少费用。

（3）部件的布置灵活性大。内燃机汽车多为机械传动，而电动汽车的驱动电机与动力蓄电池是通过柔性的电线连接的，这样电动汽车各部件在车上的布置具有很大的灵活性。

电动汽车电动机的种类较多，不同类型的电动机直接影响纯电动汽车的行驶性能。电动汽车采用不同类型的储能装置，影响着电动汽车的整车质量和体积，影响着整车主要性能。对于纯电动汽车，由于驱动电动机的转矩和转速完全可以用电子控制器进行调节控制，因此变速系统的设计就可以有多种不同的选择，可以采用传统的手动或自动变速器变速，还可以控制电动机直接变速。

（4）结构简单，使用维修方便。电动汽车较内燃机汽车结构简单，运转、传动部件少，维修、保养工作量小。无须传统发动机那些烦琐的养护项目，比如更换机油、滤芯、皮带等。电动汽车只需定期检查电机电池等组件即可。此外，纯电动汽车的动力驱动系统、电子控制系统的故障检修比发动机及其电子控制系统简单得多，纯电动汽车的驾驶操纵也更为简单。

经过多年的发展，从电池技术、电控技术到充电技术，电动汽车技术水平显著提升、产业体系日趋完善。目前纯电动汽车的续航里程，400km续航是入门，500km续航是主流，700km续航越来越多。从数据来看，续航里程足够应付日常的使用。当然，不可否认电动汽车目前还存在很多问题，动力电池的寿命短，电动车的价格较贵。冬季续航会缩水，续航不稳定，甚至有自燃风险。当前，还需完善基础设施体系，加快充电、换电基础设施建设，提高充电便利性和产品可靠性。

2.1.3 纯电动汽车的分类

纯电动汽车有多种分类方法，可按所选用的储能装置或驱动电动机的不同来分类，其中又有许多不同组合；也可按驱动结构的布局或用途的不同来分类。

1. 按储能装置分类

目前纯电动汽车所采用的储能装置主要有铅酸蓄电池、锂离子蓄电池、镍氢蓄电池、钠硫蓄电池等。其中铅酸蓄电池技术较为成熟，价格比较便宜，但其性能差一些，使用寿命短一些。其余几类均属于正在研究改进的蓄电池，其性能都比铅酸蓄电池要好许多，但目前价格也比较贵，随着工艺技术的成熟及批量的扩大，其性价比必定会有较大提高。由于纯电动汽车以蓄电池作为唯一能源，所以蓄电池的各项性能指标很大程度上决定了汽车的行驶性能，如纯电动汽车的续驶里程和加速能力与蓄电池的比能量和比功率有关。

2. 按驱动电动机分类

纯电动汽车的驱动电动机类型主要有直流电动机、交流电动机、永磁无刷电动机、开关磁阻电动机四类。

直流电动机具有控制简单、成本较低、技术成熟等优点,但直流电动机由于有电刷,存在电刷易磨损、需定期维护等缺点。

交流电动机本身具有坚固耐用、效率高、体积小、免维护等优点,并且整个驱动系统具有调速范围大、能有效实现再生制动的特点。但其驱动控制器由于须通过逆变器,并采用矢量控制变频调速,故其电路较为复杂,价格也比较高。

永磁无刷电动机包括无刷直流电动机和三相永磁同步电动机,由于采用永久磁铁励磁,故具有转化效率高、过载能力强、免维护等优点,但目前存在着成本较高、功率受限等缺点,可靠性也需改进。

开关磁阻电动机驱动系统是一种新型的典型机电一体化装置,具有结构简单、坚固可靠、制造成本低等特征,即特别适于汽车起步和蓄电池驱动的特性。其缺点主要是振动及噪声较大,需通过相应技术措施来改进。由于目前普及率不高,有待进一步改进提高。

3. 按用途分类

国标 GB/T3730.1-2001《汽车和挂车类型的术语和定义》将纯电动汽车按照用途的不同划分为运输用电动汽车和专用特种电动汽车。

运输用电动汽车划分为纯电动乘用车和纯电动商用车。纯电动乘用车一般称为电动轿车,车辆座位数不超过9座,用于载运乘客及其随身行李。纯电动商用车可分为电动客车和电动货车,电动客车车辆座位数大于9座,用于载运较多的乘员,提供公共服务。电动货车用于载运各种货物。

常见的专用特种电动汽车分为电动专用汽车、电动娱乐汽车和电动竞赛汽车。电动专用汽车指装有专用工作装置、完成专项作业任务的电动汽车。电动娱乐汽车指高尔夫球场电动车、观光电动汽车等用于娱乐活动的场地电动汽车。电动竞赛汽车指专门为竞赛设计的电动汽车。

2.2 纯电动汽车的结构与原理

任务解析

假如你是一家4S店的服务人员,客户王女士进店想买一辆纯电动汽车,但想先了解一下纯电动汽车的结构与原理。请根据你所了解的纯电动汽车知识,向客户详尽地介绍纯电动汽车的组成与工作原理。

任务学习

2.2.1 纯电动汽车的基本组成

传统内燃机汽车主要由发动机、底盘、车身、电气设备四大部分组成。纯电动汽车与传统汽车相比,取消了发动机,传动机构发生了改变,部分部件已经简化或者取消,增加了电源系统和驱动电机等新机构。典型的电动汽车主要由电力驱动系统、车载电源系统和辅助系统三部分组成,如图2-2-1所示。汽车行驶时,由动力电池输出电能,通过电机控制器驱动电动机运转,电动机输出的转矩经传动系统带动车轮前进或后退。

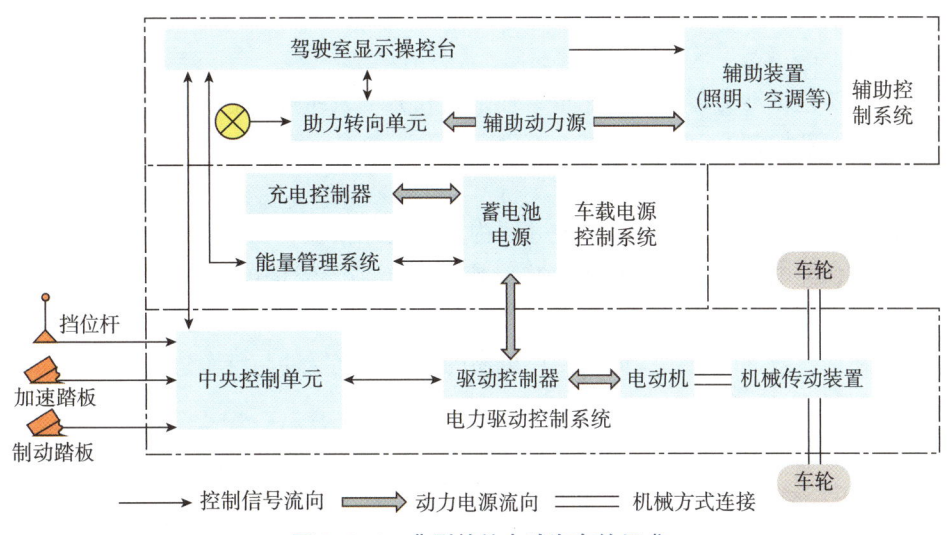

图 2-2-1 典型的纯电动汽车的组成

1. 电力驱动系统

电力驱动系统是电动汽车的核心，主要包括中央控制单元、驱动控制器、电动机、机械传动装置和车轮等。它的功用是将存储在蓄电池中的电能高效地转化为车轮的动能，并能够在汽车减速制动时，将车轮的动能转化为电能充入蓄电池。

（1）中央控制单元

中央控制单元也叫整车控制器，是电动汽车的"大脑"，是实现整车控制决策的核心电子控制单元。它根据驾驶员输入的加速踏板和制动踏板的信号，向电机控制器发出相应的控制指令，对电机进行启动、加速、减速、制动控制。在电动汽车减速和下坡滑行时，整车控制器配合电池管理系统进行发电回馈，使动力电池反向充电。整车控制器还对动力蓄电池充放电过程进行控制。对于与汽车行驶状况有关的速度、功率、电压、电流及有关故障诊断等信息，还需传输到车载信息显示系统进行相应的数字或模拟显示。

（2）驱动控制器

驱动控制器就是电机控制器，是按中央控制单元的指令、电动机的速度和电流反馈信号，对电动机的速度、驱动转矩和旋转方向进行控制。驱动控制器通过控制驱动电动机电流实现电动汽车的前进、倒退，维持电动汽车的正常运转，保证能够按照驾驶员的意愿输出合适的电流参数。驱动控制器以绝缘栅双极型晶体管（IGBT）模块为核心，辅以驱动集成电路、主控集成电路。驱动控制器内含功能诊断电路，当诊断出现异常时，它将会激活一个错误代码，发送给整车控制器。

（3）电动机

电动机在电动汽车中被要求承担电动和发电的双重功能，即在正常行驶时发挥其主要的电动机功能，将电能转化为机械能，通过传动装置驱动或直接驱动车轮；在减速和下坡滑行时又被要求进行发电，将车轮的惯性动能转化为电能。

（4）机械传动装置

机械传动装置将驱动电动机的驱动转矩传输给汽车的驱动轴，从而带动汽车车轮行驶。驱动电动机本身具有较好的调速特性，其变速机构被大大简化。同时，驱动电动机可带负载直接启动，省去了内燃机汽车的离合器；驱动电动机可以容易地实现正反向旋转，无须通过变速器中的倒挡齿轮组来实现倒车。

2. 车载电源系统

车载电源系统主要包括动力蓄电池、能量管理系统和充电系统等。它的功用是向电动机提供驱动电能、监测电源使用情况及控制充电机向蓄电池充电。

（1）动力蓄电池

动力蓄电池由若干单体蓄电池通过串联或并联构成蓄电池模块，再由若干蓄电池模块经过串联或并联构成动力蓄电池组。纯电动汽车的常用电池电源有铅酸电池、镍镉电池、镍氢电池、锂离子电池等。目前的纯电动汽车以锂离子蓄电池为主（包括磷酸铁锂离子蓄电池、三元锂离子蓄电池等）。动力蓄电池放置在一个密封并且屏蔽的电池箱里面，使用可靠的高低压接插件与整车进行连接。

（2）能量管理系统

纯电动汽车的能量管理系统主要是指电池管理系统，它的主要功用是对电动汽车用电池单体及整组进行实时监控、充放电、巡检、温度监测等。电池管理系统是动力蓄电池保护和管理的核心部件。实时监控动力电池的使用情况，通过电压、电流及温度检测等功能实现对动力电池系统的过压、欠压、过流、过高温和过低温保护，荷电状态估算、充放电管理、均衡控制、故障报警及处理、其他控制器通信等功能；此外电池管理系统还具有高压回路绝缘检测功能，以及为动力电池系统加热功能。

（3）充电系统

充电系统主要是指车载充电器，是把交流电转化为相应电压的直流电，并按要求控制其电流。车载充电器是把电网供电制式转换为对动力电池充电要求的制式，即把交流电（220V 或 380V）转换为相应电压（240~410V）的直流电，并按要求控制其充电电流（家庭充电一般为 10A 或 16A）。

3. 辅助系统

辅助系统主要包括辅助动力源、动力转向系统、驾驶室显示操纵台和辅助装置等。

辅助系统除辅助动力源外，依据不同车型而不同。辅助动力源主要由辅助电源和 DC/DC 功率转换器组成，其功用是供给电动汽车其他各种辅助装置所需要的动力电源，一般为 12V 或 24V 的直流低压电源，主要给动力转向单元、制动力调节控制、照明、空调、电动窗门等各种辅助装置提供所需的能源。

动力转向单元是为实现汽车的转弯而设置的，它由转向盘、转向器、转向机构和转向轮等组成。作用在转向盘上的控制力，通过转向器和转向机构使转向轮偏转一定的角度，实现汽车的转向。在传统汽车上，制动系统真空助力器所需要的真空来自发动机进气歧管，这在电动车上无法实现，因此需要配备电动真空泵。

驾驶室显示操纵台类似于传统汽车驾驶室的仪表盘，不过其功能根据电动汽车驱动的控制特点有所增减，其信息指示更多地选用数字或液晶屏幕显示。

辅助装置主要有照明、各种声光信号装置、车载音箱设备、空调、刮水器、风窗除霜清洗器、电动门窗、电控玻璃升降器、电控后视镜调节器、电动座椅调节器、车身安全防护装置控制器等。它们主要是为提高汽车的操控性、舒适性、安全性而设置的，可根据需要进行选用。

2.2.2 纯电动汽车的工作原理

纯电动汽车的驱动动力来源是动力电池，但是与传统汽车不同的是，来自动力电池内的电能并不是一直处于输出状态，在纯电动汽车中还设计有能够回收车辆制动时的能量，并储存到动力电池的机构。

来自加速踏板的信号输入整车控制器，并通过控制电机控制器来调节电动机输出的转矩或转速，电动机输出的转矩通过汽车传动系统驱动车轮转动。

充电器通过汽车的充电接口向动力蓄电池充电。在汽车行驶时，动力蓄电池经电机控制器向电动机供电。当电动汽车采用电制动时，驱动电动机运行在发电状态，将汽车的部分动能回馈给蓄电池以对其充电，并延长电动汽车的续驶里程。

电动机控制器
充电口
驱动电动机及
减速器总成
蓄电池组
车载充电器
动力蓄
电池组
电动机控制器
（逆变器）
电动机
变速器总成
和驱动轴器
车轮
车轮

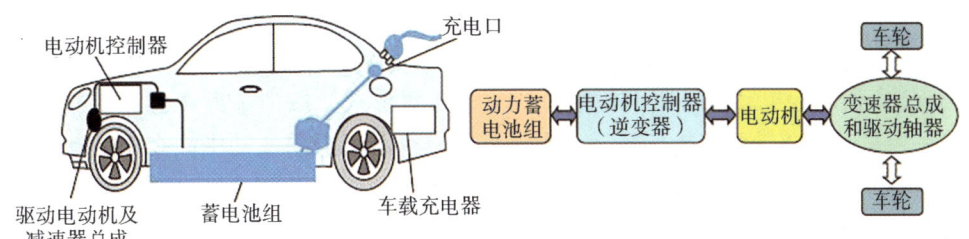

图 2-2-2　纯电动汽车的基本驱动系统结构示意图

2.2.3　纯电动汽车驱动系统布置形式

纯电动汽车的驱动系统是其核心部分，其性能决定着汽车运行性能的好坏。纯电动汽车的驱动系统布置取决于电动机驱动系统的方式，可以有多种形式。

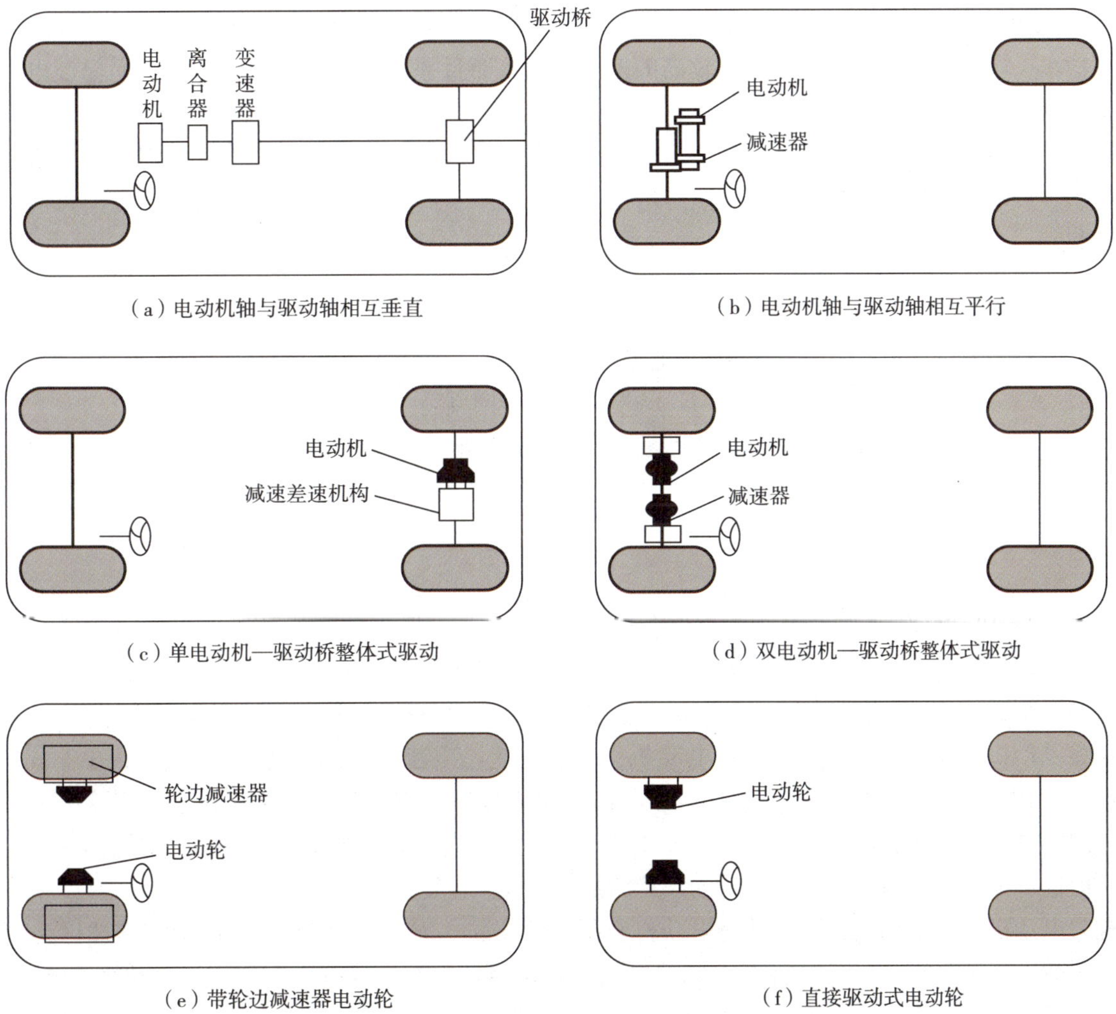

电动机
离合器
变速器
驱动桥
电动机
减速器
（a）电动机轴与驱动轴相互垂直
（b）电动机轴与驱动轴相互平行
电动机
减速差速机构
电动机
减速器
（c）单电动机—驱动桥整体式驱动
（d）双电动机—驱动桥整体式驱动
轮边减速器
电动轮
电动轮
（e）带轮边减速器电动轮
（f）直接驱动式电动轮

图 2-2-3　纯电动汽车驱动系统的布置方案

（1）传统驱动系统布置形式

图 2-2-3（a）所示的布置方案与传统汽车驱动系统的布置方式一致，带有变速器和离合器，只是

将发动机换成电动机，属于改造型电动汽车。这种布置可以提高电动汽车的启动转矩，增加低速时电动汽车的后备功率，但结构复杂、效率低，不能充分发挥电动机的性能。与传统内燃机汽车相似，它有电动机前置、驱动桥前置，电动机后置、驱动桥后置等各种驱动形式。

（2）电动机—驱动桥组合式驱动系统布置形式

图 2-2-3（b）所示为电动机—驱动桥组合式驱动布置形式，取消了离合器和变速器，但具有减速差速机构，由一台电动机驱动两车轮旋转。优点是可以继续沿用当前发动机汽车中的动力传动装置，只需要一组电动机和减速器。这种方式对电动机的要求较高，不仅要求电动机具有较高的启动转矩，而且要求具有较大的后备功率，以保证电动汽车的启动、爬坡、加速、超车等动力性。

（3）电动机—驱动桥整体式驱动系统布置形式

如图 2-2-3（c）所示为单电动机—驱动桥整体式驱动系统，把电动机、固定速比减速器和差速器集成为一个整体，采用特殊的空心轴的电动机、两根半轴连接驱动车轮。这种形式的传动机构结构紧凑，传动效率较高，安装方便，在小型电动汽车上应用最普遍。

如图 2-2-3（d）所示为双电动机—驱动桥整体式驱动系统，这种布置方式在同轴上采用双电动机形式，将电动机直接装到驱动半轴上，电动机通过固定速比减速器分别驱动两个车轮，并且直接由电动机实现变速和差速转换，不必选用机械差速器。这种布置形式对电动机有较高的要求，如大的启动转矩和后备功率，同时不仅要求控制系统有较高的控制精度，而且要具备良好的可靠性，从而保证电动汽车行驶安全、平稳。

电子差速器原理示意图如图 2-2-4 所示，其优点是体积小、质量小，在汽车转弯时可以实现精确的电子控制，提高电动汽车的性能；其缺点是增加了初始成本，而且在不同条件下对两个电动机需要进行精确控制。

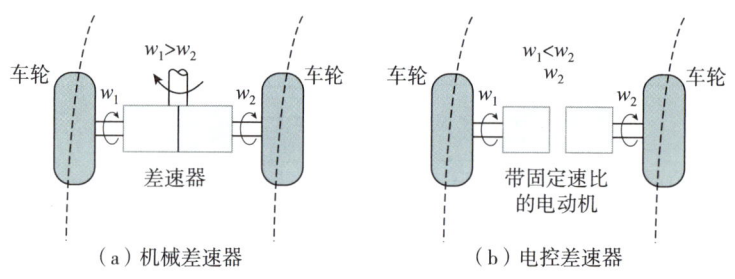

图 2-2-4　差速器原理示意图

（4）轮毂电动机驱动式驱动系统布置形式

轮毂电动机驱动式布置方式是将电动机直接装到了驱动轮上。轮毂电动机可以布置在电动汽车的两个前轮、两个后轮或 4 个车轮的轮毂中，成为前轮驱动、后轮驱动或四轮驱动的电动汽车。

轮毂电动机驱动系统可以采用高速电动机，装固定速比减速器降低车速，如图 2-2-3（e）所示，又被称为"内转子电动轮驱动系统"。一般采用高减速比行星轮减速装置，安装在电动机输出轴和车轮轮缘之间，且输入轴和输出轴布置在同一条轴线上。这种形式的电动机具有体积小、质量小和成本低的优点，但这种方式需要两个或四个电动机，其控制电路也比较复杂。

轮毂电动机驱动系统也可以是低速电动机直接驱动车轮，如图 2-2-3（f）所示，又被称为"外转子电动轮驱动系统"。电动机转速和车轮转速相等，车轮转速和车速控制完全取决于电动机的转速控制。这种形式的电动机结构简单，无须齿轮变速传动机构，但轮毂电动机体积大、质量大、成本高，要求电动机在加速、启动时具高转矩特性。

2.2.4 纯电动汽车的关键技术

1. 电动机及控制技术

电动汽车的驱动电动机属于特种电动机,是电动汽车的关键部件。电动汽车用驱动电动机通常要求能够适应频繁的起步与停车、加速与减速等各种工况。为保证电动汽车良好的使用性能,驱动电动机应具有较宽的调速范围及较高的转速,足够大的启动转矩,体积小、质量轻、效率高且有动态制动控制能力强和能量回馈的性能。电动汽车所用的电动机正在向大功率、高转速、高效率和小型化方向发展。

随着电动机及驱动系统技术的发展,控制系统趋于智能化和数字化。变结构控制、模糊控制、神经网络控制、自适应控制,以及专家系统、遗传算法等非线性智能控制技术,都将应用于电动汽车的电动机控制系统。它们的应用将使系统结构简单、响应迅速、抗干扰能力强,可大大提高整个系统的综合性能。

电动汽车再生制动控制系统可以节约能源、提高续驶里程,具有显著的经济价值和社会效益。再生制动还可以减少汽车制动片的磨损,降低车辆故障率及使用成本。

2. 纯电动汽车动力蓄电池

当前研究开发的电动汽车动力蓄电池种类较多,广泛应用的动力蓄电池有铅酸电池、镍金属电池、锂离子蓄电池等,正在研究的还有燃料电池。电动汽车用蓄电池的主要性能指标是比能量、能量密度、比功率、循环寿命和成本等。要使电动汽车能和燃油汽车相竞争,关键是要开发出比能量高、比功率大、使用寿命长的高效蓄电池。

在上述各类蓄电池中,铅酸蓄电池的优势是工艺成熟、过放电性能良好、安全性好、价格低廉,在电动自行车、电动摩托车、低速纯电动汽车上得到广泛应用。但是,由于铅酸蓄电池比能量和比功率较低,不能满足纯电动汽车续驶里程需求,在纯电动汽车上未能广泛应用。

镍镉蓄电池具备充放电倍率好的优点,但是镍镉蓄电池具有记忆效应、含镉金属可能污染环境,现已经不在电动汽车上使用。镍氢蓄电池有充放电倍率大、环境污染小、无记忆效应等优点,缺点是镍氢蓄电池电压平台较低,如需满足纯电动汽车动力性和续驶里程的需求需要大量蓄电池串、并联,使得蓄电池组一致性变差,电池管理系统复杂,制约其在纯电动汽车上使用。

锂离子蓄电池有电压平台高、比能量大、充放电效率高、循环寿命长等优点。锂离子蓄电池的能量密度是镍镉蓄电池的3倍。单体电池电压为镍氢蓄电池的3倍,因此能减少纯电动汽车蓄电池组中串联、并联单体的数量,使得蓄电池组故障概率降低,蓄电池组的使用寿命延长。近年来,锂离子蓄电池以其良好的性能得到了广泛应用,性能上也取得较大的提高,是目前在纯电动汽车上应用最为广泛的动力蓄电池。

3. 动力电池管理系统

在纯电动汽车使用中,为确保蓄电池性能良好,延长蓄电池使用寿命,必须对蓄电池进行合理有效的管理和控制,使蓄电池工作在合理的电压、电流、温度下,所以纯电动汽车动力蓄电池的蓄电池管理系统非常重要。蓄电池管理系统对蓄电池组的使用过程进行管理,对蓄电池组中各单体蓄电池的状态进行监控,可以维持蓄电池组中单体蓄电池的状态一致性,避免蓄电池状态差异造成蓄电池组性能的衰减和安全性问题。蓄电池管理系统主要包括数据采集、状态估计、热管理、安全管理、能量管理、故障诊断,以及数据通信等功能。其中数据采集是其他功能的基础,需要采集蓄电池的电压、电流、温度等值。

多个蓄电池串联使用一段时间后,蓄电池内阻和电压产生波动,单体蓄电池的状态差异会逐渐显现出来,不断循环的充放电过程加剧了单体蓄电池之间的不一致性。蓄电池成组后,大功率充放电时,蓄电池组发热,在蓄电池模块内形成一定的温度梯度,使各单体蓄电池工作时环境温度不一致,削弱单体蓄电池间的一致性,降低蓄电池组充放电能力。串联成组的蓄电池系统,只要其中一节失效,如不及时发现,整串蓄电池都会跟着报废,甚至引起着火等严重安全事故。蓄电池管理系统存在几个关键的技术,包括荷电状态(State Of Charge,SOC)估计、热管理、电量均衡及故障诊断等,其中SOC估计和热管理最为核心。

4. 整车控制技术

整车控制系统的要求是根据驾驶员的操作和当前的整车及部件工作的状况,在能保证整车的统一协调和安全可靠且能满足动力性要求的前提下,以整车经济性能为目标,按照制定的控制策略选择尽可能优化的工作条件,控制能量的合理流动,以达到最佳经济性。与传统内燃机轿车相比,电动汽车的控制系统更复杂,包含了诸多的控制系统及控制部件。电动汽车需要利用总线网络对整车进行分层综合控制和管理。

实现电动车的高性能运行,需要对动力系统进行控制,使各个部件能够协调、高效地工作,这就是整车控制技术。它是整车控制系统的核心,负责整车动力输出、动力性能和能量管理,通过对采集、接收到的数据按预先设定好的规则进行处理,然后向各个ECU发出控制指令,使其运行在预期的状态下,从而达到提高整车驾驶性能、优化能量利用的目的。整车控制技术对车辆驾驶动力性有重大影响,是纯电动车研究的重要内容。

5. 整车轻量化技术

整车轻量化始终是汽车技术重要的研究内容。纯电动汽车由于布置了电池组,整车质量增加较多,轻量化问题更加突出。但可以采用以下措施减轻整车质量。

(1)通过对整车实际使用工况和使用要求的分析,对电池的电压、容量、驱动电动机功率、转速和转矩、整车性能等车辆参数的整体优化,合理选择电池和电动机参数。

(2)通过结构优化和集成化、模块化优化设计,减轻动力总成、车载能源系统的质量。这里包括对电动机及驱动器、传动系统、冷却系统、空调和制动真空系统的集成和模块化设计,使系统得到优化;电池、电池箱、电池管理系统、车载充电机组成的车载能源系统的合理集成和分散,实现系统优化。

(3)积极采用轻质材料,如电池箱的结构框架、箱体封皮、轮毂等采用轻质合金材料。

(4)利用CAD技术对车身承载结构件(如前后桥,新增的边梁、横梁)进行有限元分析研究,用计算和试验相结合的方式,实现结构最优化。

2.3 纯电动汽车的经济性

客户王女士经4S店销售人员介绍,买了一辆纯电动汽车作为上下班交通工具,但她对纯电动汽车的经济性不太了解,不知道这辆电动汽车充满电可以跑多少里程?于是王女士要求4S店销售人员详细介绍一下纯电动汽车经济性相关的知识。

2.3.1 纯电动汽车能耗经济性评价指标

车辆能耗经济性评价常用的指标都是以一定的车速或循环行驶工况为基础,以车辆行驶一定里程的能量消耗量或一定能量可反映出车辆行驶的里程来衡量。为了使电动汽车能耗经济性评价指标具有普遍性,其评价指标应该满足以下3个条件:可以对不同类型的电动汽车经济性进行比较;指标参数数值与整车储存能量总量无关;可以直接通过参数指标进行能耗经济性判断。

电动汽车常用评价指标有续驶里程、单位里程容量消耗、单位里程能量消耗、单位容量和单位能量消耗行驶里程、等速能耗经济特性曲线,以及直流比能耗和比容耗等。

1. 续驶里程

纯电动汽车在蓄电池充足电的情况下,按一定的行驶工况,能连续行驶的最大距离称为续驶里程。此项指标对于综合评价电动汽车电池组、电动机及传动效率、电动汽车实用性具有积极意义。但此指标与电动汽车电池组装车容量及电压水平有关,在不同车型和装配不同容量电池组的同种车型间不具有可比性。即使装配相同容量同种电池的同一车型,续驶里程也受到电池组状态、天气、环境因素等使用条件影响而有一定的波动。续驶里程可以分为循环工况续驶里程和等速行驶里程。

(1) 工况法

工况法测试续驶里程是在底盘测功机上按规定的试验循环工况进行的。图2-3-1为我国试验循环的组成。实验时,将试验车辆加载到规定的装载质量,在工况试验循环结束时,记录试验车辆驶过的距离,该距离即为工况法测量得到的续驶里程。

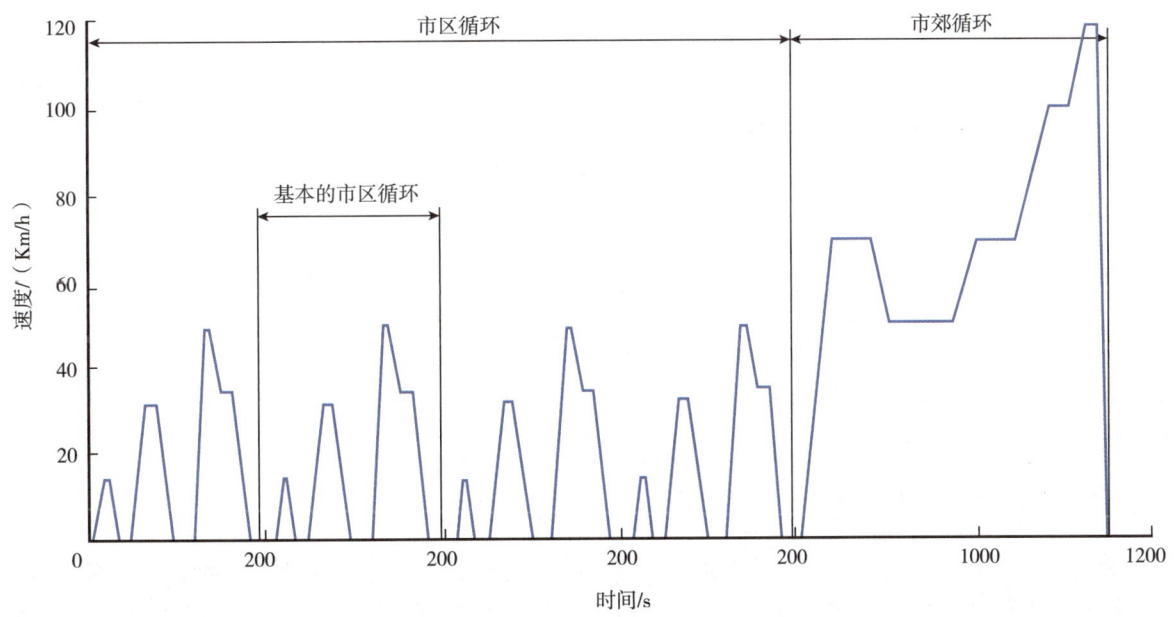

图2-3-1 我国试验循环的组成

(2) 等速法

等速法测试续驶里程是在道路上进行的,让车辆以(60±2)km/h的速度或(40±2)km/h的速度等速行驶,当蓄电池达到一定放电深度时,车辆驶过的距离即为等速法测量的续驶里程。

2. 单位里程容量消耗

单位里程容量消耗是指电动汽车等速或按工况行驶单位里程消耗的电池组容量。单位为（A·h）/km。它作为经济性的评价参数在不同的电池组使用条件下存在一定的误差，在不同车型间不具有可比性，仅适用于电压等级相同、车型相似情况下能耗经济性能的比较或同一车型能耗水平随电池组寿命变化历程分析。

3. 单位里程能量消耗

单位里程能量消耗又可分为单位里程电网交流电消耗和电池组直流电量消耗，单位为（kW·h）/km。其中交流电消耗受到不同类型充电设备的效率影响。直流电量消耗仅以车载电池组的能量状态作为标准，脱离了充电机的影响，可以比较直接地反映电动汽车的实际性能。

4. 单位容量和单位能量消耗行驶里程

这两种电动汽车能耗经济性的评价指标分别是单位里程容量消耗和单位里程能量消耗的倒数，单位分别为 km/（A·h）和 km/（kW·h）。

5. 等速能耗经济特性曲线

通常以测出速度间隔为 5km/h 或 10km/h 的等速行驶能耗量为标准，在速度—能耗曲线图上连成曲线，称为等速能耗经济特性曲线。但这种评价方法不能反映汽车实际行驶中受工况变化的影响，特别是市区行驶中频繁出现的加速、减速、怠速和停车等行驶工况。

6. 直流比能耗和比容耗

不同车型的纯电动汽车总质量相差很大，因此单位里程能量消耗也有很大差别。为了进行不同车型间的能耗水平分析和比较，引入直流比能耗的概念，即单位质量在单位里程的能耗，单位为（kW·h）/（km·t）。此参数可以体现不同车型间传动系匹配优化程度和能量利用效果。

在电压等级相同的情况下，引入比容耗的概念，即单位质量在单位里程的容量消耗，单位为（A·h）/（km·t）。

2.3.2 纯电动汽车续驶里程的影响因素

纯电动汽车续驶里程的影响因素较为复杂，其中最主要的因素是车载能源问题。续驶里程与电动汽车在行驶过程中所消耗的能量密切相关，影响因素主要来自电动汽车行驶的外部条件和电动汽车本身的结构条件。

1. 滚动阻力系数对续驶里程的影响

轮胎的滚动阻力系数越小，续驶里程越大。所以降低轮胎滚动阻力系数可明显增加电动汽车的续驶里程。特别是对低速、整车质量较大的电动汽车，尤其如此。因此，采用滚动阻力系数小的子午线轮胎，增大轮胎气压等是增加电动汽车续驶里程的重要途径。

2. 空气阻力系数对续驶里程的影响

空气阻力系数越小，续驶里程越大；车速越大，空气阻力系数对电动汽车续驶里程的影响越明显。通过对电动汽车进行流线型设计，底部做成光滑表面，同时取消散热器罩等措施，可以降低空气阻力系数。

3. 机械效率对续驶里程的影响

提高电动汽车动力传动系统的机械效率，能有效地增加电动汽车的续驶里程。电动汽车整车质量越小，行驶速度越低，机械效率对续驶里程的影响越大。

4. 整车质量对续驶里程的影响

整车质量越大，续驶里程越小；并且不同车速时，续驶里程也不相同。为了降低整车总质量，可通过采用轻质材料的方法实现。

5. 蓄电池参数对电动汽车续驶里程的影响

蓄电池参数包括很多，这里主要从蓄电池的放电深度、电池比能量、电池箱串联电池个数、电池箱并联电池组数、蓄电池的自行放电等几个方面分析。

（1）蓄电池的放电深度

蓄电池的放电深度越大，电动汽车的续驶里程就越大；同时，车速和负荷对续驶里程的影响也很明显。

（2）电池比能量

当电动汽车携带的电池总量一定时，电池参数中电池的比能量对续驶里程影响最大，可见提高电池的比能量对提高电动汽车续驶里程意义重大。

（3）电池箱串联电池个数对续驶里程的影响

增加每个电池箱串联电池的个数，电动汽车的续驶里程明显增加。这主要是：一方面由于增加了电池的数量，可以增加电池组的总能量储备；另一方面由于电池组的电压增高，在电池放电效率相同的情况下，减小了电池的放电电流，可以增加电池组的有效容量。

在增加电池数量的同时，也增加了电动汽车的总质量，从而增加了电动汽车的能量消耗，降低了电动汽车的续驶里程。但每个电池箱电池数量的增加，会增加电池组的电压，电动汽车的动力性会得到提高。因此，电动汽车动力传动系统的匹配应兼顾电动汽车的续驶里程和动力性。

（4）电池箱并联电池组数对续驶里程的影响

在保持电池组总电压的情况下，增加并联电池箱的数量可显著增加电动汽车的续驶里程。这主要是：一方面增加了电池的数量，可增加电池组的总能量储备；另一方面由于并联支路的增加，在各并联支路电池箱不超过额定放电电流的情况下，可以增加电池组总的放电电流，从而增加电池组的额定容量。

增加电池箱并联数量，可提高电池组的放电功率，电动汽车的动力性会显著提高。因此，增加电池箱并联数量可提高电动汽车的动力性和续驶里程。但是，随着电池数量的增加，电池占整车质量的比重和电动汽车的总质量也将增大，这将增加电动汽车的能量消耗，降低电动汽车的续驶里程。

（5）自行放电率

蓄电池的自行放电率是指在电池的存放期间容量的下降率，即蓄电池无负荷时自身放电时容量损失的速度。显然，自放电率越大，电池在存放期间的容量的损失就越多，能量的无用损耗越多，相应的电动汽车的续驶里程也就越短。

6. 续驶里程其他影响因素的分析

（1）行驶工况对续驶里程的影响

行驶工况对电动汽车的续驶里程影响很大。对于恒速行驶，电流随车速的增加而增加，每千米消耗的电能随车速的升高增加，而电池的放电容量则随车速的升高而减小，故其续驶里程随行驶车速的升高而减少。

（2）行驶的环境状况对续驶里程的影响

在相同的车辆条件下，电动汽车行驶的道路情况与环境气候对电动汽车行驶的续驶里程有很大影响，如气温的高低一方面对电池的有效容量有很大影响，另一方面也会影响电动汽车的总效率（电动机效率、机械传动效率和电器元件的效率等）和通风、冷却、空调所消耗的能量。另外，风力的方向与大小、道路的种类（摩擦因数、坡度、平整性）及交通拥挤状况都会使车辆的能量消耗增加或减小，从而使电动汽车的续驶里程有显著的差别。

（3）辅助系统和低电压电器系统对续驶里程的影响

电动汽车上制动系统的电动真空泵、电动助力转向系统的电动机，其他还有照明、音响、空调、通风、取暖等电器都需要消耗电池的能量。辅助系统和低电压系统的功率越大，消耗的电能就越大，电动汽车的续驶里程就越小，动力性能也会受到影响。

由此可见，影响电动汽车续驶里程的因素众多，在实际设计中，尽可能综合考虑各种因素的影响，以提高电动汽车的续驶里程。

2.4 纯电动汽车车型实例

任务解析

经历了长期发展，纯电动汽车技术逐步成熟，并得到大规模商业化的应用。2021年全球纯电动汽车的新车销量达到约460万辆，增至2020年的2.2倍，首次超过混合动力车（HV）。特斯拉、上汽、大众、比亚迪位居前四，前20名中有12家中国汽车企业。

任务学习

2.4.1 日产Leaf纯电动汽车

1. 日产Leaf简介

2009年9月，日产汽车公司发布纯电动汽车Leaf（图2-4-1），于2010年底在日本、美国及欧洲国家上市，在2011年进入中国市场销售。它是以现款日产骐达车型为基础开发的新一代电动汽车平台，具有电动汽车特殊设计的底盘布局，采用锂离子蓄电池驱动电动机，续驶里程超过了160km，可以满足一般消费者的驾车需求。

2. 基本参数

日产Leaf由层叠式紧凑型锂离子电池驱动，整车基本参数是交流电动机最大功率80kW、最大转矩280N·m、复合锂离子电池24km·h、最大输出功率90kW、能量密度140W·h/kg、功率密度2.5kW/kg、电池单体数目48个。电动机低速高转矩的动力输出特性造就了潜力相当强大的加速性能，并具有电动汽车特殊设计的底盘，锂离子电池设置在底盘下方，如图2-4-2所示。

图 2-4-1　日产 Leaf 纯电动汽车

图 2-4-2　日产 Leaf 底盘电池箱

一般电动汽车电池布置在前、后两轴之间，这样有利于汽车重心位置降低，也有利于转向、制动和驱动。现在国内许多电动汽车以原来的燃油汽车车身改造，电池布局在行李舱内或吊挂在车底。电池布局在行李舱内时导致前悬转向、制动和驱动变小，而电池吊挂在车底时导致底盘离地的间隙过小。

3. 充电方式

如图 2-4-3 所示，日产 Leaf 电动汽车提供两种充电插槽和两种充电方式，位置位于前发动机罩下部。其中快速充电插槽可在 30min 内充电 80%；而利用一般家庭 200V 电源进行充电，则需约 8h 完成充电。日产 Leaf 在车头前方布置两组充电插槽，可分别就一般 200V 电压或快速充电系统进行充电；而在前风窗玻璃处也具备充电电量显示。

 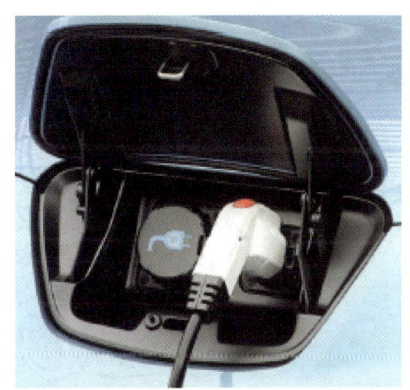

图 2-4-3　日产 Leaf 快速充电接口和慢速充电接口

4. 系统结构和功能

为了最大限度地提升 Leaf 的续航里程，日产在节能方面下了不少工夫。使用低能耗的 LED 前大灯和尾灯；特别设计的车头轮廓引导车头气流远离后视镜，减少风阻和风噪；由于动力系统的冷却需求较少，车头进气口面积也大幅缩减，减少了空气阻力。车厢内配有 IT 系统连接数据中心，可接收各种资讯和支援。

Leaf 使用高分辨率彩色液晶屏替代传统指针式仪表，采用与本田思域相似的双层式布局，除了车速、功率、能量回收状态、电池组温度、行驶时间、单次行驶里程、时钟、车外温度等常规信息外，还能根据电池组剩余电量估计续航里程，借助导航系统提供临近充电站的位置和距离等。日产 Leaf 的整车主要部件位置 1 如图 2-4-4 所示，日产 Leaf 的整车主要部件位置 2 如图 2-4-5 所示。日产 Leaf 整车主要部件功能见表 2-4-1。

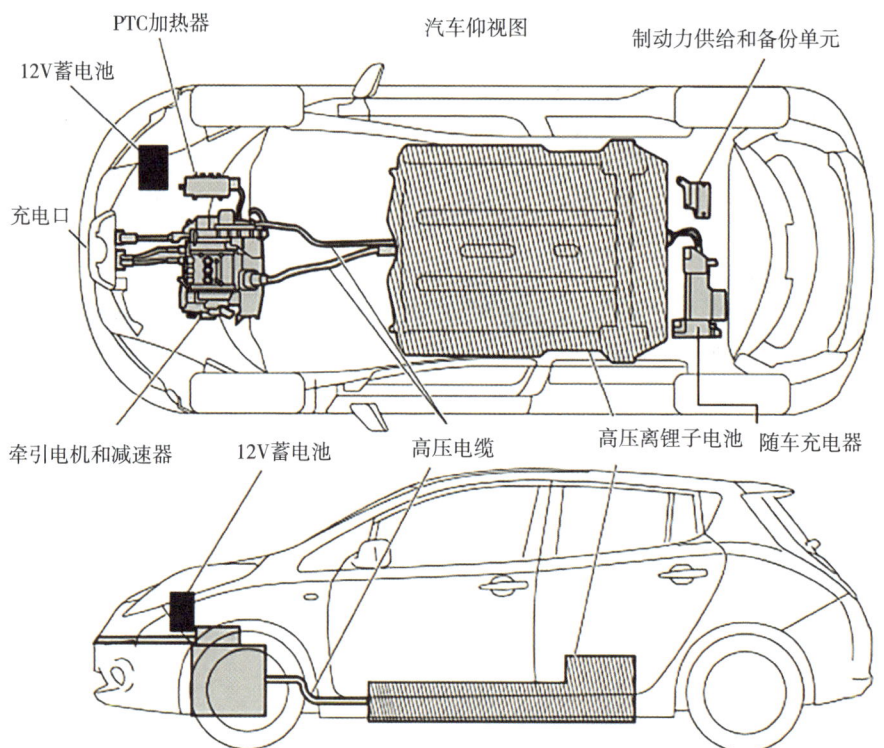

图 2-4-4 日产 Leaf 的整车主要部件位置 1

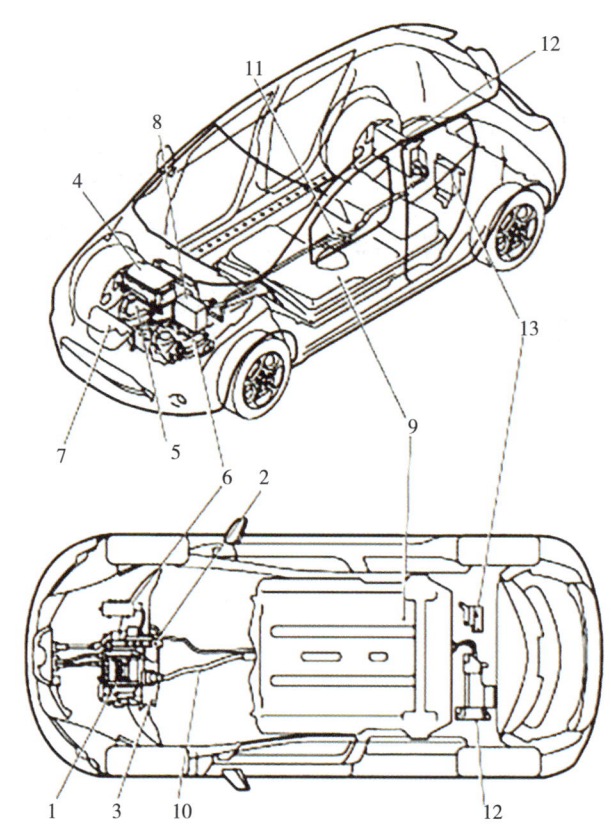

图 2-4-5 日产 Leaf 的整车主要部件位置 2

表 2-4-1　日产 Leaf 整车主要部件功能

序号	名称和功能	序号	名称和功能
1	三相牵引电动机：用于驱动汽车	8	12V 蓄电池：用于全车控制系统和汽车电气
2	减速器：固定传动比的减速器	9	锂离子电池：400V 电压
3	DC/DC 转换器：将锂离子高压直流转换为低压 12V 直流为 12V 铅酸蓄电池充电	10	高压电缆：用于连接高压部件
4	逆变器：将蓄电的高压直流转换为三相交流电	11	维修塞：用于断开高压
5	电动压缩机：采用逆变控制电动机转速来驱动压缩机	12	随车充电器：将家用 220V 交流转成 220V 直流，再转换成直流标称电压 403.2V
6	PTC 加热器：用正温度系数电阻制成，采用高压为车内部驾驶人取暖	13	电力备份单元：内置电容器组，在 12V 蓄电池出现故障时，耗放电能
7	充电口：直流快充和交流慢充		

2022 年 2 月，日产正式宣布将在欧洲市场推出 2022 款日产 Leaf。2022 款日产 Leaf 将推出搭载 40kW·h 与 62kW·h 两款动力电池容量的车型。两款车型将分别搭配输出功率为 110kW 和 160kW 电动马达，最大马力分别可以达到 147hp 和 214hp，峰值扭矩分别可以达到 320N·m 和 339N·m，在 WLTP 工况测试下，满电最高续航里程分别可以达到 240km 和 385km。

2.4.2　特斯拉 Model S 纯电动汽车

1. 特斯拉 Model S 简介

特斯拉 Model S 是一款 2012 年推出的全尺寸高性能电动轿车，在中国首发上市车型为 85kWh 的顶配版车型，并于 2013 年 9 月开始接受中国客户正式预订。自从 2012 年交付 2600 辆 Model S 开始，销量一路狂奔，到 2021 年全年交付 93 万辆。

Model S 整车主要由蓄电池组、底盘系统和车身组成，如图 2-4-6 所示。蓄电池组被整合成平板安放在前后轴之间的底盘位置（图 2-4-7），质量达 900kg。因此底盘重心较低，利于车辆的高速稳定性。电机布置在车辆后部，用于驱动后轮。在特斯拉 Model S 上，传统汽车的发动机舱被完全释放，形成前舱，后驱电机也不会影响后部的行李舱空间。

1—车身；2—底盘系统；3—蓄电池组。

图 2-4-6　特斯拉 Model S 组成

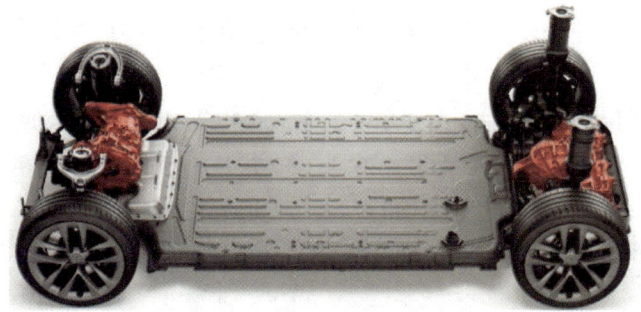

图 2-4-7　蓄电池组安放位置

2. 基本组成

（1）动力电池

Model S 采用了松下提供的 NCA 系列 18650 钴酸锂蓄电池（直径为 18mm，高为 650mm 的圆柱形蓄电池），整车蓄电池包分为 60kW·h 和 85kW·h 两类，单体蓄电池容量为 3100mA·h，这种锂电池容量和内阻在 1000 次充放电后都保持着相对稳定的水平。

85kW·h 的 Model S 的蓄电池组板由 16 组蓄电池组串联而成，每组蓄电池组由 444 个单体蓄电池组成，其中每 74 个单体蓄电池并联。因此，特斯拉 Model S 蓄电池组板由 7104 节 18650 单体钴酸锂蓄电池组成。特斯拉引入分层管理的方法来控制 7000 多节蓄电池的电压和温度。图 2-4-8 描述了 Model S 的蓄电池组成。

  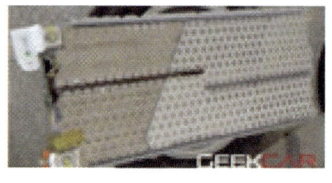 

（a）单体蓄电池18650　　（b）蓄电池组　　　　　　　　（c）蓄电池板

图 2-4-8　Model S 的蓄电池组成

Model S 采用的钴酸锂电池虽然技术较为成熟，功率高、能量密度大、一致性较高，但问题是安全系数较低，需要搭配一套严格的电池管理系统。每节 18650 钴酸锂蓄电池两端均设有保险装置，每个蓄电池砖和蓄电池片也都设有保险装置。一旦某一单元内部出现问题，保险装置将切断与其他蓄电池单元之间的联系，以保证蓄电池的整体安全性。每节蓄电池之间采用并联方式，蓄电池砖和蓄电池片之间采用串联方式。车辆实际行驶过程中，某节蓄电池出现问题并不会影响车辆的正常驾驶，只会影响车辆的续驶里程。每个蓄电池片上均设有监控板以监控每个蓄电池的电压、温度及整个蓄电池片的输出电压。整个蓄电池包设置有蓄电池监控器以监控整个蓄电池的工作环境，包括蓄电池电压、电流、温度、湿度、方位、烟雾等。特斯拉蓄电池采用水冷散热方式，以保持蓄电池工作环境温度的相对稳定。

（2）驱动电机

特斯拉采用三相四极交流感应电机，电机驱动系统具有质量轻、效率高及结构紧凑的优点，最高转矩可达 400N·m，能在急速或爬坡时为车辆提供强劲动力。电机的输出转矩能在大范围内进行调整，可配备传动比 9.73 的单速变速器。此外，电机体积小，质量仅为 52kg。

特斯拉 Model S 标配全轮驱动双电机，这是对传统全轮驱动系统的一项创新性改进。车身前后各搭载一台电机，通过对前后轮转矩分别进行数字化独立控制，实现了在各种路况下的全天候牵引力控制。其中，2017 款特斯拉 Model S P100D 更有高性能后置电机，与高效率的前置电机联动，从而实现超跑级别的加速表现，最大功率为 586kW，最高车速为 250km/h，仅需 2.7s，即可从静止加速至 100km/h。

（3）充电方式

Model S 配备一个 10kW 的车载充电器和一个 40A 的壁挂式适配器。车载充电器具有一定的输入兼容性，参数范围：电压 85~265V，频率 45~65Hz，电流 1~40A。采用 10kW 车载充电器的充电时间为 10h，壁挂式适配器的充电时间为 5h，峰值充电效率为 92%，充电 1h 最高续驶里程达 50km。美国版特斯拉 Model S 的充电接口（图 2-4-9）符合 SAE J1772 标准，与宝马 Active 的充电接口相同。

图 2-4-9　Model S 的充电接口

Model S 共有三种充电方式：移动充电包、高能充电桩和超级充电桩。

1）移动充电包

所谓的移动充电包就是一条充电线，任何有普通电源插口的地方都可以进行充电，非常方便，只不过这种充电方式的速度是最慢的。美国电压是 110V，充电速度每小时不到 16km，一晚上的时间按最少 8 个小时计算，也至少能充 128km 左右。

2）高能充电桩

如果用户有固定车位，那么可以选择安装特斯拉的高能充电桩，它在单充电模式下最大输出为 240V/40A，充电速度比普通家用接口速度更快，每小时可充电 46km。在双充电模式下可以输出 240V/80A，每小时可充电 93km。

所谓双充电器模式就是用户的车内部拥有两个充电单元，其中一个是原车出厂自带，而另外一个是需要用户付费选装的。它的作用和效果其实很简单，就是给用户的车增加了一个充电通道，充电速度提升为原来的一倍，最多一个小时可以充电约 93km，这个速度要比普通电源插座快得多了，基本一个晚上就能将车辆充满。

3）超级充电桩

超级充电桩的充电效率最高，车辆蓄电池电量从 0 到充满电最多只需 75min，一般情况下用户只需要充电半小时左右，所充的电能就足够用户在市区里使用一天。超级充电桩输出电压为 380V，电流接近 200A，每小时充电可行驶 350km。

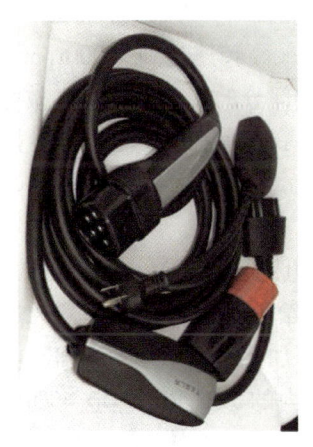 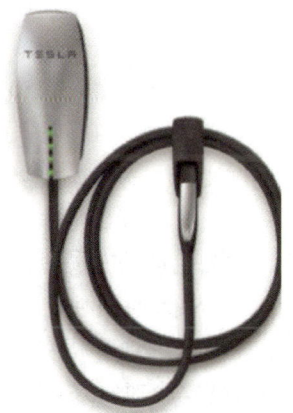 

a）移动充电包　　　　　　　　b）高能充电桩　　　　　　　　c）超级充电桩

图 2-4-10　特斯拉 Model S 的三种充电方式

2021 年特斯拉全新推出的 Model S Plaid，其搭载了三台高性能电机，最大扭矩可达 1020 马力，最高车速达 322km/h，百公里加速时间仅为 2.1s，EPA 工况续航约 628km，15min 补充 301km。新 Model S 的热管理系统看起来更进一步，在寒冷的工况下，续航提升了 30%，用于座舱加热的能量降低了 50%。

2.4.3 比亚迪 e5 纯电动汽车

1. 比亚迪 e5 简介

比亚迪 e5 在 2015 年上海车展首发亮相，销量持续稳步提升，2017 年更是以年销 23601 台的成绩单荣膺年度 A 级纯电动汽车销量桂冠，成为国产纯电动家轿中典范车型。2018 款比亚迪 e5 450 定位"专业级智联纯电家轿"，在续航里程、三电核心技术、动力操控、智能网联，以及科技配置上实现全面的升级，如图 2-4-11 所示。

图 2-4-11　2018 款比亚迪 e5 450

2. 基本组成

（1）动力电池

动力方面，比亚迪 e5 450 从磷酸铁锂电池组更换为比亚迪自主研发的三元锂动力电池组，电池包能量密度达到 140.97Wh/kg，总电量增加到 60.5kWh，整车综合工况续航里程达 400km，60km/h 等速状态下续航里程可达 480km。

（2）驱动电机

e5 450 搭载比亚迪研发的高性能大功率驱动电机，拥有轻量化、高转速、高效率的优势。电机最大功率为 160kW，峰值扭矩为 310N·m，百公里加速仅需 7.9s。驱动电机最高转速达到 12000rpm，驱动效率 90% 以上的车速区间达到 80%。电机优势显著，使得 e5 450 能够在大部分的车速下保持高效行驶，降低电能在转化过程中的损失。此外，比亚迪还为 e5 450 匹配了高效能的制动回馈系统，使能耗减少了 5.7%，提升了电池能量的使用效率。

（3）电池智能温控管理系统

比亚迪 e5 450 搭载的智能温控系统是动力电池的专属"空调"，使电池置身于一个恒温的工作环境，保障了汽车全地域全路况行驶的出行需求。在冬天使用独立的加热模块给电池进行加热，夏天通过水冷系统给电池进行降温。比亚迪电池智能温控系统的独有优势是，独立的加热模块会大幅降低电量能耗，液体介质保温制冷，接触均匀，降温效率更高，冷却效果均衡，电池组内的每一个单体电池都可以得到同样的温控效果，是其他品牌的风冷降温系统无法比拟的。

（4）充电技术

基于"三电"核心技术的加持，比亚迪 e5 450 在充电方面有了质的提高。e5 450 搭载的直流快充技术仅需 40min 即可高效的将电池充电至 80% 以上，直流充电功率更是提升到 60kW。同时还实现了在整车电池电量增加 27.3% 的情况下，直流充电电池充满时间保持在原有的 1.5 小时。

（5）整车安全

整车安全领域，比亚迪 e5 450 电池包配备包体四级七重保护系统，电池自我保护性能非常优异，可以最大程度地保护用户的行车安全。在主被动安全配置上同样表现卓著，拥有超高强度车身结构、高强度前后防撞梁、安全气囊、TPMS 胎压监测系统、EPB 电子驻车系统、ESP 车身稳定系统等，全方位守护驾乘人员的安全。

思考与练习

1. 纯电动汽车的类型有哪些？
2. 纯电动汽车的基本组成有哪些？
3. 纯电动汽车的布置形式有哪些？
4. 纯电动汽车有哪些特点？
5. 纯电动汽车的核心技术有哪些？
6. 纯电动汽车对充电有哪些技术要求？
7. 简述纯电动汽车的充电方法。
8. 简述纯电动汽车的控制原理。

模块 3 混合动力电动汽车

学习目标

知识目标：
1. 了解混合动力汽车的定义与分类。
2. 掌握串、并、混联式混合动力汽车的结构与原理。

技能目标：
1. 能针对混合动力汽车的各种工况分析动力传输路线。
2. 识别主流混合动力汽车车型及其技术特点。

素质目标：
1. 培养广泛学习、勤于思考的良好习惯。
2. 训练学生举一反三的能力。

3.1 混合动力电动汽车概述

任务解析

混合动力车辆的节能、低排放等特点引起了汽车界的极大关注，并成为汽车研究与开发的一个重点。混合动力装置既发挥了发动机持续工作时间长、动力性好的优点，又可以发挥电动机无污染、低噪声的好处，二者"并肩战斗"，取长补短。

任务学习

混合动力电动汽车（HEV）将内燃机、电动机、传动系统与一定容量的蓄电池通过控制系统相组合，电动机可补偿车辆起步、加速时所需转矩，使发动机工作在高效区，又可以回收车辆制动能量，从而大幅度降低整车油耗，减少污染物排放。混合动力电动汽车虽然没有实现零排放，但是其动力性、经济性和排放等综合指标均得到很大的改善。

3.1.1 混合动力电动汽车的定义

混合动力电动汽车（Hybrid Electric Vehicle，HEV）指能够至少从可消耗的燃料、可再充电能/能量储存装置两类车载储存的能量中获得动力的汽车。大多数混合动力电动汽车包含一个传统发动机和一个或多个电动机，燃油箱或储气瓶为传统发动机提供燃料，动力蓄电池作为电动机的储能模块提供电能。混合动力电动汽车充分利用了发动机和电动机两种动力源的优点，通过自动控制形成最佳匹配。在部分工况下，动力蓄电池可以储存发动机多余的能量，并回收车辆制动过程中产生的制动能，同时还能输出给电动机用于动力输出。

3.1.2 混合动力电动汽车的特点

混合动力电动汽车具备多个动力源（主要是内燃机和电动机），并根据情况将几个动力源同时或单独用于驱动汽车，是当今最具实际开发意义的低排放和低油耗汽车。下面简要介绍一下混合动力电动汽车的优点和缺点。

1. 混合动力电动汽车的优点

（1）与纯电动汽车相比，混合动力汽车具有以下优点：
①电池的容量减小，使整车自重减小、成本有所降低。
②续驶里程和动力性可达到内燃机汽车的水平。
③不需要建设庞大的充电设施，不需要每天进行充电。
（2）与传统内燃机汽车相比，混合动力汽车具有以下优点：
①可使发动机在最佳的工作区域稳定运行，降低发动机的油耗、排放污染和噪声。
②可实现纯电动模式，在居民区、市中心等人员密集的地区关闭发动机，实现零排放。
③通过电动机回收制动时的能量，提高能量利用率，进一步降低汽车的能量消耗和排放污染。

2. 混合动力电动汽车的缺点

由于有多个动力源而成本提高，如何实现多个动力源的配合工作成为混合动力电动汽车要解决的关键问题。由于有多个动力源，增加了质量和所必需的装载空间，这降低了混合动力电动汽车的有效负载能力。

3.1.3 混合动力电动汽车的分类

1. 按动力传动系统布置分类

目前世界各国研究开发的混合动力电动汽车有不同的结构形式，根据其动力传动系统的配置和组合方式不同，可以分为3种基本结构：串联式、并联式和混联式。

（1）串联式混合动力电动汽车

串联式混合动力电动汽车主要由发动机、发电机、驱动电机和蓄电池组等部件组成，结构如图3-1-1所示。发动机仅用于发电，并不能直接驱动车辆的行驶。发电机所发出的电能供给电动机，电动机驱动汽车行驶。发电机发出的部分电能向电池充电，来延长混合动力电动汽车的行驶里程。另外电池还可以单独向电动机提供电能来驱动电动汽车，使混合动力电动汽车在零污染状态下行驶。

串联式结构的发动机与车辆无机械连接，可使发动机不受汽车行驶工况的影响，始终在其最佳的工作区稳定运行，因此，可使汽车的油耗和排放降低。串联式混合动力电动汽车特别适用于在市区内低速运行的工况。在市区，汽车在起步和低速时还可以关闭发动机，只利用蓄电池进行功率输出，使汽车达到零排放的要求。串联式结构的不足是需要发动机、电动机、发电机3个驱动组件；为满足功率需求，电动机的外形尺寸较大、质量较大；在发动机—发电机—电动机系统机械能—电能—机械能的能量转换过程中，能量损失较大。

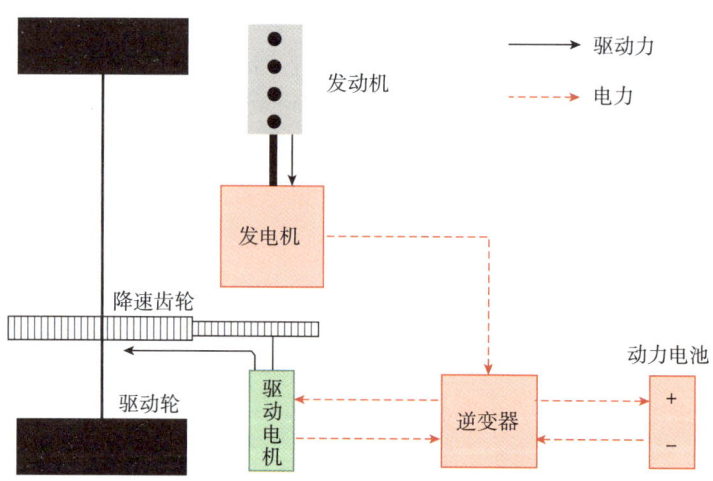

图 3-1-1 串联式混合动力系统

（2）并联式混合动力电动汽车

并联式混合动力电动汽车主要由发动机、发电机、电动机和蓄电池组等部件组成，结构如图 3-1-2 所示。并联驱动系统可以单独使用发动机或电动机作为动力源，也可以同时使用电动机和发动机作为动力源来驱动汽车。根据发动机和电机是否同轴，可分为单轴并联式混合动力电动汽车和双轴并联式混合动力电动汽车。由于具备两套动力系统，根据路况和驾驶人需求，发动机和电机可联合驱动或独立驱动汽车。

与串联式结构相比，发动机通过机械传动机构直接驱动汽车，其能量的利用率相对较高，从而燃油经济性和能量利用效率提高。机械制动能量也可存储到蓄电池组，能量转化损失减少。并联式驱动系统适合于汽车在城市间公路和高速公路上稳定行驶的工况。相比于串联式结构，并联式驱动系统需要变速装置和动力耦合装置，传动机构较为复杂，控制策略和方法难度也大。由于只有一台电动机，没有独立的发电机。所以在电池组没电的情况下只能依靠发动机一边给电池组充电一边驱动车辆，车辆的加速性能也会随之下降。同时并联式驱动系统的发动机工况会受到车辆行驶工况的影响。

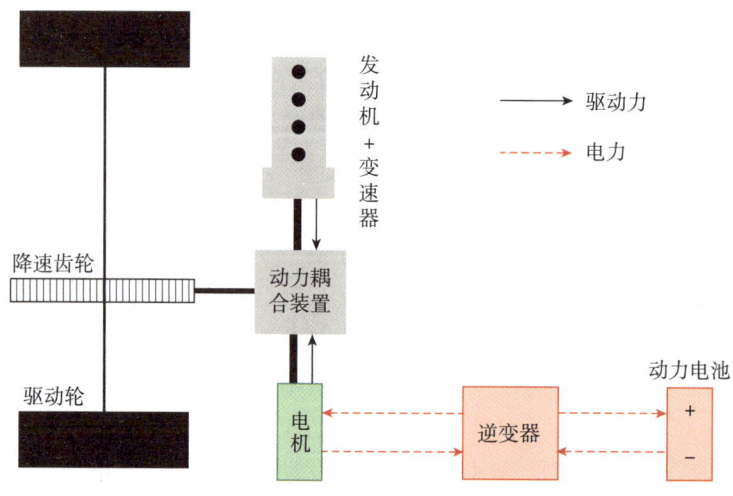

图 3-1-2 并联式混合动力系统

（3）混联式混合动力系统

混联式混合动力电动汽车主要由发动机、发电机、电动机、行星齿轮机构和蓄电池组等部件组成，结构如图 3-1-3 所示。混联式混合动力系统是串联式与并联式的综合，发动机输出功率一部分通过机械机构传给驱动桥，另一部分则用于驱动发电机发电。发电机发出的电能输送给电动机或蓄电池，电动机产生的驱动转矩通过动力耦合装置传送给驱动桥。

相对于串联式结构，在混联式结构中，发动机可直接驱动车辆；而相对于并联式结构，增加了一个发电机用于能量转换。因此混联式混合动力系统的驱动方式更为灵活，它既能以串联式进行工作，又能以并联式进行工作，但混联式混合动力系统的结构更为复杂，使其成本更高，技术难度更大，价格也比前两种昂贵。

混联式驱动系统充分发挥了串联式和并联式的优点，能够使发动机、发电机、电动机等部件进行更多的优化匹配，从而在结构上保证了在更复杂的工况下使系统在最优状态工作，所以更容易实现排放和油耗的控制目标，因此是最具影响力的 HEV。与并联式动力系统相比，混联式动力系统的动力耦合形式更复杂，因此对动力耦合装置的要求更高。目前的混联式结构一般以行星齿轮作为动力耦合装置的基本构架。

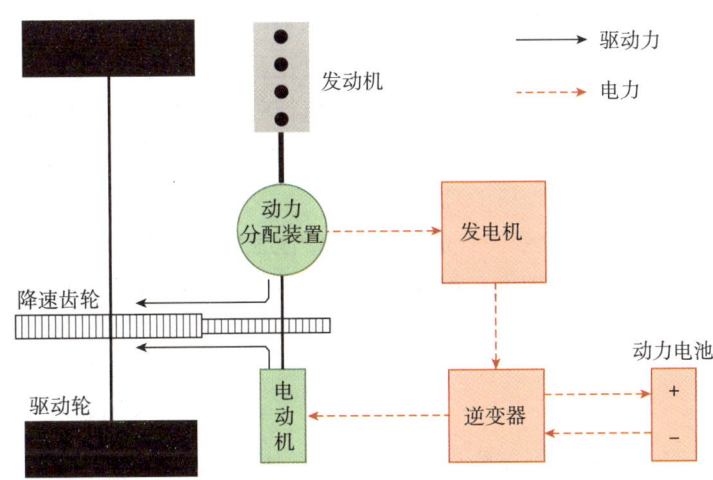

图 3-1-3 混联式混合动力系统

2. 按照动力混合程度分类

混合动力电动汽车按照传统内燃机和电动机动力的混合程度不同，可分为微度混合型（电动机峰值功率和发动机的额定功率比不大于 5%）、轻度混合型（电动机峰值功率和发动机的额定功率比为 5%~15%）、中度混合型（电动机峰值功率和发动机的额定功率比为 15%~40%）和深度混合型（电动机峰值功率和发动机的额定功率比大于 40%）。

（1）微度混合动力电动汽车

微度混合动力电动汽车也称为"起—停混合动力电动汽车"。在微度混合动力电动汽车中，电动机仅作为内燃机的起动机或发电机使用，不为汽车行驶提供持续动力，通常是在传统内燃机的起动机上加装传动带驱动起动机（Belt-alternator Starter Generator，BSG）。该电机为发电/启动一体化电动机，用来控制发动机的启动和停止，从而取消发动机的怠速，降低了油耗和排放。一般情况下，在城市循环工况下节油率一般为 4.5%。

配备该起停技术的车辆在行驶中只要直接踩制动踏板，车辆完全停止约 2s 后发动机就会自动熄火，一直踩着制动踏板发动机就会保持停转。只要一松开制动踏板或者转动转向盘，发动机会立刻自动点火，驾驶人可以踩加速踏板使车辆起步。

（2）轻度混合动力电动汽车

轻度混合动力电动汽车也称为辅助驱动混合动力电动汽车。与微度混合动力系统相比，轻度混合动力系统除了能用发电机控制发动机的启动和停止，还能够实现：在减速和制动工况下，对部分能量进行吸收；在行驶过程中，发动机等速运转，发动机产生的能量可以在车轮的驱动需求和发电机的充电需求之间进行调节。通常此种混合动力系统采用集成启动电机（Integrated Starter Generator，ISG），车辆以发动机为主要动力来源。启动发动机时，被用作起动机；在减速和下坡时，进行能量回收时，被用作发电机。

（3）中度混合动力电动汽车

中度混合型同样采用了ISG系统，以发动机和电动机为动力源的混合动力电动汽车。与轻度混合动力电动汽车不同之处在于：采用的是高压驱动电动机，在汽车加速或者大负荷工况时，驱动电动机能够辅助发动机驱动车辆，补充发动机本身动力输出的不足，提高整车性能。一般中度混合动力技术能节约油耗10%～20%。

（4）深度混合动力电动汽车

深度混合动力电动汽车也称为完全混合或强度混合动力电动汽车。深度混合动力电动汽车通常采用大容量动力蓄电池，供给电动机以纯电动模式运行，同时还具有动力切换装置，用于发动机、电动机各自动力的偶合和分离。在起步、倒车、起步—停车、低速行驶等情况下，车辆可以纯电动模式行驶；在急加速时，电动机和内燃机一起驱动车辆，并具有制动能量回收的能力。与轻度混合动力电动汽车相比，在驱动车辆的两种动力源中，电动机的功率更大。

混合程度越深，则内燃机系统可更长时间地工作在最佳工况下，将汽车行驶时发动机的后备功率进行充分利用。深度混合使发动机和电动机互相补充了各自在不同工况时动力性上的不足，因而节能减排效果更为明显，一般油耗可降低20%～40%。

3. 按照电池能量补充方式分类

混合动力电动汽车按照动力电池补充能量的方式分为：插电式混合动力汽车和自充电式混合动力汽车。前面提到的串联式和并联式混合动力电动汽车既可以是插电式的，也可以是自充电式的。

插电式混合动力电动汽车（Plug-in hybrid electric vehicle，PHEV）可以通过外界电源来对动力蓄电池进行充电。插电式混合动力电动汽车由于有着较长的纯电动续航里程，同时可以通过插电为动力蓄电池充电，因此在燃油经济性方面的表现较为突出，并且可以兼顾甚至增强车辆的动力表现。

图3-1-4所示为混联模式下的插电式混合动力电动汽车的结构示意图。从图中可以看到，区别于普通混联式混合动力电动汽车，在插电式混合动力电动汽车动力蓄电池侧可以连接外接电源，一方面车辆在停止时可以通过外接充电设备进行充电，另一方面车辆在行驶过程中可以通过发动机驱动或通过发电机给动力蓄电池充电。当车辆在短途使用时，仅需要使用动力蓄电池中的能量即可满足要求；而当车辆需要长距离行驶时，发动机介入，这样既保证了车辆的续航里程，也降低了整车燃油消耗率。

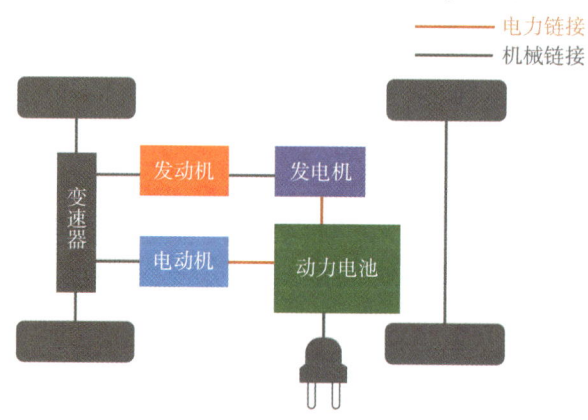

图3-1-4 插电式混合动力系统示意图

与普通混合动力电动汽车相比，插电式混合动力汽车的动力蓄电池相对比较大，可以外部充电，并具备纯电动模式行驶的能力，可以在动力电池电量耗尽时以混合动力模式（串联或并联）行驶，然后适时给动力蓄电池充电。例如：丰田普锐斯插电式混合动力电动汽车在纯电动模式可以行驶30km，百公里综合油耗低至2L。

插电增程式混合动力电动汽车属于插电式混合动力电动汽车中的串联式混合动力车型。如图3-1-5所示，当动力蓄电池电量充足时可采用纯电动模式行驶，而当电量达到一定限值时，增程器启动，由增程式发动机带动发电机为动力蓄电池充电，提供驱动电机运行的电能。

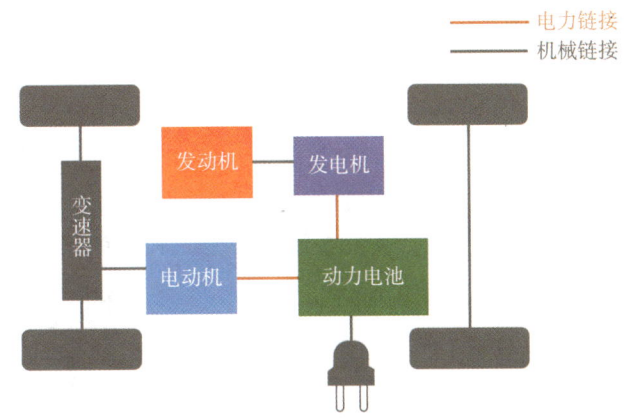

图3-1-5　增程式混合动力车型动力系统示意图

插电增程式混合动力电动汽车的优点：具有电动车的安静、起步扭矩大的优点，可以当纯电动车使用，在充电方便的条件下只充电、不加油，使用成本较低；由于带有发动机发电，只要有加油站就可以一直跑下去，解决基础设施不足的问题；因为发动机不直接驱动车轮，发动机转速和车轮转速、汽车速度没有直接关系，通过控制系统优化，可以让发动机一直工作在最佳转速，即使在充电不便时，市内堵车路况下油耗也比较低；由于动力蓄电池容量较大且具有外接充电的优势，插电增程式混合动力电动汽车的纯电续航里程较长。以理想ONE为例，它仅配备了容量为40.5kWh的电池组，其纯电池续航里程为180km，而直接对标的蔚来ES8采用了70kWh的电池组。增程器选用的是一台1.2T三缸发动机，匹配一个容积为45L的油箱。二者搭配在一起，可实现800km的综合续航。

插电增程式混合动力电动汽车的缺点：由于发动机和发电机并不直接驱动车轮，造成了这部分功率的浪费。比如一辆增程式电动汽车发动机功率50kW，发电机功率50kW，电动机功率100kW，整车携带了总功率200kW的发动机和电动机，但是能驱动车轮的功率只有100kW；

在高速路况下，油耗反而偏高。这是因为高速路况下，如果发动机直接驱动车轮，可以一直工作在最佳工作模式，而增程式插电混合动力多了一个转换过程，转换本身要消耗能量，造成油耗反而偏高。

3.2　混合动力电动汽车的工作原理

任务解析

客户王女士在4S店买了一台混合动力汽车，王女士反映混合动力汽车她会开，但是不知道它的工作原理。你作为4S店服务人员，请根据你所了解的混合动力汽车知识，向客户详尽地介绍混合动力汽车的工作原理，并将你分析的资料形成文本，供技术人员进行资料共享。

3.2.1 串联式混合动力电动汽车

1. 串联式混合动力电动汽车的工作原理

在串联式混合动力汽车上，由发动机带动发电机所产生的电能和蓄电池输出的电能，共同输送给电动机来驱动汽车行驶，电力驱动是唯一的驱动模式，动力流程图如图 3-2-1 所示。发动机与发电机直接连接产生电能，来驱动电动机或者给蓄电池充电。电动机直接与驱动桥相连，汽车行驶时的驱动力由电动机输出。

当蓄电池的荷电状态 SOC 降到一个预定值时，发动机即开始对蓄电池进行充电。发动机与驱动系统并没有机械地连接在一起，这种方式可以很大程度地减少发动机所受到的车辆瞬态响应。瞬态响应的减少可以使发动机进行最优的喷油和点火控制，使其在最佳工况点附近工作。

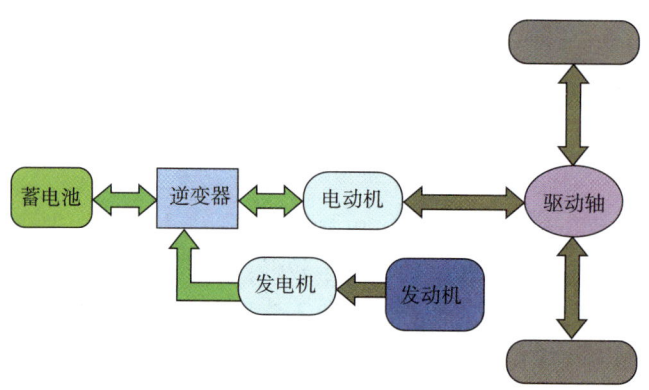

图 3-2-1　串联式混合动力汽车动力流程图

2. 串联式混合动力电动汽车的工作模式

串联式混合动力电动汽车工作模式的分析：

（1）动力蓄电池组驱动模式：当动力蓄电池组具有较高电量，车辆以低速、小负荷行驶时，"发动机—发电机组"关闭，仅蓄电池组供电至驱动电机转化为机械能，驱动车辆行驶。

（2）再生制动充电模式：动力蓄电池组驱动模式下，若汽车减速制动，驱动电机工作于发电机模式，实施再生制动，行驶动能经驱动电机产生电功率为蓄电池组充电。

（3）发动机驱动模式：当动力蓄电池组的电量在正常的工作区域内，且汽车的功率需求小于"发动机—发电机组"的最大输出功率时，工作于发动机驱动模式，输出功率至驱动电机，驱动车辆行驶，此时动力蓄电池组既不充电也不放电。

（4）混合驱动模式：当车辆加速或爬坡，发电机输出功率小于电动机所需的输入功率时，动力蓄电池组和"发动机—发电机组"共同提供电能至驱动电机，驱动车辆行驶。

（5）发动机驱动和动力蓄电池组充电模式："发动机—发电机组"提供的功率分为两部分：一部分向动力蓄电池组充电；另一部分至驱动电机，驱动车辆行驶。

（6）动力蓄电池组充电模式：动力蓄电池组电量过低时，为保证整车行驶的综合性能，"发动机—发电机组"的输出功率全部用于给蓄电池组充电，驱动电机不接收功率，汽车不行驶。

3.2.2 并联式混合动力电动汽车

1. 并联式混合动力电动汽车的工作原理

并联式混合动力电动汽车驱动系统的动力流程（图3-2-2）为：发动机和电动机通过某种变速装置同时与驱动桥直接连接。电动机可以用来平衡发动机所受的载荷，使其能在高效率区域工作，因为通常发动机工作在满负荷（中等转速）下燃油经济性较好。当车辆在较小的路面载荷下工作时，内燃机车辆的发动机燃油经济性比较差，而并联式混合动力电动汽车的发动机此时可以被关闭掉而只用电动机来驱动汽车，或者增加发动机的负荷使电动机作为发电机，给蓄电池充电以备后用（即一边驱动汽车，一边充电）。由于并联式混合动力电动汽车在稳定的高速下，发动机具有比较高的效率和相对较小的质量，所以它在高速公路上行驶具有比较好的燃油经济性。

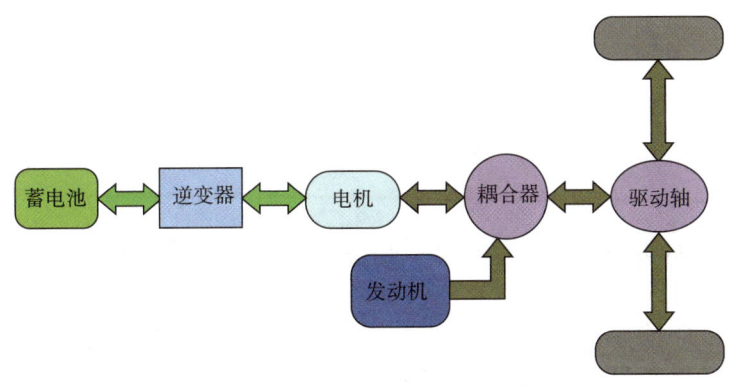

图3-2-2 并联式混合动力汽车动力流程图

并联式驱动系统的主要元件为动力合成装置，由于动力合成的实现方法具有多样性，相应的动力传动系统结构也多种多样，通常可将其分为驱动力合成式、转矩合成式和转速合成式3类。

（1）驱动力合成式

驱动力合成式并联混合动力汽车示意图，如图3-2-3（a）所示。其采用一个小功率的发动机，单独地驱动汽车的前轮。另外一套电动机驱动系统单独地驱动汽车的后轮，可以在汽车启动、爬坡或加速时增加混合动力汽车的驱动力。两套驱动系统可以独立驱动汽车，也可以联合驱动汽车，使汽车变成四轮驱动的电动汽车。此种混合动力汽车具有四轮驱动汽车的特性。

（2）转矩合成式（双轴式和单轴式）

转矩合成式并联混合动力汽车示意图，如图3-2-3（b）、图3-2-3（c）所示。发动机通过传动系统直接驱动混合动力汽车，并直接（单轴式）或间接（双轴式）带动电动机/发电机转动向蓄电池充电。蓄电池也可以向电动机/发电机提供电能，此时电动机/发电机转换成电动机，可以用来启动发动机或驱动汽车。

（3）转速合成式

转速合成式并联混合动力汽车示意图，如图3-2-3（d）所示。转速结合式并联式混合动力电动汽车的驱动电动机通过动力耦合器来驱动汽车，发动机通过离合器和动力耦合器来驱动汽车。这样的结构和传统汽车的传动系统相似，这样的结构容易设计、维修方便。但是电动机和发动机组合在特定的耦合器中，因为动力耦合器使它们的转矩固定在电动汽车行驶时的转矩上，所以要通过调节发动机节气门的开度来与电动机的转速相互配合，才能获得最佳传动效果，从而使得控制装备变得十分复杂。

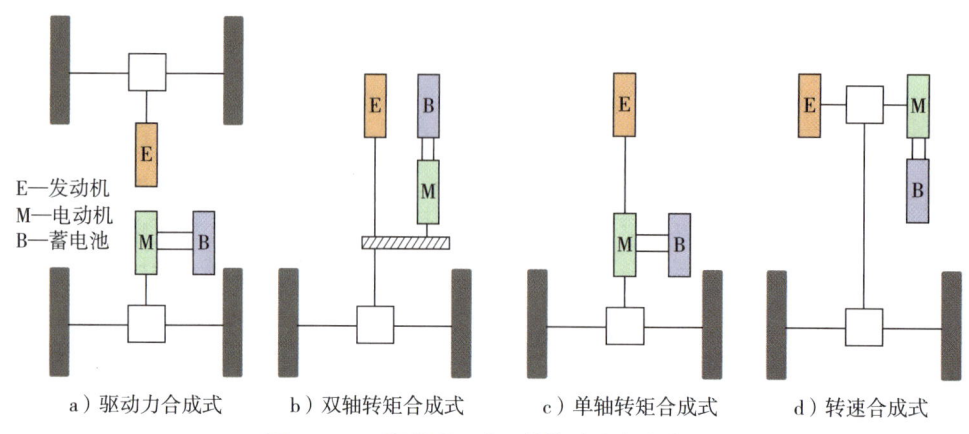

图 3-2-3　并联式驱动系统的动力合成装置

2. 并联式混合动力电动汽车的工作模式

（1）发动机驱动模式：电动机不工作，仅发动机工作输出功率，驱动车辆正常行驶。

（2）电动机驱动模式：与发动机驱动模式相反，发动机不工作，仅电力驱动系统输出功率，驱动车辆行驶。

（3）发动机和电动机混合驱动模式：发动机和电动机均工作，同时提供功率，多用于驱动车辆加速或爬坡等行驶工况下。

（4）发动机充电模式：车辆低负荷运行时，行驶功率的需求低于发动机的输出功率，此时，发动机发出的剩余功率就通过电机转化为电能储存到蓄电池组中，即对蓄电池进行充电。

（5）再生制动模式：车辆运行在制动或减速状态时，电机工作于发电机状态，将车辆损失的动能转化为电能储存到蓄电池组中。

3.2.3　混联式混合动力电动汽车

1. 混联式混合动力电动汽车的工作原理

混联式混合动力系统是将并联和串联两种系统结合起来的，与并联式混合动力电动汽车的动力输出一致，驱动电机与传统发动机通过耦合器将动力输出给传动系统用以驱动车辆。发动机和驱动电机既可以单独驱动车辆，也可以共同协作。同时混联系统由于具有单独的发电机，不再像并联系统那样使用电动机作为发电机使用，因此发动机还可以与电动机共同工作时对电池组进行充电。

目前，混联式混合动力结构一般采用行星齿轮机构作为动力分配装置。此时车辆并不是串联式或并联式，而是两种驱动形式同时存在，充分利用两种驱动形式的优点，如图3-2-4 所示。混联式驱动系统的控制策略是：在汽车低速行驶时，驱动系统主要以串联方式工作；当汽车高速稳定行驶时，则以并联方式工作为主。

2. 混联式混合动力电动汽车的工作模式

混联式混合动力电动汽车的工作模式分析如下：

（1）动力蓄电池组驱动模式：车辆启动、低速和倒车时，发动机不工作，车辆所需动力全部来自动力蓄电池组，驱动电动机将电能转化为机械能，驱动车辆行驶。

（2）发动机驱动模式：车辆正常高速行驶时，电动机关闭，车辆所需驱动功率全部来自发动机，动力蓄电池组既不充电也不放电。

（3）混合驱动模式：车辆处于急加速行驶或爬坡等状态时，所需的驱动功率由发动机和动力蓄电池共同提供，发动机通过机械系统驱动车辆行驶，动力蓄电池供电至驱动电动机，共同驱动车辆行驶。

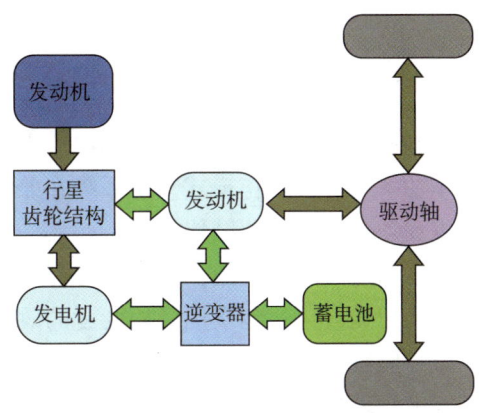

图 3-2-4　混联式混合动力汽车动力流程图

（4）发动机驱动和动力蓄电池组充电模式：发动机输出的功率中一部分通过机械系统驱动车辆行驶，另一部分由发电机向动力蓄电池组充电。

（5）再生制动模式：车辆减速或制动时，发动机关闭，电机工作于发电机模式，车辆的动能转化为电能，储存到动力蓄电池组中。

3.3　混合动力电动汽车的关键技术

任务解析

混合动力电动汽车的本质就是通过先进的控制技术将内燃机汽车与纯电动汽车有机融合形成的新型汽车，其核心技术的覆盖面非常广泛，涉及机电、控制、车辆等方面的技术，以及电力电子、电化学、汽车电子等众多学科。

任务学习

3.3.1　驱动电动机及其控制技术

混合动力电动汽车的驱动电动机应具有能量密度高、体积小、轻便、工作效率高的特点。基于其发展势头而言，电动机的研究工作多集中在交流异步与永磁同步两种电动机，前者适用于高速行驶的工况，后者则适用于频繁起停、低速运行的城市工况。

驱动电动机的控制技术主要包括大功率电子部件、变换器、微处理器、电动机控制算法。在持续探索研究之下，高性能的电子部件正逐渐发展成由微电子、电力电子集成的第四代功率集成电路。变换器可划分成 DC-AC 变换器（又称为逆变器，适用于交流电动机）、DC-DC 转换器（适用于直流电机）两个种类，其技术随着功率器件的发展而发展。电控微处理器主要是单片机、DSP 芯片，现阶段电动机控制的专属 DSP 芯片已然在业内普及开来。

现阶段普通电动机驱动领域的控制方式众多，主要包括矢量、变压变频、直接转矩、自调整等方面的控制，上述方法已被广泛应用于电动汽车的驱动控制中，在持续实践与电动汽车驱动控制本身优势的作用下，即便是在功率、转矩都恒定不变的情况下也可持续实现工作效率高、调速区间大、响应快的功能，在控制方法方面交流异步与永磁同步两种电动机的矢量控制比较理想。

近年来，还陆续出现了变结构、模糊、神经网络、专家系统等众多全新的控制方式，它们在电动汽车领域也得到了普遍的认可，并运用于实际操作中，其工作效果表现良好。

3.3.2 整车能量管理与动力系统控制

混合动力电动汽车的整车能量控制系统作为一个桥梁将传统内燃机汽车与纯电动汽车两者的优势有机融合起来，其主要功能是控制整车功率与转换工作模式。该系统在兼顾行驶平顺性的同时，还要指挥各个系统协调工作，以在功率、排放和动力性上达到最佳效果。

该系统可基于驾驶人的实际操作来判定其真实意图，在确保符合驾驶要求的条件下将输出功率科学地分配给电动机、发动机、蓄电池等动力元件，达到最优管控能量的效果，尽可能地用最少的燃料来达到最好的功效。利用动力机构、能量存储机构、传动系统等将燃料包含的化学能、热能转换为机械能的百分比称为燃料能量转换率。整车能量管理的目标就是最大限度地提升燃料的能量转换率。

整车能量管理工作离不开控制混合动力系统的有效工作，除此之外，还要顾及空调、转向/制动助力等其他车载机电元件所耗用的能量，据此来全位地评价整车的能量耗用情况。

3.3.3 动力蓄电池及其管理系统

在对动力蓄电池进行分类时，所凭借的分类依据主要是电池自身的功率密度，即动力蓄电池主要包括两种类型：其一是以能量为主的蓄电池，这种蓄电池在动力上完全以电力作为基本动力；其二是以功率为主的蓄电池，这种蓄电池在动力上以电力混合其他类型的能源作为基本动力。

动力蓄电池要配备电池管理系统才能工作，这就要求动力蓄电池在合理的操作与系统应用中应当能够将自身最佳的性能完全发挥出来。一般来说，电池管理系统主要涵盖以下几个方面的功能，即：

（1）对动力电池的 SOC 予以科学、精确的计算；

（2）实时监控单体或块电池的温度和电压基本数据及其变化情况；

（3）对动力电池在目标时间内的工作极限予以明确，并将结果发送给车辆 ECU；

（4）实现电池组的有效热管理，如有需要应当依据实际情况考虑是否应当进行电池组的加热或降温处理；

（5）对电池自身可能出现的库伦失衡问题予以实时监控，并对其进行必要校正。

3.3.4 动力传动系统的参数匹配

设计人员在对混合动力能源的电动汽车进行研究设计时，应当对动力传动系统进行科学设计，其中最为重要的因素即做好系统的相关参数匹配问题，这是因为混合动力电动汽车的燃油效率与排放性能直接与动力系统的基本应用能力挂钩。做好参数匹配工作包括多个方面的内容，例如对电动机的基本应用功率进行实时检测、对电池的容量进行有效测量，以及对发动机的功率进行合理选用等。这样做的好处在于通过不同方面的调配，确保最后所形成的驱动系统能够始终保持在最佳性能水平上。通过计算机仿真进行该参数的匹配，能够产生多种不同的动力系统组合方案，自由度较大。

3.3.5 能量再生制动回收系统

该系统是为了着力提升电动汽车自身的燃油效率所提出的另一种新型解决方法，车辆在行车的过程中，其行车安全直接与制动性能息息相关，这就要求研究与设计人员应当对车辆的基本回收制动能力进行合理调整，确保在行车的过程中车辆制动的可操作性与稳定性，而对于设计人员来说，不断改进制动回收系统也是当前的重要研究课题。

3.3.6 先进的车辆控制技术应用

一般来说，在控制技术应用发展与研究的进程中，研究人员基本上都需要参考传统汽车的基本发展特征来进行有力补充与创新发展。而传统意义上的车辆控制技术其核心在于对动力学控制系统的合理研发与应用，这就给混合动力电动汽车在控制技术上的创新发展提供了新的思路，即未来电动汽车在控制技术相关问题上的研究分析，应将实际动力控制系统与制动回收系统之间进行有机联动。在实际发展过程中只有将二者及时有效地联系起来，才能确保混合动力电动汽车在未来的发展进程中能够变得更加绿色节能、舒适安全。

3.4 混合动力电动汽车能量管理策略

任务解析

作为一种新型的多能量源交通工具，混合动力汽车的性能与其采用的能量管理策略密切相关，能量管理策略是传统燃油汽车与纯电动汽车完美结合的纽带，是混合动力汽车成败的最终决定性因素。

任务学习

能量管理策略的控制目标是根据驾驶员的操作，如加速踏板、制动踏板等，判断驾驶员的意图，在满足车辆动力性能的前提下，最优地分配电动机、发动机、动力电池等部件的输出功率，实现能量的最优分配，提高车辆的燃油经济性和排放性能。由于混合动力汽车中电池不需要外部充电，因此，能量管理策略还应考虑动力电池的荷电状态平衡，以延长电池寿命，降低车辆维护成本。混合动力汽车的结构不同，能量管理策略也不同。

3.4.1 串联式混合动力汽车的能量管理策略

由于串联式混合动力汽车的发动机与汽车行驶工况没有直接联系，因此其能量管理策略的主要目标是使发动机在最佳效率区和排放区工作。为了优化能量、分配整体效率，还应考虑传动系统的动力电池、发动机、电动机和发电机等部件。以下介绍串联式混合动力汽车3种基本的能量管理策略。

1. 恒温器策略

恒温器策略主要是依据动力蓄电池相关的驱动需求所提出的一种策略。由于电动汽车自身的SOC具有一定的门限值，在实际行驶过程中该值较正常的设定范围数值低的情况下，如果进行启动处理，将很容易产生功率与电能之间的转换不均衡问题；当电动汽车的SOC门限值较正常设定范围数值高时，如果将发动机关闭，会直接由蓄电池和电动机对车辆进行直接的驱动处理。上述策略即称为恒温器策略。恒温器策略的主要优势是通过实现SOC门限值的实时把握与调控，不仅能够减少相关的污染物排放量，同时还显著地增强了发动机的工作效率。另一方面，该策略具有很大的缺陷，即由于发动机经常处于频繁开合的状态中，很容易造成发动机的损耗问题，发动机一旦发生大的损耗，整体的系统功率就无法达到原有的水平，能源转换的实际效果也会大打折扣。

2. 功率跟踪式策略

该策略主要是将跟踪车辆功率需求的任务交由发动机来完成。当车辆动力蓄电池的SOC大于SOC设定上限，且满足车辆需求的功率仅由动力蓄电池提供时，发动机才能开始逐渐减缓自身的运动速度或者直接停机。功率跟踪式策略在实际应用过程中容易出现减少蓄电池具体充电次数的特点，有利于系统性能的持续性稳定。但是由于发动机必须长期处于较高的运行负荷状态，因此该策略在发动机的排放与功效等方面的实际应用效果不如恒温器策略的应用效果。

3. 基于规则型策略

基于规则型策略主要强调的是通过将功率跟踪式策略与恒温器策略两者有机地联系在一起，从而实现对包括发动机与蓄电池应用功效等方面的重要突破。一般来说，对电动汽车的基本功率范围与蓄电池荷电基本情况设立基本规则并予以科学调整，能够使得包括蓄电池与发动机在内的车辆动力装置得到充分利用，从而最大限度地提高车辆的整体效率。

3.4.2 并联式混合动力电动汽车能量管理策略

并联式混合动力电动汽车能量管理策略按能量管理策略实现的形式不同可以分为5种。

1. 静态逻辑门限策略

静态逻辑门限策略又称为基线控制。该策略主要通过对门限值进行必要设定实现对发动机工作区间的实时限制，从而确保电动汽车保持较高的效率。一般来说，静态逻辑门限策略可以集中表现为电动机辅助控制策略。该控制策略自身具有操作灵活、功率自由调节等基本功能，在实际应用过程中能够对发动机自身的运行状态予以最大程度的优化处理。这种控制策略适用于大多数并联式混合动力系统，其涉及的基本情况主要包括以下几个方面的内容：

1）汽车与所设定的门限值参数不符合时，电动机需要通过单独驱动的方式来保证汽车正常行驶。
2）发动机输出转矩小于对应的发动机最小转矩时，由电动机提供，这时发动机处于关闭状态。
3）发动机的输出转矩与汽车自身的转矩需求之间存在一定差异时，由电动机对其进行必要的辅助操作。
4）若汽车的 SOC 数值较低，此时应当通过发动机为蓄电池充电。
5）若汽车的 SOC 数值与最低标准参数不一致，发动机的正常工作状态受到影响，排放与油耗的数值为零。当汽车行驶速度与最低车速不一致时，电动机直接进行驱动处理，排放与油耗也不断下降。若汽车的 SOC 数值与最低标准参数不一致，此时电动机无法正常工作。若发动机的输出转矩大于汽车需求，发动机部分转矩为蓄电池充电。

静态逻辑门限策略在混合动力电动汽车上的使用相对普及，这是由于该策略在实际应用过程中具有计算简便、容易上手、数据结果较为可靠的基本特征。然而，仅仅就理论意义上来考虑，不能认为该策略的实际应用效果最佳。这是由于该策略对门限值提出了较高的设定要求，因此在实际的应用过程中很容易出现工况实时适应能力不够理想的问题，而且对电动机的基本运行效率问题没有考虑到位。

2. 基于模糊控制的智能型控制策略

基于模糊控制的智能型控制策略在应用过程中主要强调的是通过以智能模仿的方式，对逻辑思维进行合理模仿，将车辆的动态过程相关信息纳入考量范围之内，从而帮助研究人员得出系统的基本控制方案。一般来说，该策略包括3种模糊输入方法：

1）电池的充电状态。
2）汽车对于转矩的基本请求。
3）电动机的转速。

车辆的请求转矩不同，采取的控制方式也不相同。当车辆的请求转矩>0 时，车辆的控制主要由模糊控制器来完成。当车辆的请求转矩<0 时，车辆的控制主要由制动能量来完成。

在具体的应用过程中，模糊控制器通过将基本信号输入系统之后，利用相关的输入规则最终得出科学的模糊结论，通过对模糊结论进行有效处理，将其转变为精确指令，并在此基础上将基本指令输出，最终达到实现车辆最佳性能的目标。由于上述策略在实际的应用过程中应用价值较高，市场反应较为理想，因此被认定具有广泛的推广前景；但其受控制规律等方面因素的影响较大，很容易导致系统动态数据不稳定。目前并没有明确的规则能够确定模糊控制器中的函数，因此限制了其发展。

3. 瞬时优化控制策略

瞬时优化控制策略用来确定最佳的电动汽车基本系统工作方式与工作参数，该策略是通过对不同节点的车辆排放与油耗基本水平进行实时调控来实现瞬时优化控制的。

在某一瞬时工况，需要建立一个模型，该模型是将电动机电量的油耗值与排放量进行基本计算之后，结合相关制动回收基本能量所形成的。该模型能够对最低值进行合理计算并找到该值对应的最小点，以此为发动机的工作点。试验人员应该根据自己的需求设定一组权值，该权值考虑到车辆的实际最优化性能，能够对车辆的实际油耗与排放等问题予以折中处理。该策略在应用过程中也有其不足的地方，首先其计算量巨大，实现困难且成本高；其次需要所建模型的精确性较高，因为需要对制动产生的回收能量进行预估，这就直接导致建模在实际实现过程中存在着一定的困难。基于上述种种因素，当前瞬时优化控制的相关策略并未得到较好的推广与普及。

4. 全局最优能量管理策略

全局最优能量管理策略通过对控制理论和控制方法进行合理有效的调整，最终达到有效调整整车排放与油耗的主要目标。该策略事实上并不具有实际应用价值，这是由于在目前所有的全局最优控制策略中，汽车的行程必须是已知的，而实际上是无法预知的。一般来说，全局最优能量管理策略的应用价值主要体现在以下两个方面：

1）通过将最优控制策略与实时控制策略的实际效果进行对比，完成效果评估活动。
2）通过以最优控制策略为基本参照，为实时控制策略的应用提供借鉴意义。

从以上两点，可以很明显地看到，该策略实质上并不能称为控制策略，它只是一种理论上的设计方法。

5. 基于优化算法的自适应能量控制策略

自适应能量控制策略主要用于对未来某一时间段内的控制参数的自动预测，通过预测满足行驶工况的变化（这种预测基于某行驶条件和路况的前提）而进行的。所谓自适应，就是根据当前的行驶条件和路况要求来调整机构工作方式，将转矩需求合理地分配给发动机和电动机，这需要在保证目标函数最优化的前提下，通过算法的优化来实现。自适应控制策略目标函数模型、优化算法等各不相同，目前仍无法被广泛应用，这是由于自适应控制通过大量的计算和复杂的优化过程，才能实时地采集大量的发动机运行数据，计算车辆的燃油消耗和排放量。如何在简化优化算法、减少计算量的同时充分发挥自适应控制策略的优势，是自适应控制策略亟待解决的问题。

3.4.3 混联式混合动力电动汽车能量管理策略

混联式混合动力电动汽车采用了行星齿轮传统的特有结构，所以除了以上常用的能量管理策略外，还采用了一些专有的管理策略，如发动机恒定工作点策略和发动机最优工作曲线策略。

1. 发动机恒定工作点策略

发动机可以处于最好的工作点进行工作，提供恒定的转矩，这是由其特殊机构引发的转速独立于车速导致的。另一方面，由于电动机在运行过程中完成了剩余转矩的输出任务，因此有效降低了发动机损失发生的概率。电动机所具有的灵敏特性，也适合此项工作。

2. 发动机最优工作曲线策略

发动机最优工作曲线策略指在运行过程中，发动机应当充分依据自身的能力范围与基本需求，对工作点进行实时调节，从而保证自身的性能能够得到最大程度的发挥。

3.5 混合动力电动汽车车型实例

任务解析

某新能源汽车 4S 店刚招聘一批应届毕业生，你作为维修技术人员，请对这批新员工进行混合动力汽车技术培训，介绍常见的混合动力汽车车型结构、工作原理与混动技术特点，并将你的资料形成文本，供技术人员进行资料共享。

任务学习

3.5.1 雪佛兰 Volt（沃蓝达）串联型混合动力汽车

1. 雪佛兰 Volt（沃蓝达）混合动力汽车概述

Volt（沃蓝达）是通用汽车雪佛兰品牌的增程式电动汽车，于 2010 年 7 月在北美上市，2011 年正式进入中国，是世界首款量产增程式汽车，如图 3-5-1 所示。增程器由 1.4L 汽油发动机和两台永磁直流发电机组成。两台电机中，主要用于驱动车辆的电机的功率较大，达到 111kW，另一台兼具发电/电动功能，功率为 55kW。在 Volt（沃蓝达）中，主驱动电动机和发电机与行星齿轮机构集成设计，称之为 Voltec 系统。

图 3-5-1 通用雪佛兰 Volt（沃蓝达）（2011 款）

2. 雪佛兰 Volt（沃蓝达）混合动力汽车主要组成

（1）发动机

2011 款通用雪佛兰 Volt（沃蓝达）搭载的 1.4L 四缸内燃机带动发电机可输出 53kW 的充电功率，为蓄电池充电和行驶时提供能量。在纯电动模式下，依靠车载的 16kW·h 锂电池所储存的电量，Volt（沃蓝达）可以行驶最高 80km，并且实现零排放和零油耗；当电量快要耗尽时，Volt（沃蓝达）依靠一台 1.4L 增程发电机带动主发电机产生电能，然后驱动车辆，理论增程行驶里程最高可达 490 公里，从而使得最大总行驶里程达到 570 公里。

（2）T 型电池箱

Volt（沃蓝达）的 T 型锂电池组被布置在后排座椅下及车身中部。Volt（沃蓝达）的 T 型电池箱（图 3-5-2）内部有超过 288 包电池（96 组），电压 386.6V，总重大约 170kg，可提供 16kW·h 电量，不过电池实际可放能量约为 8.8kW·h。Volt（沃蓝达）内含 16kW·h 锂电池和车载充电机，控制器显示电池电量充到 85% 的 SOC 时认为电池饱和。这样设计是为了防止电池过充和过放，而在 SOC = 85% 荷电状态认为电池已充满，在 SOC = 30% 荷电状态认为电量放光。汽油发动机监测到电量低于 30% 这个水平的时候会自动启动发动机拖动发电机发电，将电量维持在 SOC = 30% 以上，即不再允许电池放电。当 Volt（沃蓝达）在寒带地区使用的时候，会考虑在插电充电时候，先加热电池然后再进行充电和工作。

（3）雪佛兰 Volt（沃蓝达）动力系统结构

第一代 Voltec 系统将发动机和发电机串联，并和行星齿轮结构的外齿圈相连，驱动电机则与太阳轮相连，输出端则连接的是行星架。此外这套系统还通过三个离合器来控制动力的分配，我们把这三个离合器分别命名为 C1、C2、C3。C1 用于连接行星齿轮的外齿圈，使其与动力分配机构壳体固定；C2 用于连接发电机与行星齿轮外齿圈；C3 用于连接发动机与发电机。系统结构如图 3-5-3 所示。

图 3-5-2　Volt（沃蓝达）的 T 型电池箱

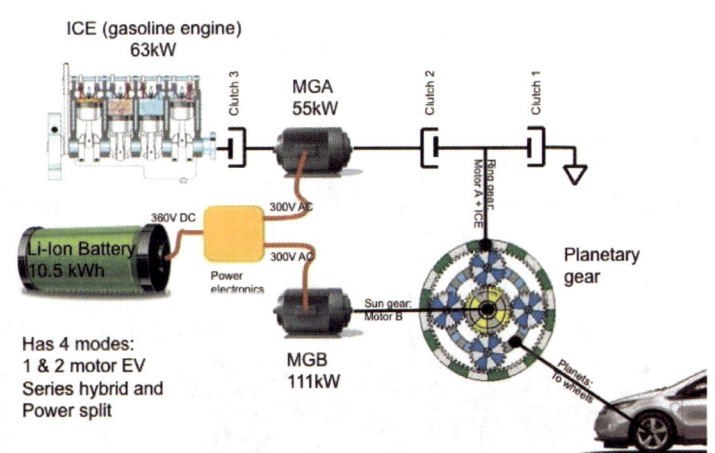

图 3-5-3　雪佛兰 Volt（沃蓝达）动力系统结构

3. 工作模式

第一代 Voltec 混合动力系统中 2 台电动机和 1 台发动机，通过 1 个行星齿轮机构及 3 个离合器组成了动力产生、回收、分配系统。第一代 Voltec 混合动力系统一共有 5 种工作模式，分别为：低速纯电动模式、高速纯电动模式、低速增程模式、高速增程模式及能量回收模式。

（1）低速纯电动模式

处于低速纯电动模式时，C1 吸合，C2、C3 松开，发动机停转。齿圈被固定，电动机推动太阳轮转动，行星架因太阳轮的转动而转动，把动力传递到车轮，此时为驱动电机单独驱动整车行驶。

(2) 高速纯电动模式

处于高速纯电动模式时，C2 吸合，C1、C3 松开，发动机停转。发电机此时充当电动机工作，推动齿圈转动。同时，功率较大的另一个电动机推动太阳轮转动。齿圈和太阳轮同时转动，带动行星架转动，从而把动力传到车轮。发电机充当电动机推动齿圈转动，降低了与太阳轮连接的另一电动机的转速，提高了其能源使用率。

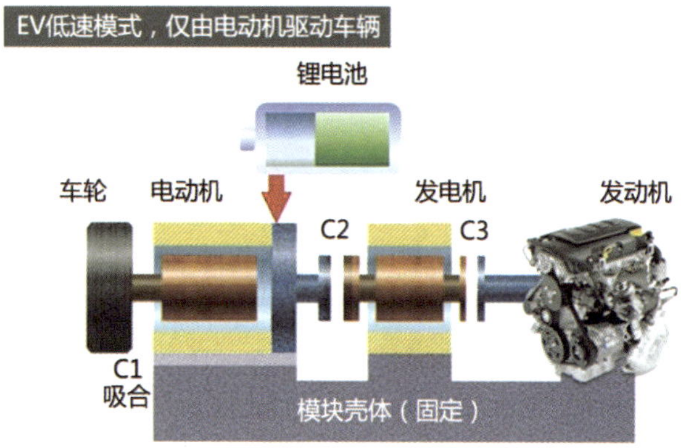

图 3-5-4　低速纯电动模式 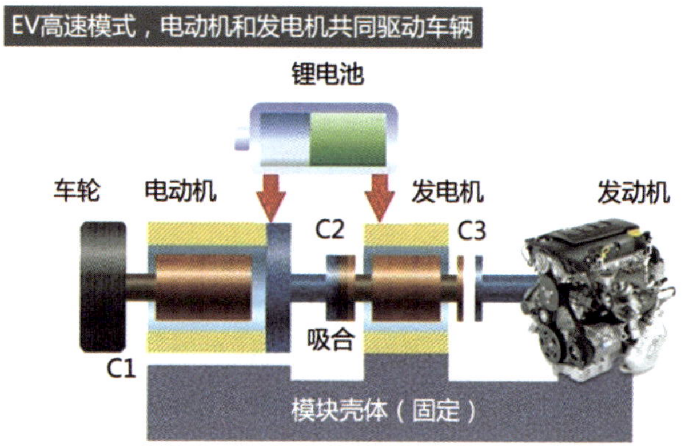　　　　　　　图 3-5-5　高速纯电动模式

(3) 低速增程模式

低速增程模式其实就是串联增程模式，C1、C3 吸合，C2 松开，发动机运转。此时，发动机推动发电机发电，并为电池充电；同时电池为电动机供电推动太阳轮转动，由于齿圈固定，行星架跟随太阳轮转动，从而把动力传到车轮。

(4) 高速增程模式

处于高速增程模式时，C2、C3 吸合，C1 松开，发动机运转。此时，发动机与发电机转子连接后推动齿圈转动同时发电，电动机推动太阳轮转动。齿圈和太阳轮同时转动，带动行星架转动，从而把动力传到车轮。发动机推动齿圈转动，降低了与太阳轮连接的另一电动机的转速，提高了其能源使用率。高速增程模式时，发动机一方面发电，另一方面通过发电机驱动车辆。

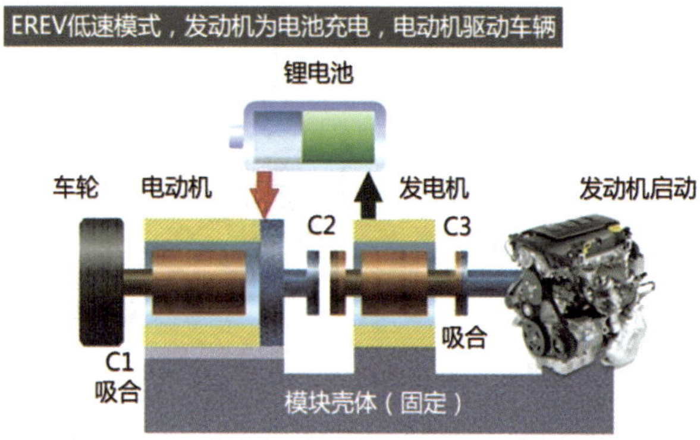

图 3-5-6　低速增程模式 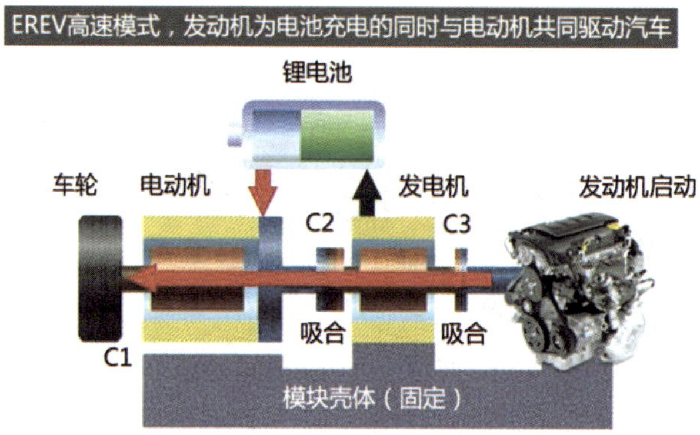　　　　　　　图 3-5-7　高速增程模式

(5) 能量回收模式

处于能量回收模式时，C1 吸合，C2、C3 松开，发动机停转。车轮带动行星架转动，由于齿圈固定，太阳轮随着行星架转动。此时，功率较大的电动机作为发电机对电池充电。

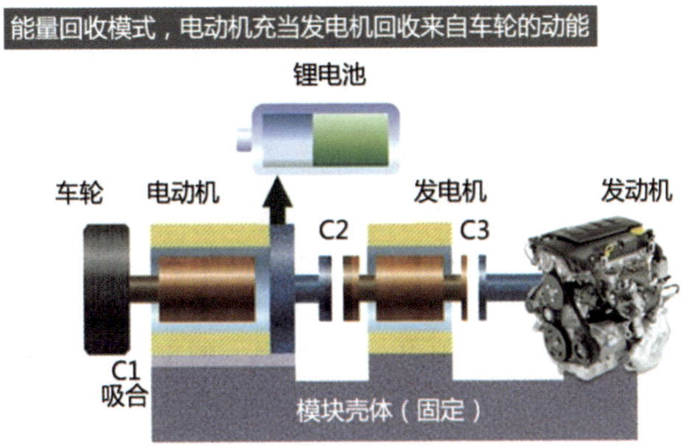

图 3-5-8 能量回收模式

从功能上看，由于发动机不能单独驱动车辆，也不能根据当前动力需求，灵活地随时令发动机动力介入驱动，因此雪佛兰 Volt（沃蓝达）没能完全实现混联混合动力的功能，甚至也没有完全符合并联混合动力的定义。从行星齿轮与电动机和发动机的连接方式上看，通用工程师的主要目的还是以电动机驱动车辆为主，发动机主要任务是充当发电机动力源，因此雪佛兰 Volt（沃蓝达）的本质还是串联式混合动力。

通用集团的"Voltec"一共有过 2 代产品，第一代（2011 年—2015 年），虽然用了双电机和单行星齿轮组，但是由于经验不足，以及丰田 THS 系统的专利壁垒的限制下，此套系统无论在使用体验还是节能效果上，都差强人意。于是第二代"Voltec"应运而生，创新地使用了双行星齿轮组，既加宽了高效运行区间同时也规避了 THS 系统的专利壁垒。2016 年，通用开发了第二代雪佛兰 Volt（沃蓝达），其驱动系统是第二代 Voltec 系统。

3.5.2 本田 Insight 并联式混合动力汽车

1. 本田 IMA 系统概述

1997 年，本田公司开发出第一代混合动力系统（Integrated Motor Assist，IMA）。1999 年 12 月，搭载 IMA 系统的本田 Insight 混合动力汽车在美国正式上市。2009 年，第二代 Insight 量产发售，搭载的是 1.3L 四缸发动机和 CVT 变速器的 IMA 混动系统。虽然技术上经过了几代更新，但是 IMA 的本质原理并没有太大变化，先后搭载到了思域、雅阁、飞度、CR-V 以及讴歌品牌车型上。本田 IMA 系统是非常典型的并联式混合动力系统，发动机是主要的动力来源，电机为辅，特点就是结构设计简单、重量轻、布局紧凑。

2. 本田 Insight 混合动力汽车主要组成

本田 Insight 混合动力汽车搭载 IMA 系统如图 3-5-9 所示，该系统由 4 个主要部件构成，其中包括：发动机、电机、CVT 变速箱以及 IPU 智能动力单元组成。电动机取代了传统的飞轮用于保持曲轴的运转惯性。整套系统的结构非常紧凑，和传统汽车相比仅是 IPU 模块占用了额外的空间。

（1）发动机

2011 款本田 Insight 搭载了一台 1.3L 四缸自然吸

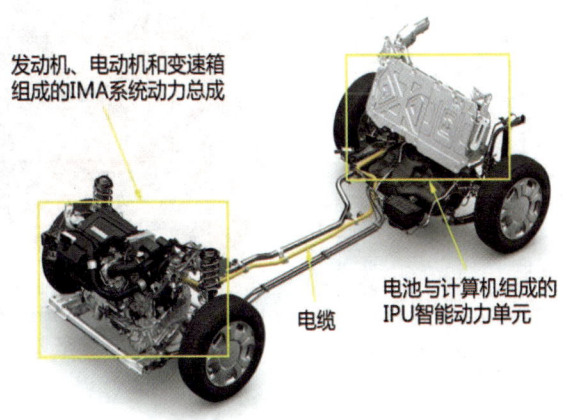

图 3-5-9 本田 IMA 混合动力系统组成

气发动机。动力方面，它的最大功率为 88 马力，最大扭矩为 120N·m，并在急加速时得到来自电动机 14 马力和 77N·m 的帮助。两者相加就得出了 102 马力/1500 转的最大功率和 197N·m/4500 转的最大扭矩，百公里加速可以达到 10.9s。

本田 IMA 系统的发动机主要以 1.3L 和 1.5L 为主，曾经也用过 3.0L V6 发动机加电机的组合用于雅阁混合动力版车型，基本都是以小排量发动机为主。主要采用了本田的 i-VTEC（气门正时及生成可变技术）、i-DSI（智能化双火花塞顺序点火技术）及 VCM（可变气缸技术），实现了降低油耗，提高燃油经济性的功能。发动机可根据车辆行驶状况对气门开启时间、升程进行控制，甚至完全关闭某一气缸的进排气气门，从而实现闭缸。而在混合动力版 Insight 车型上的 1.3L 发动机，当车辆低速巡航行驶时，可以自动停止所有气缸的供油与供气，实现真正意义上的闭缸与零排放。

（2）电动机

本田 IMA 系统的电动机是一个三相超薄永磁同步电机，安装在发动机和变速箱之间，最大能够提供 15kW 的功率和 139N·m 的辅助力矩。电动机提供辅助推动力给发动机和在低速行驶状态下的电动机供能，也作为发电机在减速和制动时回收动能给电池充电。由于电机的辅助使整车的动力性得到了很大的提高。

本田单独研制了用于控制电动机速度的换流器，它与电动机的 ECU（嵌入控制单元）集成在一起，采用数字式通讯方式，使控制更为准确，这样也就提高了电动机的效率和混合动力系统的燃油经济性。

（3）系统控制

IMA 系统的功率是通过智能动力单元（IPU）来控制的，其位置在后轮座下。

PCU 作为 IPU 的核心部分控制着电机辅助，制动回馈和电池（包括 IMA 电池包和 12V 电池）充放电。PCU 通过节气门开度，发动机参数和电池包的荷电状态，来决定电能辅助的多少。其主要组成部分有电池监控模块、电机控制模块、电机驱动模块。第四代 IMA 系统使用电脑芯片技术，PCU 的反映时间比以往的任何一代都要快。而采用逆变器和 DC-DC 转换器帮助 IMA 系统全面提高了其最大功率。完整的制冷系统降低了由电流进出电池包产生的热量，制冷系统模块安装在电池箱外部，内部箱体中的空气不断从后座下的通风管溢出。

（4）本田 IMA 混合动力系统

本田 Insight 混合电动车辆系统为单轴驱动并联式混合动力系统，采用了本田公司独特的混合动力系统"集成电机辅助动力系统"，系统结构如图 3-5-10 所示。发动机是混合动力的主要动力源，电动机作为辅助动力源，与发动机构成一个中度混合动力系统。同时电动机和发电机集成在一起，与发动机曲轴相连，动力再经过无级变速器 CVT 输出至驱动轮。

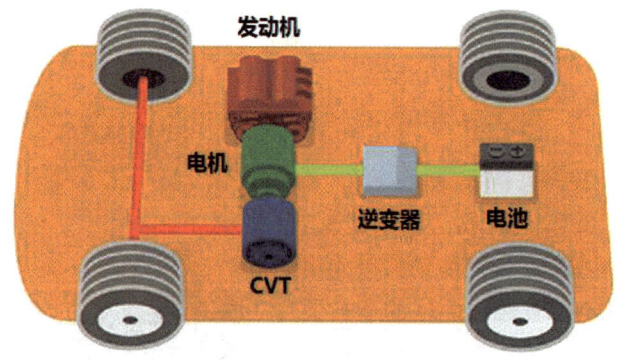

图 3-5-10　本田 IMA 混合动力系统结构示意图

3. 工作模式

本田 IMA 混合动力系统一共有 5 种工况模式，其中车辆在起步加速阶段、急加速行驶阶段发动机与电动机共同出力，可以提升车辆的动力性能。当车辆低速巡航行驶时，发动机气缸关闭，车辆能进行全电力驱动，但速度不能高于 40km/h。当车辆在轻加速和高速阶段，完全由发动机驱动，电动机退出工作。减速时，电动机作为发电机对电池充电，实现能量回收。

（1）起步加速时（图 3-5-11），发动机以低速配气正时状态运转，同时电机提供辅助动力，以实现快速加速性能，同时达到节油的目的。

（2）急加速时（图 3-5-12），发动机以高速配气正时状态运转，此时电池给电机供电，电机与发动机共同驱动车辆，提高整车的加速性能。

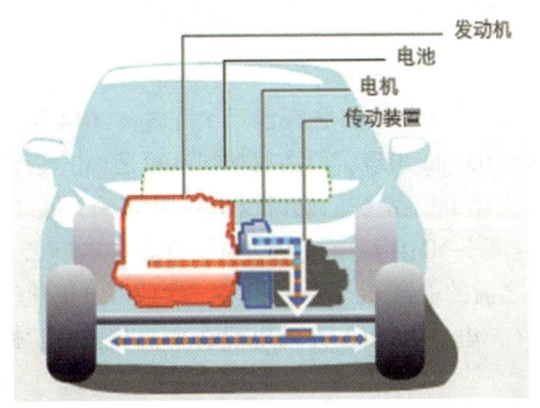

图 3-5-11　起步加速时

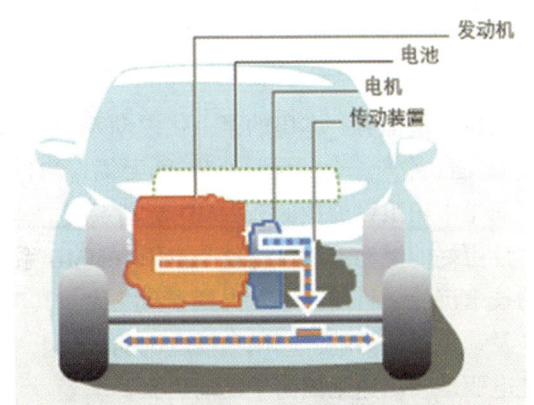

图 3-5-12　急加速时

（3）低速时（图 3-5-13），发动机的四个气缸的进排气阀全部关闭，发动机停止工作，车辆以纯电动方式驱动车辆。低速行驶（≤40km/h）的时候，基于歇缸技术，发动机可以根据工况关闭气缸的供油与进排气，实现纯电驱动。但是这个过程中，由于发动机曲轴和电机仍然相连，还是会消耗一定的能量。

（4）轻加速和高速时（图 3-5-14），发动机以低速配气正时状态运转，此时发动机工作效率较高，单独驱动车辆，电动机不工作。

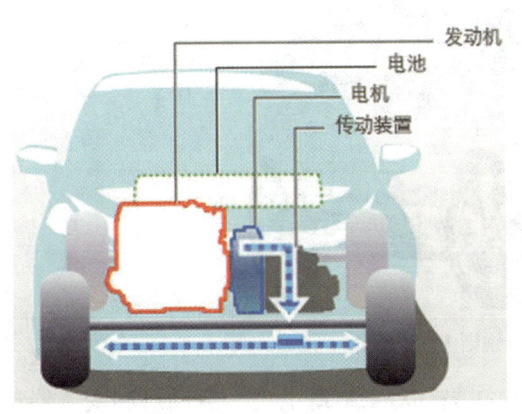

图 3-5-13　低速巡航时

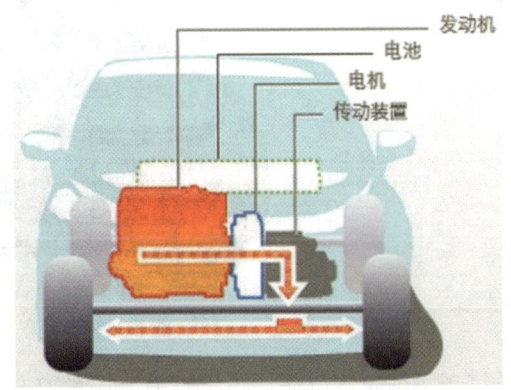

图 3-5-14　轻加速和高速时

（5）减速或制动时（图 3-5-15），发动机关闭，电机此时以发电机方式工作，将机械能最大限度地转化为电能，储存到电池包中。车辆制动时，制动踏板传感器给 IPU 一个信号，计算机控制制动系统，使机械制动和电机能量回馈之间制动力协调，以得到最大程度的能量回馈。

（6）车辆停止时（图3-5-16），发动机自动关闭，减少燃料损失和排放。当制动踏板松开时，发动机自动启动。

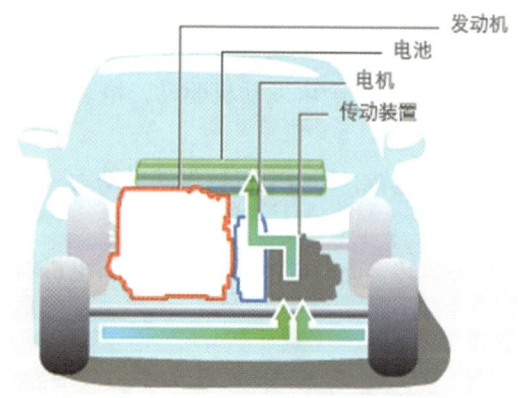

图 3-5-15　减速或制动时

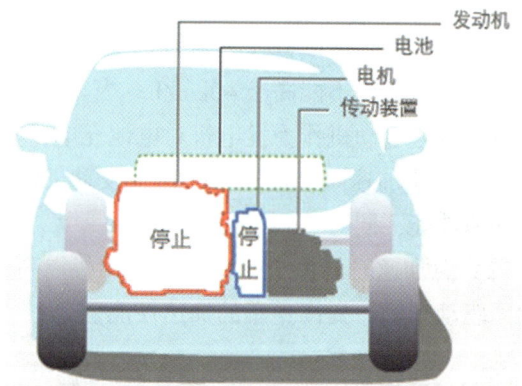

图 3-5-16　车辆停止时

从技术层面看，本田的第一代混动系统 IMA 属于中混，不及丰田 THS 深混系统先进。2014 年，第二代 Insight 停产，全球销量突破 28 万辆。2018 年，第三代 Insight 出现，但搭载的却不再是 IMA 混动系统，而是本田引以为傲的 i-MMD 混动系统。本田在不断优化 IMA 系统的同时，也在探索一个更高效、动力性更好的混动系统，这就是本田 i-MMD 系统。本田这套 i-MMD 双电机混动系统凝聚了本田二十几年的技术沉淀，目前已经发展到了第三代，其特征正好跟之前的 IMA 混动系统相反，就是以电机驱动为主，发动机驱动为辅，应用到插电混动车型上综合了 EV（纯电）和 HEV（油电混合）优势，日常偏向于纯电驱动，高速则偏向于发动机驱动。

3.5.3　丰田普锐斯（Prius）混联型混合动力汽车

1. 丰田普锐斯概述

丰田普锐斯是汽车史上第一款量产的混合动力汽车，1997 年上市，与此同时丰田还正式发布了混合动力系统 "THS"。2003 年，第二代普锐斯问世（图 3-5-17）。

图 3-5-17　第二代丰田普锐斯 Prius 车型

经过多年的技术沉淀，丰田就第一代普锐斯部件中的缺陷，对 HV 蓄电池、电动机和变压器进行改良，研发出新一代 TOYOTA 油电混合动力系统（THS-Ⅱ），性能上得到了全面提升，核心 HSD（Hybrid Synergy Drive）混合动力协同驱动，革命性地提高了发动机和电动机动力的协同效应。第三代普锐斯于 2009 年在日本正式上市，并于 2012 年引入国内。2015 年 9 月，丰田发布了第四代普锐斯。经过近二十年的迭代发展，普锐斯集世界级的环保性能和平滑强劲的行驶性能于一身，全球销售超过 350 万辆。

2. 丰田普锐斯主要部件

（1）HV 蓄电池

第二代普锐斯的 HV 蓄电池为镍氢蓄电池，有 168 个蓄电池（1.2V×6 单体×28 组），额定电压为 DC201.6V。通过这些内部改进，蓄电池具有紧凑、质量轻的特点。蓄电池和蓄电池间为双点连接，这样的改进使蓄电池的内部电阻得以降低。

（2）变频器总成

变频器在车辆启动时将 201.6V 的直流电转换为 500V 的交流电，驱动电动机辅助发动机或独立驱动车辆行驶；在能量回收时，将 500V 的交流电转换为直流电，对蓄电池进行充电。变频器内部集成 DC-DC 转换器，可以用来为其他用电设备提供电源，还可以为 12V 辅助蓄电池进行充电。集成在变频器总成中的空调变频器为空调系统中的电动变频压缩机提供电能。将变频器散热器和发动机散热器整合为一，更加合理地利用了空间资源。

（3）电动机

第二代普锐斯配备两台电动马达，其中一台采用的驱动电动机是大功率永磁交流同步电动机，其 8 个永磁磁极对称排列，电动机的额定电压为 500V，可以在恒转矩和恒功率的大范围内调制它的输出特性，并提高电动机中等转速时的输出功率。采用 500V 高电压可以减少电能在传输过程中的损耗，在不增加电动机质量的前提下，提高电动机的功率及整车的动力性能和经济性能。另一台采用的是一台小型的永磁交流同步电机，最高转速达 6700r/min，在发动机启动时作为起动机使用，在发动机运转时作为发电机使用，相当于发动机的飞轮。

（4）发动机

第二代丰田普锐斯依然出自丰田 MC 平台，发动机采用经过强化后的 INZ-FXE-1.5L、直列 4 缸、16 气门、阿特金森循环高压缩比的汽油发动机。发动机的尺寸更加紧凑，采用铝合金缸体减轻了发动机的质量，使得 INZ-FXE 汽油发动机的效率比传统发动机的效率高 80%。在汽车行驶速度低于 20km/h 时，发动机自动关闭；当电量不足时，发动机自行启动，对蓄电池进行充电，供应驱动电动机运行。此发动机具有 VVT-i 可变正时气门技术，最大功率 77 马力，最大扭矩 115N·m。当汽油发动机和电动机同时运转时，其加速到 100km/h 的加速时间为 9.7s，纯电动模式下加速时间在 11s 左右。

（5）丰田普锐斯混合动力系统

混联式是串并联相结合的系统。丰田普锐斯混合动力系统结构如图 3-5-18 所示。这种混合动力系统主要是由发动机、电机 MG1、电机 MG2 和动力分配系统组成。丰田混合动力系统（THS）的核心点就在于它使用了一套行星齿轮结构，巧妙地连接了发动机、发电机与电动机，成功地避开了离合器的存在，依靠行星齿轮有三个自由态和两组齿轮副之间的动态关系，适时地锁定或开放一组齿轮副的传动关系，就可以改变整套系统的动力输出状态和传动比。此时车辆介于串联和并联之间，可以充分利用两种驱动方式的优点，也可以更加灵活地根据工况来调节内燃机的功率输出和电机的运转。

行星齿轮，共分为内中外三层齿轮，分别是太阳轮、行星架及行星齿轮。三层齿轮相互啮合，均不能独立转动，这三个齿轮之间传动比是固定的，任何一个齿轮的转动后会带动其他齿轮的转动，可以说是牵一发而动全身。但是可以锁定其中的太阳轮或行星架不动，而另外两者之间进行传动，这就为整套动力的调整留下了空间。

如图 3-5-18 所示，汽油发动机连接中间的行星架，只可以正转。一号电机（MG1）连接行星齿轮组最中间的太阳轮，主要起发电、启动发动机和调速作用，正反转均可，转速区间较广。二号电机（MG2）主要用作驱动电机和动能回收时的发电机，连接最外边的齿圈，同时也连接车轮，既可以正转（前行）也可以反转（倒车）。整个机构的动力通过位于齿圈上的外啮合齿轮传递至减速齿轮，再输送到车轮上。

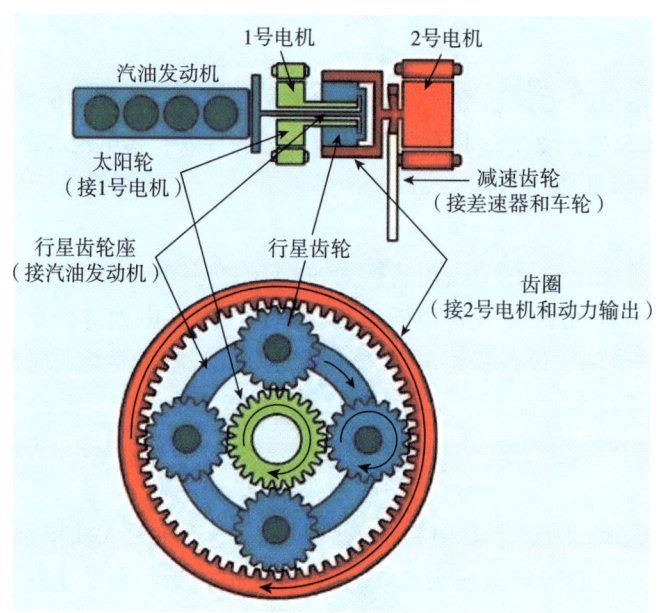

图 3-5-18　丰田普锐斯混合动力系统结构示意图

3. 工作模式

丰田混合动力系统（THS）使用发动机和 MG2 提供的两种动力，并使用 MG1 作为发电机。系统根据各种车辆行驶状态优化组合这两种动力。图 3-5-19 反映了车辆的常见行驶状况，可以分析 THS 系统是如何控制发动机、MG1 和电动机（MG2）来驱动汽车的。根据行驶条件的不同，汽车在稳定运行过程中，可能处于不同的工作状态，最大限度地适应车辆的行驶状况。

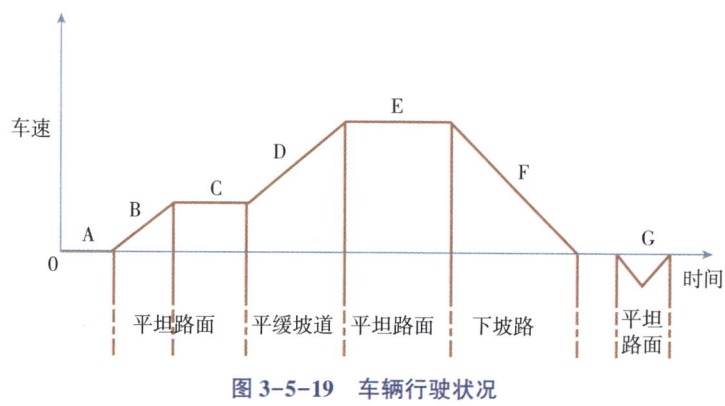

图 3-5-19　车辆行驶状况

在图 3-5-19 中，A 表示仪表板上"READY"灯点亮，B 表示启动；C 表示发动机微加速，D 表示小负荷巡航；E 表示节气门全开加速；F 表示减速行驶；G 表示倒车。

（1）准备启动状态

HV ECU 始终监视 SOC 状态、蓄电池温度、水温和电载荷状况。在 READY 指示灯打开，车辆处于 P 挡时，如果监视项目不满足条件，则 HV ECU 发出指令启动发动机驱动 MG1 并为 HV 蓄电池充电。HV 蓄电池提供电力给 MG1，MG1 工作带动行星齿轮机构中的太阳轮转动，因为车辆静止，此时与 MG2 相连的齿圈静止无法转动，所以太阳轮带动行星轮转动，行星架就带动与之相连的发动机转动，发动机启动完成，如图 3-5-20 所示。

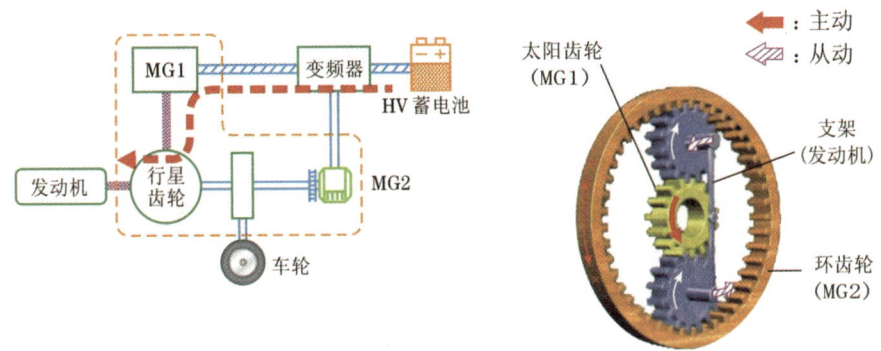

图 3-5-20 静止状态下发动机的启动工况

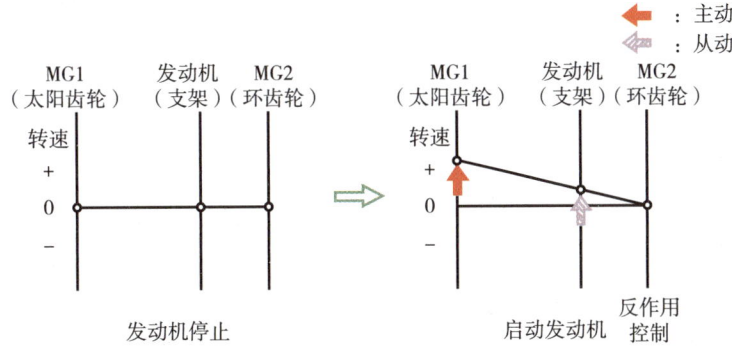

图 3-5-21 启动控制行星齿轮速度图

启动后 HV 蓄电池不再向 MG1 供电，在随后状态中，车载电脑则将节气门开度稍微调大以提高发动机转速，发动机带动行星架转动，行星架带动太阳轮转动，与太阳轮连接的 MG1 发电给电池充电。带动 MG1 运转，发电给 HV 蓄电池充电，如图 3-5-22 所示。

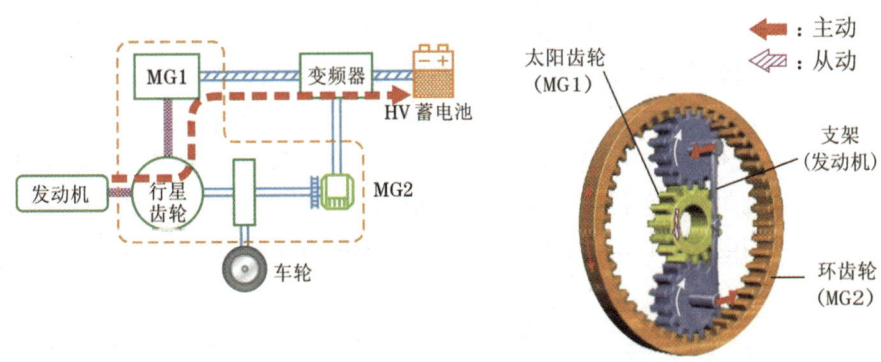

图 3-5-22 发动机驱动 MG1 为蓄电池充电工况

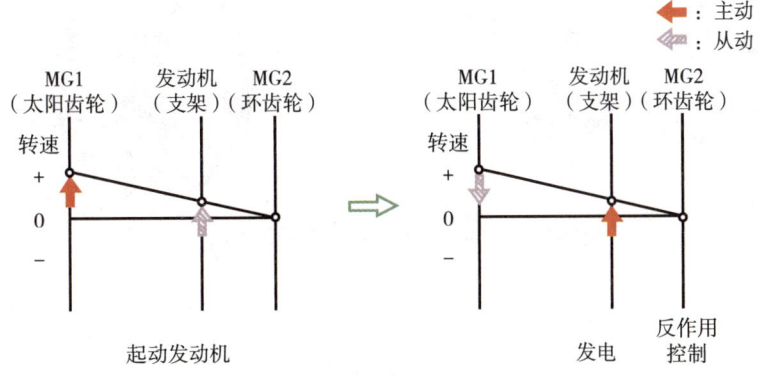

图 3-5-23 发动机拖动 MG1 发电时的行星齿轮速度图

(2）启动工况

发动机在低速行驶中效率并不理想，而电机在低速能够输出大扭矩。当车辆启动时（小负荷起步），或低速运行时，发动机保持停止状态，车辆仅由电池输出电力驱动电机供应运行。

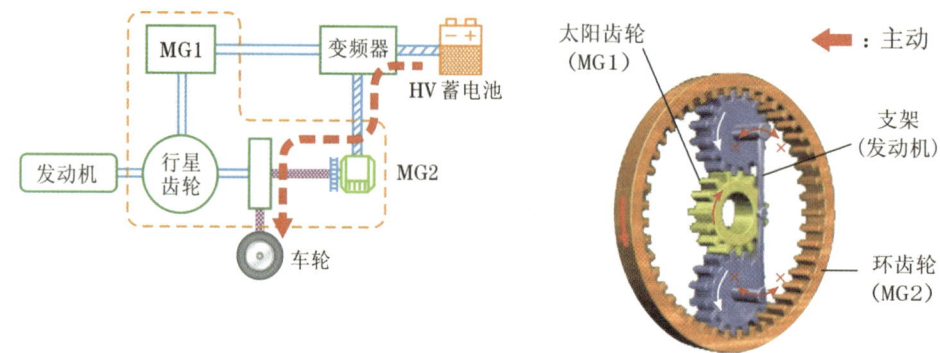

图 3-5-24　纯电起步时工况

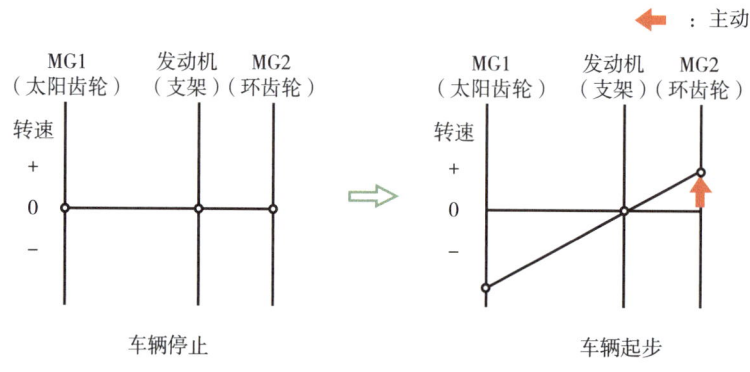

图 3-5-25　纯电动起步时的行星齿轮速度图

纯电模式下，通过转换器和逆变器将电池内的直流电转换为交流电，以高电压输出驱动 2 号电机（MG2），MG2 带动齿圈从而驱动车轮，而此时发动机停转，中间层的行星架处于固定状态，MG1 以反方向旋转而不发电。混动系统具有固定传动比，通过调整 MG2 转速控制车速。

纯电动工况只有 MG2 工作时，如果增加所需驱动转矩，电机 MG1 将被启动，MG1 连接太阳轮转动，带动与行星架相连的发动机曲轴转动，启动发动机。同样，如果 HV ECU 监视的任何项目如 SOC 状态、蓄电池温度、冷却液温度和电载荷状态与规定值有偏差，电机 MG1 将被启动，进而启动发动机。

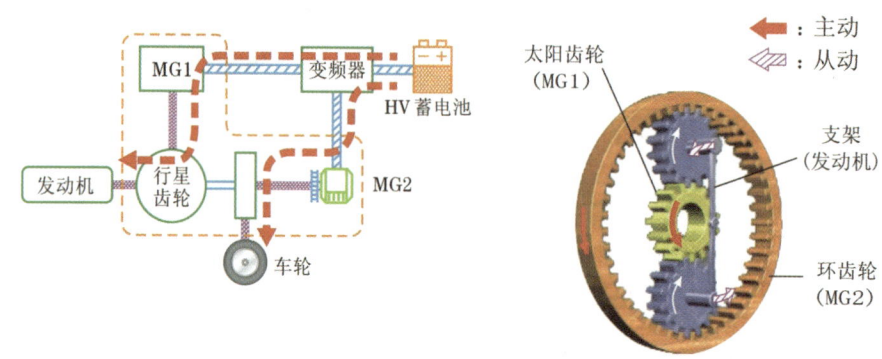

图 3-5-26　汽车起步后发动机启动

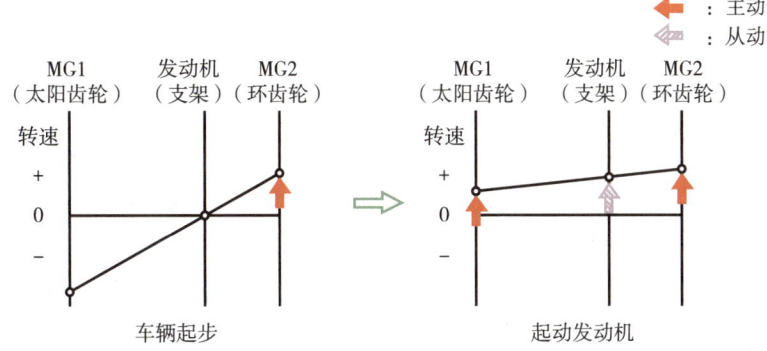

图 3-5-27　汽车起步后发动机启动时的行星齿轮速度图

在随后的状态中，已经启动的发动机将使电机 MG1 为 HV 蓄电池充电，并向 MG2 供电。如果需要增加所需驱动转矩，发动机将驱动发电机 MG1 并转变为"发动机微加速"模式。

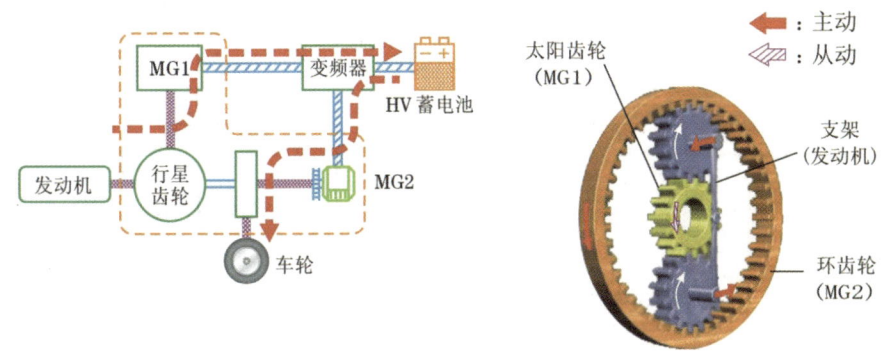

图 3-5-28　MG1 为 HV 充电 MG2 驱动车辆

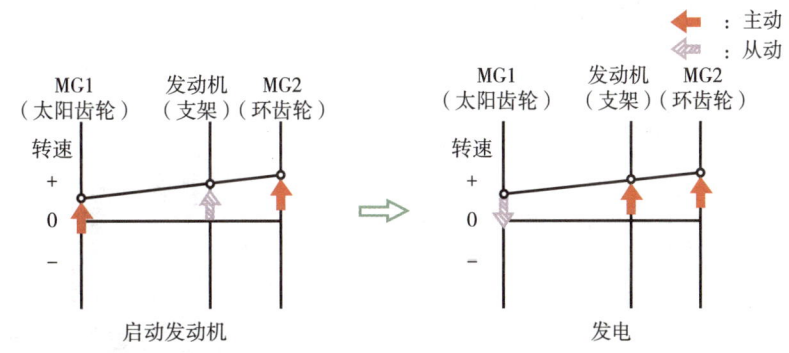

图 3-5-29　MG1 作发电机用时的行星齿轮速度图

（3）发动机微加速工况

车辆在轻负荷下加速和低载荷巡航时，发动机的动力由行星齿轮组分配。一部分动力用于直接驱动车辆，另一部分动力驱动行星架进而带动与太阳轮相连的 MG1，此时 MG1 发电，电流经过逆变器总成传递给 MG2 驱动齿圈，从而辅助驱动 MG2 用于输出动力。

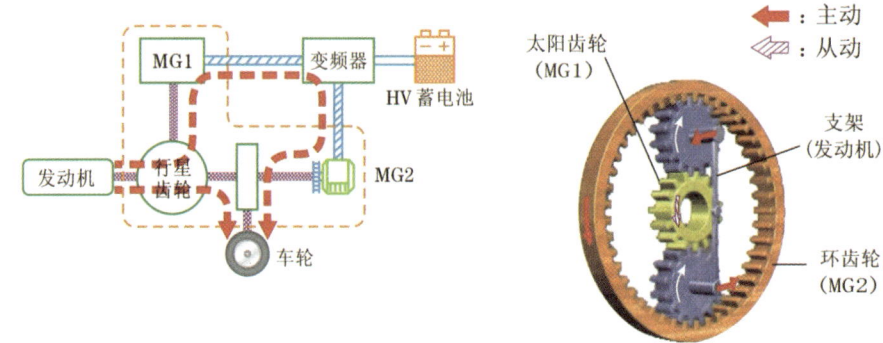

图 3-5-30　发动机微加速和低载荷巡航时工况

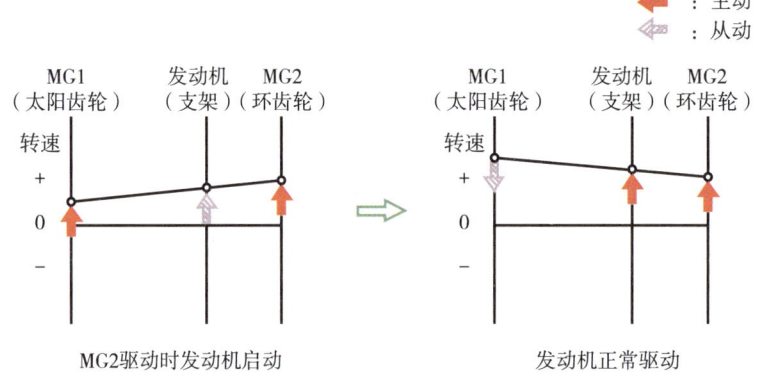

图 3-5-31　发动机微加速时行星齿轮速度图

（4）低载荷巡航工况

车辆以低载荷巡航时，发动机的动力由行星齿轮分配。其中一部分动力直接输出，剩余动力用于电机 MG1 发电。通过变频器的电动传输，电力输送到电机 MG2 用于输出动力。

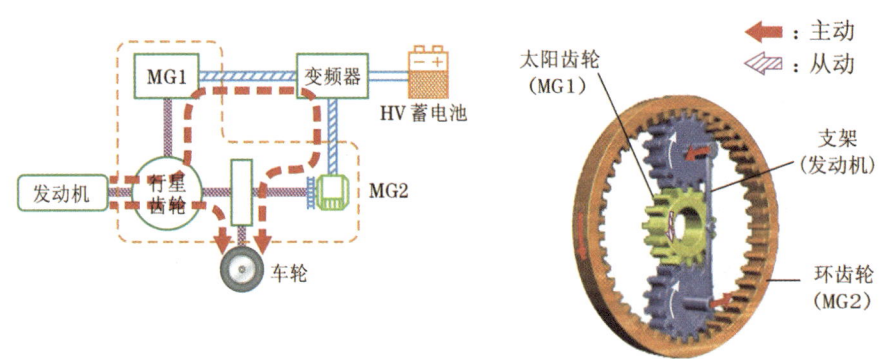

图 3-5-32　低载荷巡航时工况

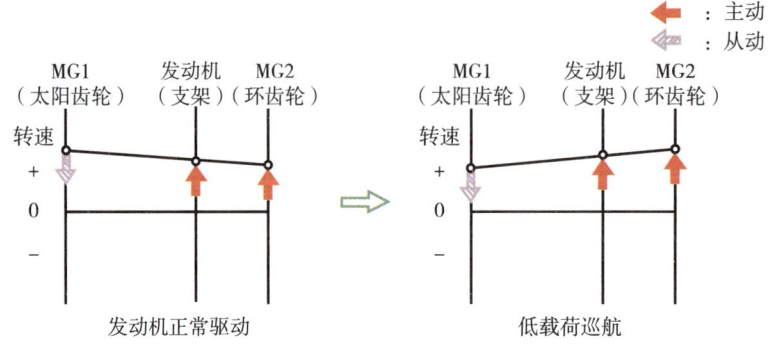

图 3-5-33　低载荷巡航时行星齿轮速度图

（5）节气门全开加速工况

车辆从低载荷巡航转换为节气门全开加速模式时，系统会利用电池组和发动机两者提供的动力来驱动车辆。MG2 和发动机同时工作，MG1 产生的电能供给 MG2，同时根据情况 HV 蓄电池也会适时适度地给 MG2 提供电能。

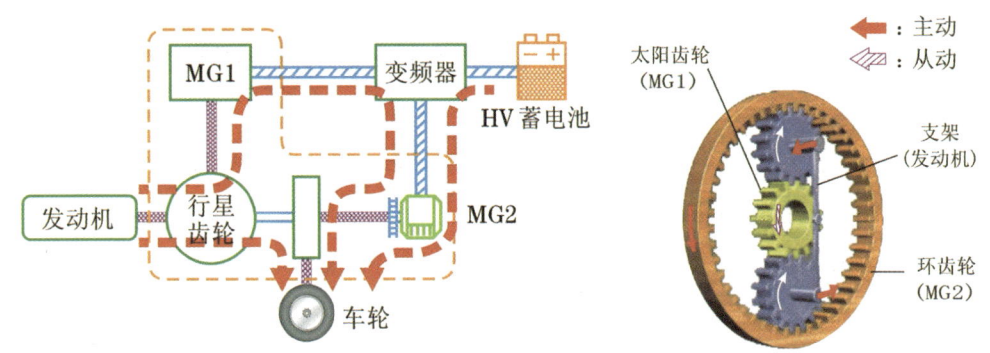

图 3-5-34 节气门全开加速工况

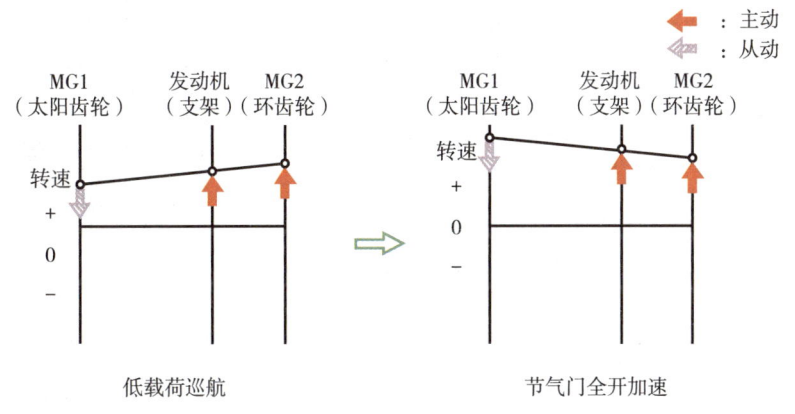

图 3-5-35 加速工况时的行星齿轮速度图

（6）车辆减速工况

当车辆减速、刹车时，系统将进行动能回收。车轮驱动 MG2，此时 MG2 成为发电机，将原本摩擦散热所损失的能量转化为电能，并储存在电池组中。减速工况分为两种情况，一种是 D 位减速，另一种是 B 位减速。

车辆以 D 位减速行驶时，发动机停止工作。电能不再提供给 MG2 和 MG1，此时 MG2 作为发电机使用。驱动车轮带动齿圈转动，齿圈带动 MG2 运转发电，从而给 HV 蓄电池充电。

车辆以 B 位减速行驶时，车轮驱动电机 MG2，使电机 MG2 作为发电机工作，为 HV 蓄电池充电，同时还给电机 MG1 供电。这时，发动机燃油供给被切断，MG1 反拖发动机辅助制动。

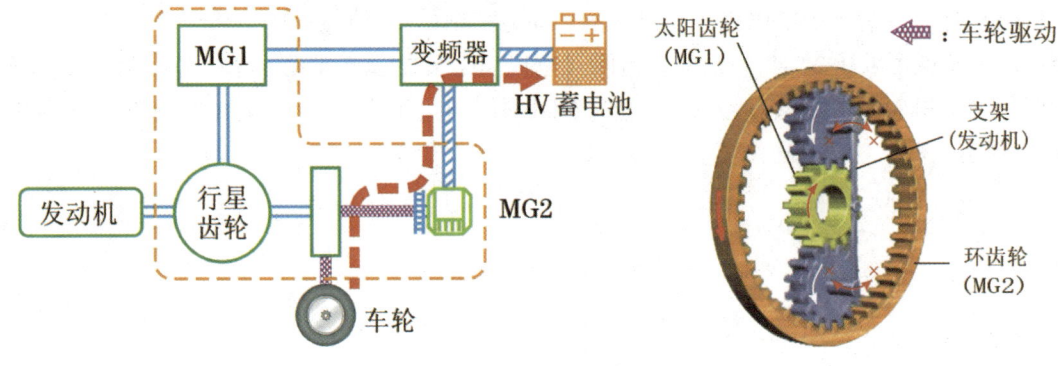

图 3-5-36 D 位减速时工况

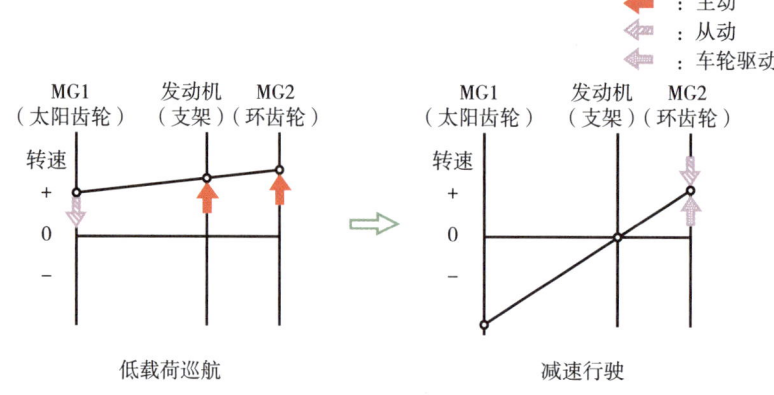

图 3-5-37 D 位减速时行星齿轮速度图

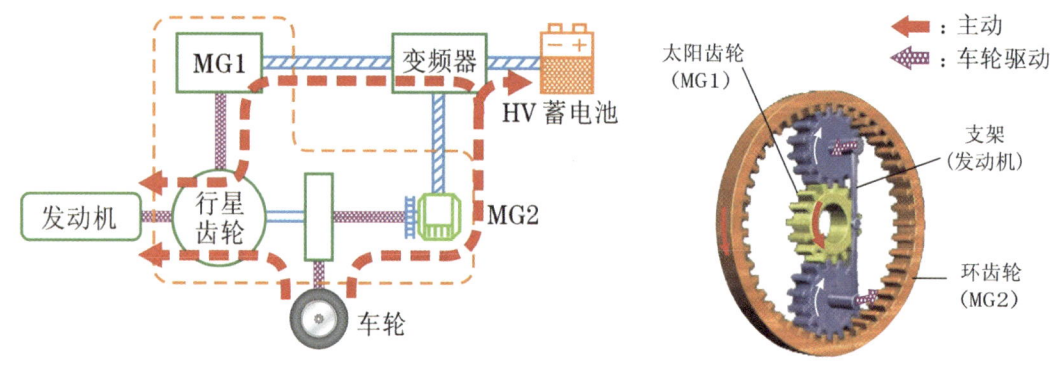

图 3-5-38 B 位减速时工况

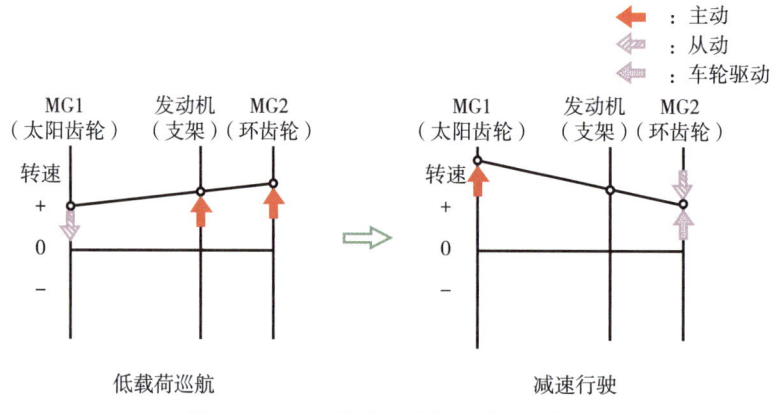

图 3-5-39 B 位减速时行星齿轮速度图

(7) 倒车工况

当车辆倒车时，齿圈（MG2 电机）是反转的。动力控制单元只要根据电脑指令，改变逆变器输出的三相交流电的相位就可以让 2 号电机反转。齿圈（电机 MG2）的反转带动 4 个行星齿轮反转，行星齿轮又带动太阳轮（电机 MG1）正转（空转），电机 MG1 不发电。而这时行星座（发动机）是不转的。为了防止 MG1 超速空转，禁止高速倒车。

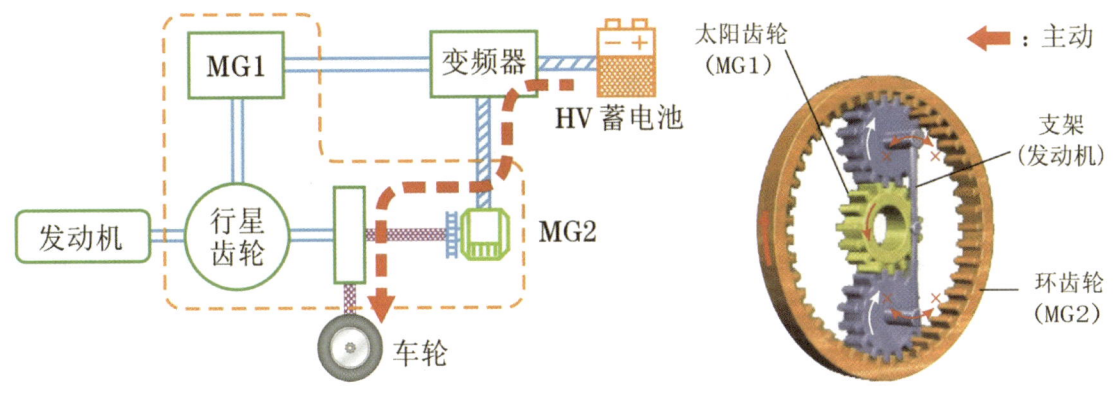

图 3-5-40 倒车时工况

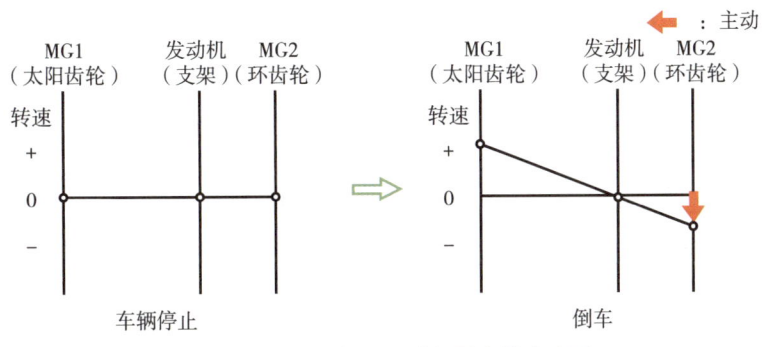

图 3-5-41 倒车工况时行星齿轮速度图

只有 MG2 驱动车辆时，如果 HV ECU 监视的任何项目（如 SOC 状态、蓄电池温度、水温和电载荷状态）与规定值有偏差，MG1 将被启动进而启动发动机。在随后的状态，已启动的发动机将启动作为发电机 MG1 并为 HV 蓄电池充电。

思考与练习

1. 混合动力汽车有哪几类？它们在结构上有什么区别？
2. 并联式混合动力汽车根据动力耦合方式，可以细分为几类？它们的不同点是什么？
3. 混联式混合动力汽车有几种工作模式？它们分别是什么？
4. 混合动力汽车动力蓄电池充电的方式有几种？分别有什么特点？
5. 再生制动前后轮制动力矩有什么要求？为什么？
6. 混联型丰田普锐斯混合动力汽车的工作过程？

模块 4 燃料电池电动汽车

学习目标

知识目标：

1. 了解国内外燃料电池汽车的现状与发展趋势。
2. 了解燃料电池的类型与工作原理。
3. 了解燃料电池汽车的结构与工作原理。

技能目标：

1. 掌握燃料电池的应用。
2. 掌握典型的燃料电池汽车的应用与特点。

素质目标：

1. 养成总结训练过程的习惯，为下次训练积累经验。
2. 严格执行 5S 现场管理。

4.1 燃料电池概述

任务解析

燃料电池是一种直接将燃料的化学能转化为电能的装置，被誉为是继水力、火力、核电之后的第四代发电技术。燃料电池不受卡诺循环效应的限制，发电效率高；燃料电池排放出的有害气体极少，使用寿命长。从节约能源和保护环境的角度来看，燃料电池是最有发展前途的发电技术。

任务学习

4.1.1 燃料电池的概念

燃料电池（Fuel Cell，简称 FC）是将外部供应的燃料和氧化剂中的化学能通过电化学反应直接转化为电能、热能和其他反应产物的发电装置。

燃料电池实质上是电化学反应发生器，主要由阴极、阳极和电解质组成。其反应机理是将燃料中的化学能不经燃烧而直接转化为电能。氢和氧是燃料电池常用的燃料和氧化剂。燃料电池工作时，燃料在阳极氧化，氧化剂在阴极还原，电子从阳极通过负载流向阴极构成电回路，产生电流。

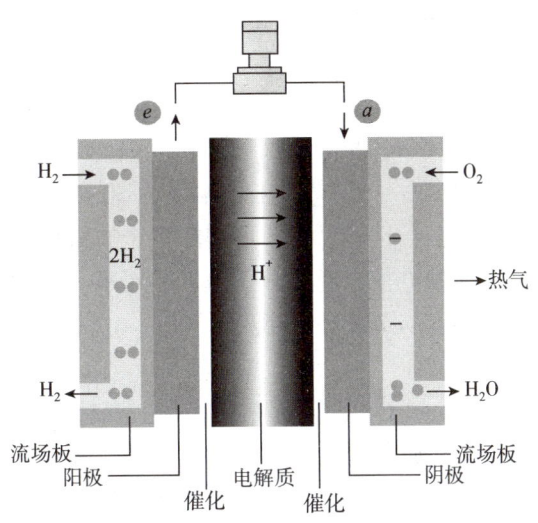

图 4-1-1 燃料电池的组成及工作原理

燃料电池的优点是：节能、转换效率高；排放基本达到零污染；运行平稳，寿命长。燃料电池的缺点：燃料种类单一；要求高质量的密封；制造成本高，电池价格昂贵；需要配备辅助电池系统。

4.1.2 燃料电池的分类

1. 根据工作温度分类

根据工作温度不同，燃料电池可以分为低温型（低于200℃）、中温型（200~750℃）和高温型（大于750℃）三类。

2. 根据燃料的来源分类

按燃料电池燃料来源的不同，可将其分为直接式、间接式和再生式三种。

（1）直接式燃料电池

直接式燃料电池的燃料是液态或气态纯氢，不需要复杂的气化产生氢气的过程，但需要铂、金、银等贵重金属作为催化剂。直接式甲醇燃料电池也无须预先重整，可直接将甲醇在阳极转换成二氧化碳和氢，但需要比纯氢燃料消耗更多的铂催化剂。

（2）间接式燃料电池

间接式燃料电池可将天然气、甲烷、汽油、LPG、二甲醚等作为燃料，经过重整和纯化后转换为氢或富氢燃料气再供给燃料电池。

（3）再生式燃料电池

再生式燃料电池可将燃料电池生成的水经适当的方法分解成氢及氧，再重新输送给燃料电池进行发电。

3. 根据电解质类型分类

根据电解质类型不同，燃料电池可以分为碱性燃料电池、磷酸燃料电池、熔融碳酸盐燃料电池、固体氧化物燃料电池及质子交换膜燃料电池等。

（1）碱性燃料电池

碱性燃料电池（Alkaline Fuel Cell，简称 AFC）以氢氧化钾或氢氧化钠等强碱性的水溶液为电解质，氢气为燃料，纯氧或脱除微量二氧化碳的空气为氧化剂。采用对氧化还原具有良好催化活性的 Pt/C、

Ag、Ag-Au、Ni 等为氧化极，以 Pt-Pd/C、Pt/C、Ni 或硼化镍等具有良好催化活性的物质为燃料电极。在阳极，氢气与碱中的氢氧根离子在电催化剂的作用下发生氧化反应，生成水和电子，电子通过外电路达到阴极，在阴极电催化剂的作用下，参与氧的还原反应，生成的氢氧根离子通过饱浸碱液的多孔石棉迁移到氢电极。

碱性燃料电池具有较高的效率（50%～55%），工作温度为 50～200℃。启动也很快，但其电力密度却比质子交换膜燃料电池的密度低很多；性能可靠，可用非贵金属做催化剂；它是燃料电池中生产成本最低的一种；其是技术发展最快的一种电池，应用涉及航天、军事、电动汽车、发电等领域。其电解质的腐蚀性较强，具有一定的危险性和容易造成环境污染。

（2）磷酸燃料电池

磷酸燃料电池（Phosphoric Acid Fuel Cell，简称 PAFC）是以磷酸水溶液作为电解质，依靠酸性电解液传导氢离子。在燃料极，燃料中的氢原子释放电子成为氢离子。氢离子通过电解质层，在空气极与氧离子发生反应生成水。当以氢气为燃料，氧气为氧化剂时，在电池内发生电化学反应，其电化学反应与 PEMFC 一样。

磷酸燃料电池的工作温度为 150～200℃，仍需电极上的铂金催化剂来加速反应；其效率比其他燃料电池低，约为 40%；其构造简单、稳定、电解质挥发度低。但它启动时间长，氧电极极化大、消耗大，对燃料气体的质量要求高。PAFC 较适合于用作特殊用户的分散式电源、现场可移动电源及备用电源等。

（3）熔融碳酸盐燃料电池

熔融碳酸盐燃料电池（Molten Carbonate Fuel Cell，MCFC）的电解质为分布在多孔陶瓷材料中的碱性碳酸盐，工作温度为 600～800℃。碱性碳酸盐电解质在高温下呈现熔融状态，其离子传导度极佳，在高温下电极反应不需要贵重金属催化剂（如铂），可采用镍与氧化镍分别作为阳极与阴极的触媒，且具有内重整改质能力，可以直接将天然气和石油的碳氢化合物等作为燃料，发电效率较高。如果余热可以回收或与燃气轮机结合组成联合发电系统，则可使发电容量和发电效率进一步提高。

由于在高温下工作，需要较长的时间才能达到工作温度，因此 MCFC 不能用于电动汽车。由于其电解质的温度和腐蚀特性，MCFC 也不适合用作移动电源和便携式电器的不间断电源。由于 MCFC 所具有的技术特点及较高的发电效率，因此将其用于分散型电站和集中型电厂的大规模发电是一种较为理想的选择。

（4）固体氧化物燃料电池

固体氧化物燃料电池（Solid Oxide Fuel Cell，SOFC）的电解质是固态非多孔金属氧化物，是一种在中高温下直接将储存在燃料和氧化剂中的化学能高效、环境友好地转化成电能的全固态化学发电装置，工作温度为 650～1000℃。在这种燃料电池中，当氧离子从阴极移动到阳极氧化燃料气体（主要是氢和一氧化碳的混合物）时，便产生能量。阳极生成的电子通过外部电路移动返回到阴极上，从而完成循环。

固体氧化物燃料电池的特点如下：因温度高、能抵御 CO 的污染，故燃料面广，可用煤、石油或天然气作为燃料；高温条件下可以不用催化剂就发生化学反应；无电解质蒸发和电池材料腐蚀的问题，电池的使用寿命较长；可以实现内部重整，余热可以用来加热空气和甲醇等燃料。也存在不足之处：全固态固体氧化物材料制取困难，制作工艺复杂；高温热应力作用会引起电池龟裂，主要部件的热膨胀率应严格匹配；工作温度高，预热时间较长，不适用于需经常启动的、非固定场所。

（5）质子交换膜燃料电池

质子交换膜燃料电池（Proton Exchange Membrane Fuel Cell，PEMFC）的电解质为质子交换膜，工作温度约为 80℃。在这样的低温下，需要通过电极上一层薄的铂进行催化，以确保电化学反应能正常缓慢地进行。PEMFC 内唯一的液体为水，因此腐蚀程度较低，使用寿命较长。PEMFC 即使在低温状态下也具有启动时间短的特性，可以在几分钟内达到满载运行，电流密度和功率密度较高，发电效率为45%~50%，而且运行可靠，因而是电动汽车动力电源的首选。此外，PEMFC 也可用作移动电源、军用野外小型电力装置、便携式电器不间断电源等，但不适合用于大容量集中型电厂。

4.1.3 燃料电池系统

燃料电池实际上不是"电池"，而是一个大的发电系统。对于质子交换膜燃料电池，需要有燃料供应系统、氧化剂系统、发电系统、水处理系统、热管理系统、电力系统，以及控制系统等。

1. 燃料供应系统

燃料供应系统主要是给燃料电池提供燃料，如氢气、天然气、甲醇等。这个系统直接采用氢气比较简单，如果用石化燃料制取氢气则相当复杂。

2. 氧化剂系统

氧化剂系统主要是给燃料电池提供氧气。氧气既从空气中获取，又可以从氧气罐中获取。从空气中获取氧气需要用压缩机来提高压力，以增加燃料电池反应的速度。

3. 发电系统

发电系统是指燃料电池本身，它将燃料和氧化剂中的化学能直接变成电能，而不需要经过燃烧的过程，它是一个电化学装置。

4. 水管理系统

由于质子交换膜燃料电池中质子是以水合离子状态进行传导的，所以燃料电池需要有水，水少会影响电解质膜的质子传导特性，从而影响电池的性能。由于在电池的阴极生成水，所以需要不断及时地将这些水带走，否则容易造成燃料电池失效。

5. 热管理系统

大功率燃料电池发电的同时，由于电池内阻的存在，不可避免地会产生热量，通常产生的热与其发电量相当。而燃料电池的工作温度是有一定限制的，如对 PEMFC 而言，应控制在80℃，因此需要及时将电池生成热带走，否则会发生过热，烧坏电解质膜。水和空气通常是常用的传热介质。

6. 电力系统

电力系统是将燃料电池产生的直流电转换为适合用户使用的电。燃料电池所产生的是直流电，需要经过 DC/DC 转换器进行调压，在采用交流电动机的驱动系统中，还需要用逆变器将直流电转换为三相交流电。

7. 控制系统

燃料电池控制系统主要包括电池系统的启动与停止；维持电池系统稳定运行的各操作参数的控制；对电池运行状态进行监测、判断等。

8. 安全系统

由于氢是燃料电池的主要燃料。氢的安全十分重要。氢的安全系统由氢气探测器、数据处理系统及灭火设备等构成。氢的存储与输送是燃料电池应用的关键技术之一，目前有两种方式：储氢和重整制氢。目前使用比较广泛的储氢技术有高压储氢、液态储氢和储氢材料储氢；使用的重整技术主要有蒸汽重整、部分氧化重整、自动供热重整和等离子体重整。

4.2 质子交换膜燃料电池

任务解析

质子交换膜燃料电池发电过程中不涉及氢氧燃烧，能量转换率高，不产生污染，发电单元模块化，可靠性高，组装和维修都很方便，工作时也没有噪声，是一种清洁、高效的绿色环保电源。在燃料电池内部，质子交换膜为质子的迁移和输送提供通道，使得质子经过膜从阳极到达阴极，与外电路的电子转移构成回路，向外界提供电流。因此，质子交换膜的性能对燃料电池的性能起着非常重要的作用，其性能的好坏直接影响电池的使用寿命。

任务学习

4.2.1 质子交换膜燃料电池的基本结构

质子交换膜燃料电池由质子交换膜、催化剂层、扩散层、集流板（又称双极板）组成，如图4-2-1所示。

1. 质子交换膜

质子交换膜（PEM）是PEMFC中最重要的部件之一，其性能好坏直接影响电池的性能和寿命。质子交换膜燃料电池中的质子交换膜与一般化学电源中使用的隔膜有很大不同，它不只是一种将阳极的燃料与阴极的氧化剂隔开的隔膜材料，还是电解质和电极活性物质（电催化剂）的基底，即兼有隔膜和电解质的作用；另外，PEM还是一种选择透过性膜，在质子交换膜的高分子结构中，含有多种离子基团。它只允许H^+穿过，其他离子、气体及液体均不能通过。

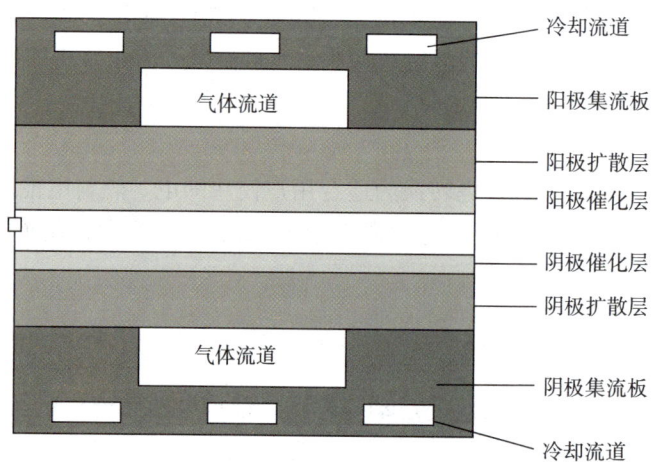

图4-2-1 质子交换膜燃料电池结构示意图

2. 电催化剂

为了加快电化学反应速度，气体扩散电极上都含有一定量的催化剂。PEMFC 电催化剂主要有铂系和非铂系电催化剂两类。目前多采用铂催化剂。由于这种电池是在低温条件下工作的，因此，提高催化剂的活性，防止电极催化剂中毒很重要。

3. 电极

PEMFC 电极是一种多孔气体扩散电极，一般由扩散层和催化层构成。扩散层是导电材料制成的多孔合成物，起着支撑催化层，收集电流，并为电化学反应提供电子通道、气体通道和排水通道的作用。催化层是进行电化学反应的区域，是电极的核心部分，其内部结构粗糙多孔，因而有足够的表面积以促进氢气和氧气的电化学反应。因此电极制作的好坏对电池的性能有重要影响。

4. 膜电极

膜电极（MEA）是通过热压将阴极、阳极与质子交换膜复合在一起而形成的。为了使电化学反应顺利进行，多孔气体扩散电极必须具备质子、电子、反应气体和水的连续通道。MEA 性能不仅依赖于电催化剂活性，还与电极中四种通道的构成及各种组分的配比、电极孔分布与孔隙率、电导等因素密切相关。

5. 双极板

双极板又称为集流板，放置在膜电极的两侧，可将各电池单体串联起来。双极板的两侧分别与相邻两电池单体的阳极和阴极接触，这样，无须导线就可将各电池单体串联起来。集流板除了用作导电和串联各电池单体外，其表面的导流槽还起导流燃料、氧气及冷却水的作用。

双极板面向膜电极一侧的表面刻有沟槽（称为流道），用于导流燃料和氧气（空气），而双极板中间的沟槽则是冷却水的通道，用于带走反应生成的剩余热量。双极板的材质和结构设计主要考虑其有良好的导电性和密封性，反应气体能均匀分布于电极各处，使水与热的排出顺畅。目前制作双极板的材料主要有石墨、表面改性的金属、炭黑—聚合物合成材料等，通过精密铣床加工或直接模压成形制成双极板的沟槽网（流场）。有的双极板则由网状结构的流场板与极板组合而成。

PEMFC 系统一般由电池堆、氢气系统、空气系统、水热管理系统和控制系统等构成。电池堆是系统的核心，承担把化学能转化成电能的任务；氢气系统提供燃料电池正常工作所需的氢气；空气系统提供燃料电池正常工作所需的空气；水热管理系统保证燃料电池堆所需空气、氢气的温度和湿度，保证电池堆在正常温度下工作；控制系统通过检测传感器信号和需求信号，利用一定的控制策略保证系统正常工作。

4.2.2 质子交换膜燃料电池的工作原理

PEMFC 在原理上相当于水电解的"逆"装置。其单电池由阳极、阴极和质子交换膜组成，阳极为氢燃料发生氧化的场所，阴极为氧化剂还原的场所，两极都含有加速电极电化学反应的催化剂，质子交换膜为电解质。其工作原理如图 4-2-2 所示。

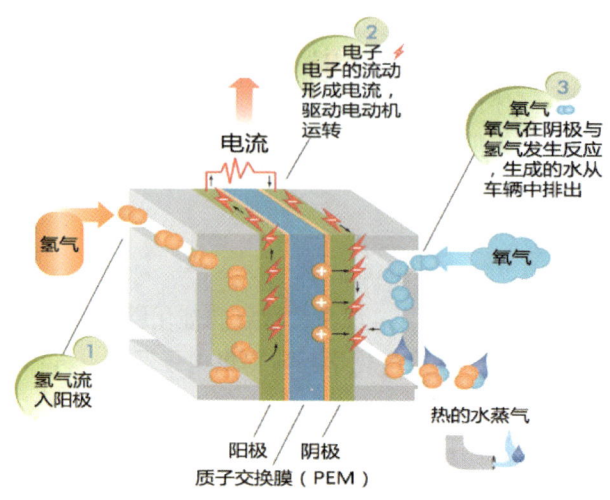

图 4-2-2 质子交换膜燃料电池工作原理示意图

导入的氢气通过阳极集流板（双极板）经由阳极气体扩散层到达阳极催化剂层，在阳极催化剂作用下，氢分子分解为带正电的氢离子（即质子）并释放出带负电的电子，完成阳极反应。

阳极发生的电化学反应为：$H_2 \rightarrow 2H^+ + 2e^-$

氢离子穿过膜到达阴极催化剂层，而电子则由集流板收集，通过外电路到达阴极，电子在外电路形成电流，通过适当连接可向负载输出电能；在电池另一端，氧气通过阴极集流板（双极板）经由阴极气体扩散层到达阴极催化剂层。在阴极催化剂的作用下，氧与透过膜的氢离子及来自外电路的电子发生反应生成水，完成阴极反应。

阴极发生的电化学反应为：$O_2 + 4H^+ + 4e^- \rightarrow 2H_2O$

电池的总反应为：$2H^+ + O^2 \rightarrow H_2O$

电极反应生成的水大部分由尾气排出，一小部分在压力差的作用下通过膜向阳极扩散。上述过程是理想的工作过程，实际上，整个反应过程中会有很多中间步骤和中间产物的存在。

4.3 燃料电池汽车概述

任务解析

燃料电池汽车以其高效率和近零排放被普遍认为具有广阔的发展前景，被越来越多的汽车厂商所青睐。你作为一名新能源汽车专业的人员，你的主管让你为客户做一个关于燃料电池汽车的报告，你能完成这个任务吗？

任务学习

燃料电池电动汽车（Fuel Cell Electric Vehicle，FCEV）是以燃料电池系统作为动力源或主动力源的车辆。FCEV 一般以质子交换膜燃料电池（PEMFC）作为车载能量源。

4.3.1 燃料电池汽车的分类

1. 按"多电源"的配置不同分类

按"多电源"的配置不同，燃料电池汽车可以分为纯燃料电池驱动（PFC）的 FCEV、燃料电池与辅助蓄电池联合驱动（FC+B）的FCEV、燃料电池与超级电容联合驱动（FC+C）的FCEV、燃料电池与辅助蓄电池和超级电容联合驱动（FC+B+C）的FCEV。

（1）纯燃料电池驱动（PFC）的FCEV

纯燃料电池汽车的燃料电池是电动汽车上电能的唯一来源，如图4-3-1所示。这种类型的燃料电池汽车，要求燃料电池的功率大，并且无法回收汽车制动能量。因此，纯燃料电池汽车目前应用较少。

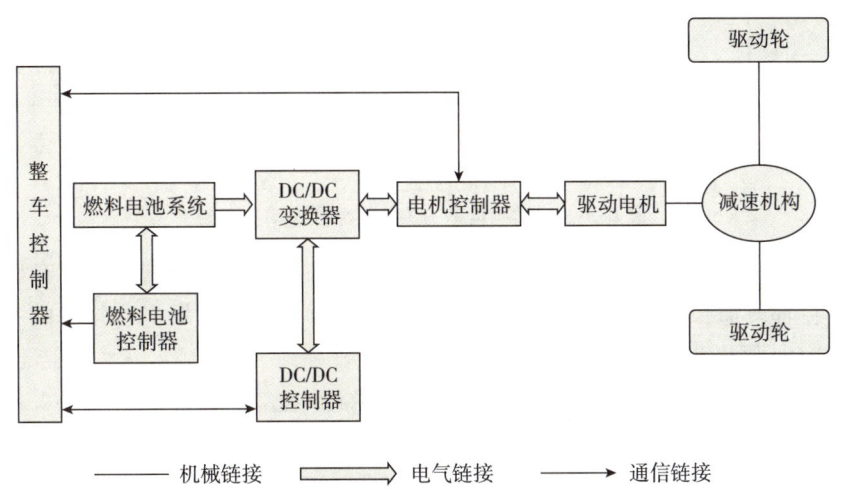

图4-3-1 纯燃料电池驱动形式动力系统

（2）燃料电池与辅助蓄电池联合驱动（FC+B）的FCEV

如图4-3-2所示，在该动力系统结构中，燃料电池和驱动电池一起为驱动电动机提供能量，驱动电动机将电能转化成机械能传给传动系统，从而驱动汽车前进。在汽车制动时，驱动电动机变成发电机，蓄电池将储存回馈的能量。

目前这种结构形式应用较为广泛，它解决了诸如辅助设备供电、水热管理系统供电、燃料电池堆加热、能量回收等问题。主要优点是：由于辅助蓄电池可协助供电，因而系统对燃料电池的功率要求降低了；燃料电池可以在比较好的设定工作条件下工作，工作时效率较高；系统对燃料电池的动态响应性能要求较低；汽车的冷启动性能较好；可以回收汽车制动时的部分动能，增加整车的能量效率。

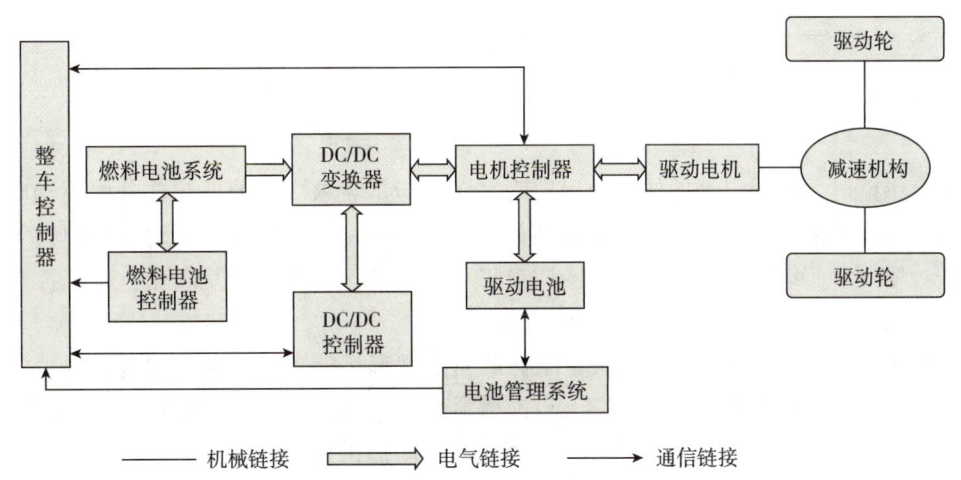

图4-3-2 燃料电池+辅助蓄电池形式动力系统

（3）燃料电池与超级电容联合驱动（FC+C）的FCEV

如图4-3-3所示，这种结构形式与燃料电池+蓄电池结构相似，只是把蓄电池换成了超级电容。

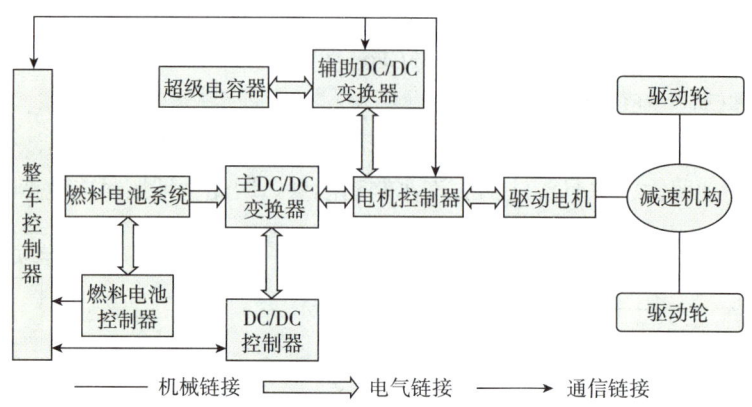

图 4-3-3　燃料电池+超级电容形式动力系统

相对于蓄电池，超级电容充放电效率高，能量损失小，比蓄电池功率密度大，在回收制动能量方面比蓄电池有优势，循环寿命长，但是超级电容的能量密度较小。随着超级电容技术的不断进步，这种结构将成为重要的研究课题及发展方向。

（4）燃料电池与辅助蓄电池和超级电容联合驱动（FC+B+C）的 FCEV

如图 4-3-4 所示，在该动力系统结构中，燃料电池、蓄电池和超级电容一起为驱动电动机提供能量，驱动电动机将电能转化成机械能传给传动系统，从而驱动汽车前进；在汽车制动时，驱动电动机变成发电机，蓄电池和超级电容将储存回馈的能量。

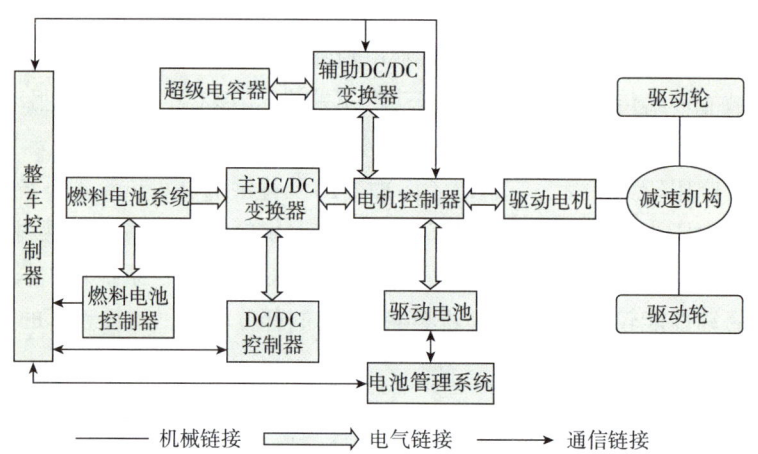

图 4-3-4　燃料电池+超级电容+超级电容形式动力系统

在采用联合供能时，燃料电池的能量输出较为平缓，能量需求变化的低频部分由驱动电池承担，能量需求变化的高频部分由超级电容承担。这种结构在部件效率、动态特性、制动能量回馈等方面更有优势。其缺点是：增加了超级电容，整个系统的质量将可能增加；系统更加复杂化，系统控制和整体布置的难度也随之增大。

在三种混合驱动中，FC+B+C 组合被认为能够最大限度满足整车的启动、加速、制动的动力和效率需求，但成本最高，结构和控制也最为复杂。目前燃料电池电动汽车动力系统的一般结构是 FC+B 组合。这是因为它具有以下特点：燃料电池单独或与动力电池共同提供持续功率，而且在车辆启动、爬坡和加速等峰值功率需求时，动力电池提供峰值功率；在车辆起步的时候和功率需求量不大的时候，驱动电池可以单独输出能量；驱动电池技术比较成熟，可以在一定程度上弥补燃料电池技术上的不足。

2. 按主要燃料种类分类

根据燃料电池所提供燃料的不同，燃料电池汽车分为直接燃料电池汽车和重整燃料电池汽车两大类。

（1）直接燃料电池汽车

直接燃料电池汽车的燃料主要是纯氢，也可以用甲醇等作为燃料。采用纯氢作为燃料的燃料电池汽车，氢燃料的储存方式有压缩氢气、液态氢和合金（碳纳米管）吸附氢等几种。

（2）重整燃料电池汽车

重整燃料电池汽车的燃料主要有汽油、天然气、甲醇、甲烷、液化石油气等。重整燃料电池汽车的结构要比氢燃料电池汽车复杂得多。例如，甲醇重整燃料电池汽车需要对甲醇进行200℃左右的加热以分解出氢，汽油重整燃料电池汽车也需要对汽油进行1000℃左右的加热以分解出氢。无论采用什么燃料，重整燃料电池汽车均需设置重整装置，将其他燃料转化为燃料电池所需的氢。

4.3.2 燃料电池汽车的特点

1. 燃料电池电动汽车的优势

燃料电池汽车技术与传统汽车、纯电动汽车技术相比，具有以下优点。

（1）能量效率高。燃料电池的工作过程是化学能转化为电能的过程，不受卡诺循环的限制，能量转换效率较高，可以达到40%以上，而汽油机和柴油机汽车整车效率分别为16%~18%和22%~24%。

（2）绿色环保。燃料电池没有燃烧过程，以纯氢作燃料，生成物只有水，属于零排放。采用其他富氢有机化合物用车载重整器制氢作为燃料电池的燃料，生产物除水之外还可能有少量的CO_2，接近零排放。

（3）续驶里程长。燃料电池汽车加注燃料的时间短，只需3min到5min就能充满高压储气罐。而且充满燃料后的续航里程一般可达到400km以上，其长途行驶能力及动力性已经接近于传统汽车。

（4）过载能力强。燃料电池除了在较宽的工作范围内具有较高的工作效率外，其短时过载能力可达额定功率的200%，可满足各种类型的燃料电池电动汽车在动力学和加速性能等方面的要求。

（5）低噪声。燃料电池属于静态能量转换装置，除了空气压缩机和冷却系统以外无其他运动部件，因此与内燃机汽车相比，运行过程中噪声和振动都较小。

2. 燃料电池电动汽车目前存在的问题

（1）辅助设备复杂。且质量和体积较大。在以甲醇或者汽油为燃料的FCEV中，经重整器出来的"粗氢气"含有使催化剂"中毒"失效的少量有害气体，必须采用相应的净化装置进行处理，增加了结构和工艺的复杂性，并使系统变得笨重。目前普遍采用的氢气燃料的FCEV，因需要高压、低温和防护的特种储存罐，导致体积庞大，也给FCEV的使用带来了许多不便。

（2）燃料电池汽车的制造成本和使用成本过高。目前燃料电池系统的制造成本居高不下，而且由燃料电池发动机提供1kW·h电能的成本远高于各种动力电池。高成本很难完成市场化推广，而无法实现市场化就不可能大规模批量生产，进而成本就无法降下来，最终导致成本与销售的恶性循环。

（3）燃料供应与基础设施问题。要想实现燃料电池电动汽车的商业化，燃料的供应和充电站的基础设施建设问题必须得到同步解决。氢气的来源、运输供应、储存和加注就成了燃料电池电动汽车商业化发展的重要问题。目前加氢站建设成本和运营成本远高于传统加油站、加气站，相应的配套设施建设需要国家政策、产业链条、基础设施建设等多方面的准备。

4.3.3 燃料电池电动汽车的关键技术

1. 燃料电池系统

燃料电池是燃料电池汽车发展的最关键技术之一。燃料电池堆技术的发展趋势可用耐久性、低温启动温度、净输出比功率及制造成本四个要素来评判。

降低成本也是燃料电池堆研究的目标，控制成本的有效手段是降低材料费（电催化剂、电解质膜、双极板等）和加工费（膜电极制作、双极板加工和系统装配等）。另外，车用燃料电池系统启动与关闭时间、系统能量管理与变换操作、电堆水热管理模式及低成本高性能辅助设施（空气压缩机、传感器和控制系统）等也是重要的研究内容。

2. 车载储氢系统

储氢技术是氢能利用走向规模化应用的关键。目前，常见的车载储氢系统有高压储氢、低温储存液氢和金属氢化物储氢三种基本方案。如何有效减小储氢系统的质量与体积是车载储氢技术开发的重点。一个比较理想的方案是，采用储氢材料与高压储氢复合的车载储氢新模式。复合式储氢模式的技术难点是开发吸、放氢性能好，成型加工性良好，质量轻的储氢材料。

3. 车载蓄电系统

镍氢蓄电池具有高比能、大功率、快速充放电、耐用性优异等特性，是目前混合动力汽车和电动汽车中应用最广的绿色动力蓄电系统；锂离子电池具有比能量大、比功率高、自放电小、无记忆效应、循环特性好、可快速放电等优点。超级电容器能在短时间内提供或吸收大的功率，为蓄电池数十倍，效率高，具有上万次的循环寿命和极长的储存寿命，工作温度范围宽，能使用的基础材料价格便宜，可以作为混合型动力汽车的有效蓄电系统。

4. 电动机及其控制技术

驱动电动机是燃料电池电动汽车的心脏，它正向着大功率、高转速、高效率和小型化方向发展。当前驱动电动机主要有感应电动机和永磁无刷电动机，永磁无刷电动机具有较高的功率密度和效率、体积小、惯性低和响应快等优点，在电动汽车方面有着广阔的应用前景。由感应电动机驱动的电动汽车几乎都采用矢量控制和直接转矩控制。矢量控制有最大效率控制和无速度传感器矢量控制，而直接转矩的控制手段直接、结构简单、控制性能优良和动态响应迅速，因此非常适合电动汽车的控制。

5. 整车布置

燃料电池汽车在整车布置上存在以下关键问题：燃料电池发动机及电动机的相关布置、动力电池组的车身布置、氢气瓶的安全布置及高压电安全系统的车身布置问题。这些核心部件的布置，不仅要考虑布置方案的优化及零部件性能实现的便利，还要求相关方案必须考虑传统汽车不具备的安全性问题。

6. 整车热管理

燃料电池发动机自身的运行温度为 60~70℃，实际的散热系统工作温度大致可以控制在 60℃，必须依赖整车动力系统提供额外的冷却动力为系统散热，因此二者之间的平衡将是在热管理开发方面必须关注的。目前整车各零部件的体积留给整车布置回旋的余地很小，造成散热系统设计的改良空间不大，无法采用通用的解决方案应对，必须开发专用的零部件。另外，与整车散热系统密切相关的车用空调系统开发也是整车企业必须关注的。

7. 整车与动力系统的参数选择与优化设计

燃料电池汽车整车性能参数是整个燃料电池动力系统开发的信息输入，而虚拟配置的动力系统的特性参数也影响项目整车性能。两者之间的参数选择是一个多变量、多目标的优化设计过程，而且参数选择与行驶工况和控制策略紧密相关，只有建立在准确的仿真模型基础上，经过反复寻优计算才可能达到较好的设计结果。

8. 多能源动力系统的能量管理策略

能量管理策略对燃料经济性影响很大，且受到动力系统参数和行驶工况的双重影响。完成能量管理策略的工况适应性开发后，其核心问题转变为功率分配优化，当然还必须考虑一些限制条件。按照是否考虑这些变量的历史状态，可以把功率分配策略分为瞬时策略与非瞬时策略两大类。

4.4 燃料电池电动汽车的结构与工作原理

任务解析

燃料电池电动汽车一般包括纯燃料电池驱动，或者燃料电池加上动力电池的电—电混合动力驱动。由于后者可以实现制动能量回收，可以实现更好的经济性和耐久性，因此目前的燃料电池电动汽车，实际指燃料电池（加动力蓄电池的）混合式动力汽车。

任务学习

目前，燃料电池电动汽车采用的是混合式燃料电池驱动系统，将燃料电池与辅助动力源相结合，燃料电池可以只满足持续功率需求，借助辅助动力源提供加速、爬坡等所需的峰值功率，而且在制动时可以将回馈的能量存储在辅助动力源中。

燃料电池汽车与普通燃油汽车相比，不同之处在于动力系统。燃料电池电动汽车的动力系统由燃料电池发动机、辅助动力源、DC/DC 转换器、DC/AC 逆变器和驱动电动机组成，如图 4-4-1 所示。

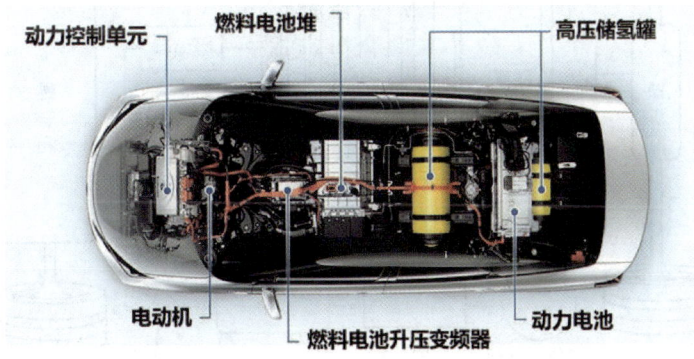

图 4-4-1 燃料电池电动汽车动力系统结构

4.4.1 燃料电池发动机

在燃料电池电动汽车所采用的燃料电池发动机中，为保证质子交换膜燃料电池（PEMFC）组的正常工作，除以 PEMFC 组为核心外，还装有氢气供给系统、氧气供给系统、气体加湿系统、反应生成物的处理系统、冷却系统和电能转换系统等。只有这些辅助系统匹配恰当和正常运转，才能保证燃料电池发动机正常运转。

1. 以氢为燃料的燃料电池发动机系统

图 4-4-2 所示是以氢为燃料的燃料电池发动机系统。图 4-4-3 所示是典型的以氢为燃料的 FCEV 动力系统的基本构成。

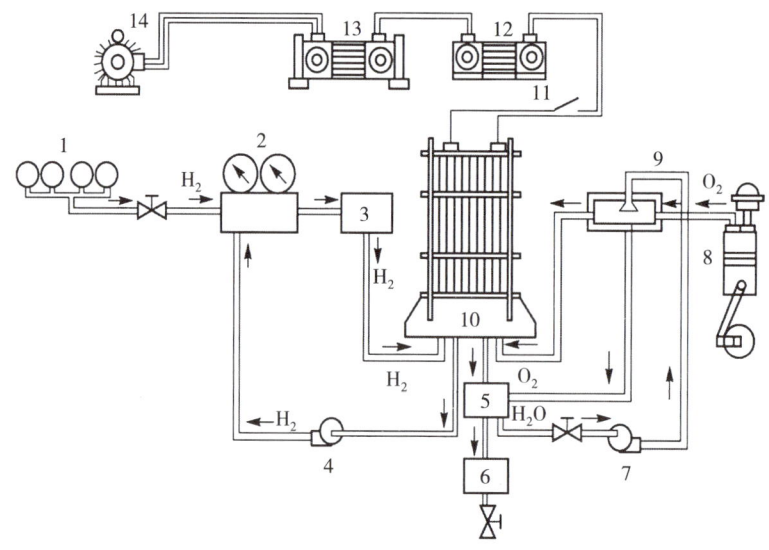

1—氢储存罐；2—氢气压力调节仪表；3—热交换器；4—氢气循环泵；5—冷凝器及气水分离器；6—水箱；7—水泵；8—空气压缩机（或氧气罐）；9—加湿器及去离子过滤装置；10—燃料电池组；11—电源开关；12-DC/DC 转换器；13-DC/AC 逆变器；14—驱动电动机。

图 4-4-2 以氢为燃料的燃料电池发动机系统

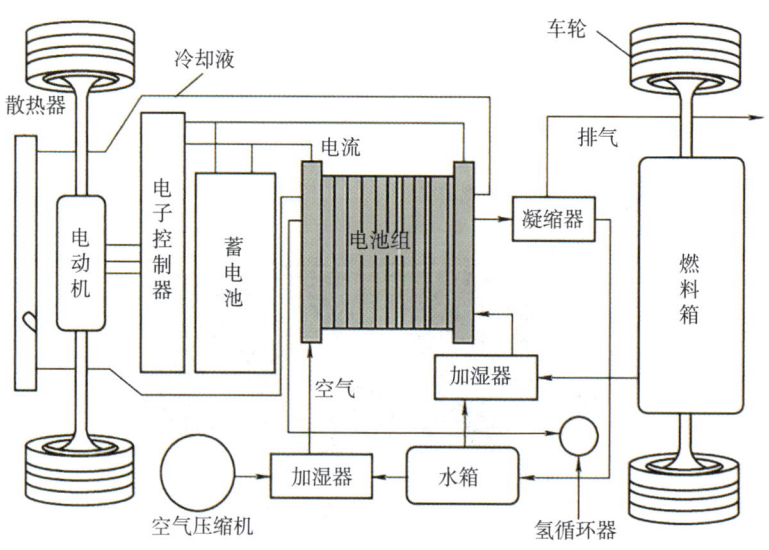

图 4-4-3 典型的以氢为燃料的 FCEV 动力系统的基本构成

（1）氢气供应、管理和回收系统。气态氢通常用高压储气瓶来装载，对高压储气瓶的品质要求很高，为保证燃料电池电动汽车一次充气有足够的行驶里程，就需要多个高压储气瓶来储存气态氢。一般轿车需要2~4个高压储气瓶，大客车上需要5~10个高压储气瓶。

液态氢虽然比能量高于气态氢，由于液态氢是处于高压状态的，不但需要用高压储气瓶储存，还要用低温保温装置来保持低温。低温的保温装置是一套复杂的系统。

不同的储氢压力，需要采用相应的减压阀、调压阀、安全阀、压力表、流量表、换热器、传感器及管路等组成氢气供给系统。从燃料电池电堆排出的水中含有少量的氢，可通过氢气循环器将其回收。

(2) 氧气供给系统。氧气有纯氧和空气两种供给方式。当以纯氧的方式供给时，需要用氧气罐；当从空气中获得氧气时，需要用压缩机来提高压力，以确保供氧量，增加燃料电池反应的速度。空气供给系统除了需要有体积小、效率高的空气压缩机外，还需配备相应的空气阀、压力表、流量表及管路，并对空气进行加湿处理，以确保空气具有一定的湿度。

(3) 水循环系统。燃料电池发动机中，燃料电池在反应过程中将产生水和热量，在水循环系统中要用冷凝器、气水分离器和水泵等对反应生成的水和热量进行处理，其中一部分水可以用于空气的加湿。另外还需要装置一套冷却系统，以保证燃料电池的正常运转。

(4) 电力管理系统。燃料电池所产生的是直流电，需要经过DC/DC转换器进行调压，在采用交流电动机的驱动系统中，还需要用DC/AC逆变器将直流电转换为三相交流电。

以氢气为燃料的燃料电池发动机的各种外围装置的体积和质量，占燃料电池发动机总体积和质量的1/3~1/2。

2. 以甲醇为燃料的燃料电池发动机

图4-4-4是以甲醇为燃料的燃料电池发动机系统。在该系统中，用甲醇供应系统代替了上述的氢气供应系统。其包括甲醇储存装置、甲醇供应系统的泵、管道、阀门、加热器及控制装置等。图4-4-5为典型的以甲醇为燃料的FCEV动力系统的基本构成。

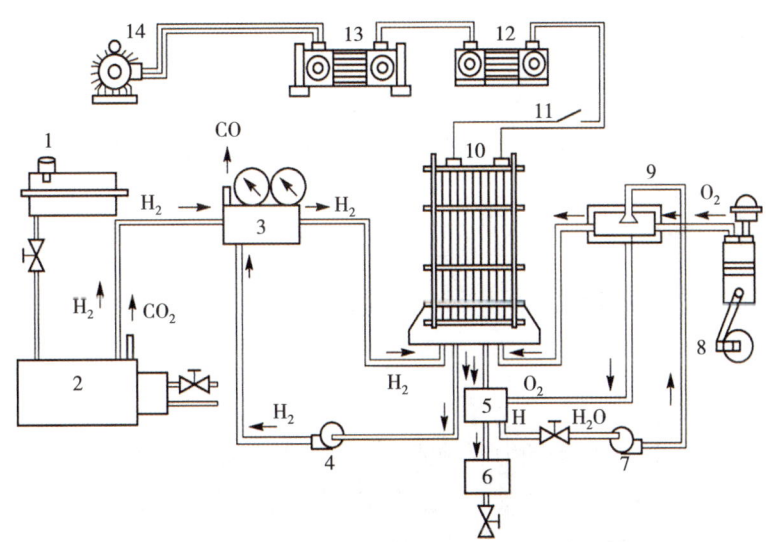

1—甲醇储存罐；2—带燃烧器的改质器；3—H_2净化装置；4—氢气循环泵水循环系统；5—冷凝器及气水分离器；6—水箱；7—水泵；8—空气压缩机（或氧气罐）；9—加湿器及去离子过滤装置；10—燃料电池组；11—电源开关；12—DC/DC转换器；13—DC/AC逆变器；14—驱动电动机。

图4-4-4 以甲醇为燃料的燃料电池发动机系统

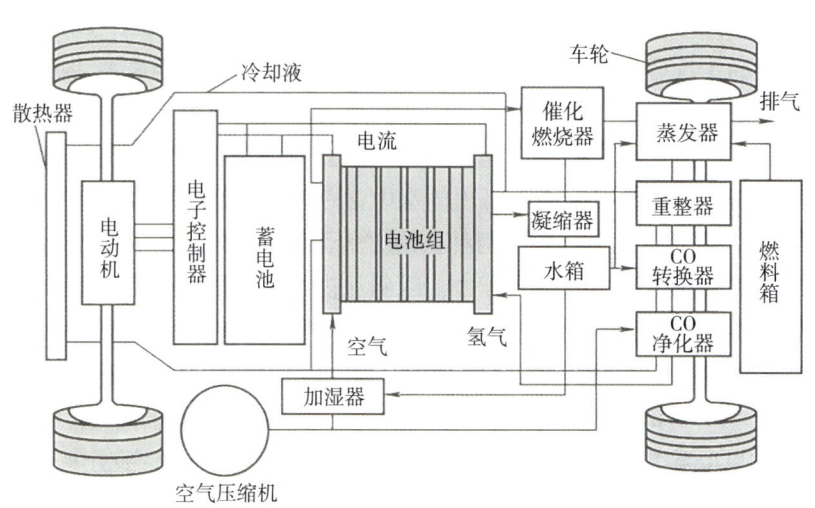

图 4-4-5　典型的以甲醇为燃料的 FCEV 动力系统的基本构成

（1）甲醇储存装置。甲醇可以用普通容器储存，不需要加压或冷藏，可以部分利用内燃机汽车的供应系统，有利于降低 FCEV 的使用费用。

（2）燃烧器、加热器和蒸发器。甲醇进入改质器之前，要用加热器加热甲醇和纯水的混合物，使甲醇和纯水的混合物一起受高温（621℃）热量的作用，蒸发成甲醇和纯水的混合气，然后进入改质器。

（3）重整器。重整器是将甲醇用改质技术转化为氢气的关键设备。不同的碳氢化合物采用不同的重整技术，在重整过程中的温度、压力会有所不同。例如，甲醇用水蒸气重整法的温度为 621℃，用部分氧化重整法的温度为 985℃，用废气重整法的第一阶段温度为 985℃，第二阶段温度为 250℃。当 FCEV 用甲醇经过重整产生的氢气做燃料时，就需要对各种重整方法进行分析，选择最佳重整技术和最适合 FCEV 配套的重整器。

（4）氢气净化器。改质器所产生的 H_2 因为含有少量的 CO，必须对 H_2 进行净化处理。净化器中用催化剂来控制，使 H_2 中所含的 CO 被氧化成 CO_2 后排出，最终进入 PEMFC 的 H_2 中的 CO 的含量不超过规定的 10^{-5}。甲醇经过改质后所获得的氢气作为燃料时，燃料电池的效率为 40%~42%。以甲醇为燃料的燃料电池系统中的氧气供应、管理系统，反应生成的水和热量的处理系统和电力管理系统，与以氢为燃料的燃料电池系统基本相同。

4.4.2　辅助动力源、DC/DC 转换器、驱动电动机

1. 辅助动力源

混合式燃料电池汽车还配备了辅助动力源。辅助动力源可采用蓄电池、超级电容和飞轮电池中的一种，与燃料电池组成双电源的混合动力系统，或采用蓄电池+超级电容、蓄电池+飞轮电池与燃料电池组成三电源系统。燃料电池汽车配备辅助动力源的作用如下：

（1）在燃料电池汽车启动时，由辅助动力源提供电能，带动燃料电池启动或带动车辆起步。

（2）在燃料电池汽车运行过程中，当燃料电池输出的电能大于车辆驱动所需的能量时，辅助动力源装置可用于储存燃料电池剩余的电能。

（3）在燃料电池汽车加速和爬坡时，辅助动力源可协助供电，以弥补燃料电池输出功率的不足，使电动机获得足够的电能，产生满足车辆加速和爬坡所需的电磁转矩。

（4）向车辆的各种电子设备、电器提供工作所需的电能。

（5）在车辆制动时，将驱动电动机转换为发电机工作状态，将车辆的动能转换为电能，并向辅助动

力源充电，以实现车辆制动时的能量回收。

2. DC/DC 转换器

燃料电池汽车采用的动力源有以下特性：燃料电池只提供直流电，电压和电流随输出电流的变化而变化。燃料电池不可能接受外电源的充电，电流的方向只是单向流动的。辅助电源在充电和放电时，也是以直流电的形式流动，但电流的方向是可逆的。车上的各种电源的电压和电流受工况变化的影响呈不稳定状态，为此需要设置 DC/DC 转换器。

DC/DC 转换器的基本功能为：当输入的直流电压在一定范围内变化时，能输出负载要求变化范围内的直流电压，当输入电压最低时也能达到最高输出电压，输入电压最高时也能达到最低输出电压；能输出足够的直流负载电流，并且在足够宽的负载变化范围内（从空载到满载，即电流从零到最大），保证设备正常运行，不损坏元器件。

燃料电池汽车的车载 DC/DC 转换器可以调节燃料电池的输出电压和整车能量分配，并稳定整车直流母线电压。对它的要求为：转换效率高，以提高能源的利用率；为了降低对燃料电池的输出电压要求，变换器应具有升压功能；由于燃料电池输出的不稳定，需要变换器闭环运行进行稳压；为了给驱动器稳定的输入，需要变换器有较好的动态调节能力，且体积小，质量轻。

3. 驱动电动机

与纯电动汽车和混合动力电动汽车一样，燃料电池汽车用驱动电动机也可采用直流有刷电动机、交流异步电动机、交流同步电动机、永磁无刷直流电动机和开关磁阻电动机等。

不同类型的电动机具有不同的性能特点。燃料电池汽车通常是结合整车的开发目标，综合考虑各种电动机的结构与性能特点以及电动机的驱动控制方式及控制器结构特点等，选择适宜的驱动电动机。

4.4.3 动力电控系统

燃料电池汽车的动力电控系统，主要由燃料电池发动机管理系统（FCE-ECU）、蓄电池管理系统（BMS）、动力控制系统（PCU）及整车控制系统（VMS）组成，而原型车的变速器系统会简化很多。其系统结构框图如图 4-4-6 所示。

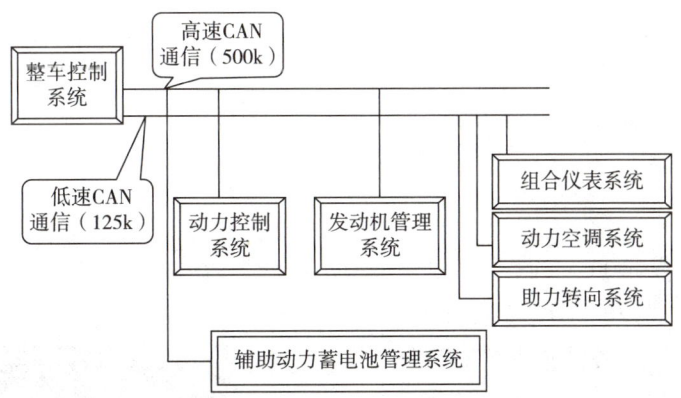

图 4-4-6　燃料电池电动汽车动力电控系统结构框图

1. 发动机管理系统

燃料电池发动机管理系统，按整车控制器的功率设定值控制燃料电池发动机的功率输出，监测发动机的工作状态，保证发动机稳定可靠地运行时进行故障诊断及管理。其具体组成包括供氢系统、供氧系统、水循环及冷却系统。

2. 蓄电池管理系统

蓄电池管理系统分上下两级：下级 LECU 负责蓄电池组电压、温度等物理参数的测量，进行过充过放保护及组内组间均衡；上级 CECU 负责动力蓄电池组的电流检测及 SOC 估算，以及相关的故障诊断，同时运行高压漏电保护策略。

3. 动力控制系统

动力控制系统包含 DC/DC 转换器、DC/AC 逆变器、DCL 和空调控制器及空调压缩机变频器，以及电动机冷却系统控制器。DC/DC 转换器和 DC/AC 逆变器的作用如前所述，DCL 负责将高压电源转换为系统零部件所需的 12V/24V 低压电源，电动机冷却系统控制器负责电动机及 PCU 的水冷却系统控制。

4. 整车控制系统

整车控制系统的核心是多能源控制策略，它一方面接收来自驾驶员的需求信息（如点火开关、油门踏板、制动踏板、挡位信息等）实现整车工况控制；另一方面基于反馈的实际工况（如车速、制动、电动机转速）以及动力系统的状况（燃料电池及动力蓄电池的电压、电流等），根据预先匹配好的多能源控制策略进行能量分配调节控制。整车的故障诊断及管理也由它负责。

4.5 燃料电池电动汽车车型实例

任务解析

世界各国主要汽车生产商一直在进行有关燃料电池电动汽车的研发，解决了若干关键技术问题，其整车性能、可靠性、寿命和环境适应性等各方面均已基本达到了和传统汽车相媲美的水平，通用、丰田、本田、奔驰、现代、上汽等汽车公司都已经开发出燃料电池车型。

任务学习

4.5.1 本田 FCX 燃料电池汽车

1. 本田 FCX 燃料电池汽车概述

本田自 1999 年首次发布 FCX-V1 燃料电池试验车后，先后经过了 FCX-V2、FCX-V3、FCX-V4 和 FCX5 代艰苦的开发历程。2002 年 12 月 2 日，本田同时向日本政府和美国洛杉矶市政府交付了首批 FCX，成为世界上第一家实现商品化销售的燃料电池车生产厂家。2008 年本田推出搭载了第二代金属板燃料电池技术的氢燃料电池车，并命名为 FCX Clarity（图 4-5-1）。FCX Clarity 采用氢气作为车辆燃料电池（质子交换膜燃料电池）的能源，可以用高压方式储存氢

图 4-5-1 本田 2008 款 FCX Clarity 燃料电池汽车

燃料。

2. 动力总成系统

如图 4-5-2 所示，本田 FCX Clarity 的动力总成由电驱动系统、燃料电池系统、锂离子电池系统和高压氢气供应系统组成。

从燃料电池组开始，发电所需的每个组件都减小了尺寸，使动力总成的尺寸和重量同时减小，使重量输出密度和体积输出密度变为 FCX 动力总成的两倍。燃料电池组产生的高功率和锂离子电池所提供的电力辅助，使新的动力总成能够通过大功率电机输出强大的驱动力。电机扭矩是连续的、无换挡、能保证从起步到高速整个行驶范围内，车辆平稳、动力强劲，且可连续扩展加速度，从而驾驶者产生独特的驾驶感觉。

（1）电驱动系统

为了实现强大的加速度、最高车速及更大的车辆紧凑性，FCX Clarity 研发了新的电驱动系统，包括驱动电机、减速箱和动力驱动单元（PDU）。FCX Clarity 搭载一台永磁型交流电动机，它可以输出 100kW 的最大功率及 256N·m 的峰值扭矩，最大马力可以达到 130 匹，续航里程约 390km。

FCX Clarity 驱动电机转子中的磁铁采用了独特的形状和定位。在定子中使用低损耗磁芯，可降低高速时的损耗，对槽的形状进行了优化，可增加其层压系数，从而降低导线的电阻。这些创新实现了高功率、高扭矩、高速度和高效率。电动机的最大功率已从 80kW 增加到 100kW，此输出水平可以使车辆保持高速，且可提供舒适的加速度（图 4-5-3）。

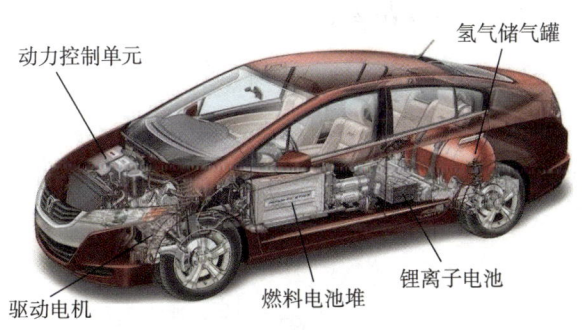

图 4-5-2　FCX Clarity 动力系统布局

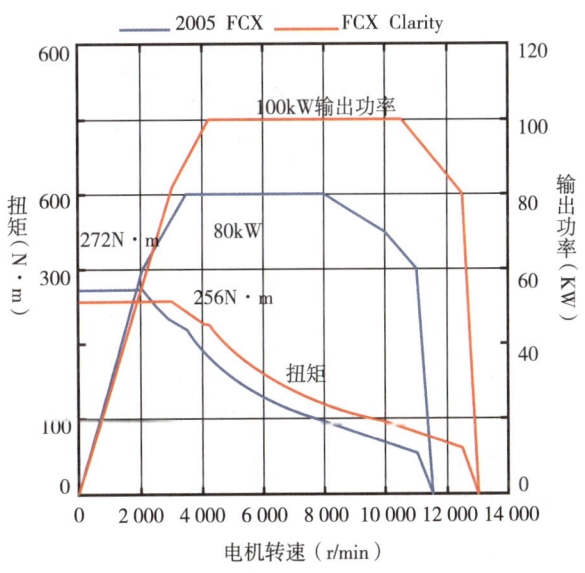

图 4-5-3　输出和扭矩特性曲线

（2）燃料电池系统

FCX Clarity 重新研发了燃料电池系统的结构。2004 款 FCX 电池组采用了氢和氧横向流入电池的结构，在 2008 款 FCX Clarity 电池组中选择氢气和氧气垂直流动（图 4-5-4），这使系统能够利用重力顺利排出发电表面上产生的水。排水能力的提高使流动通道的高度降低了 17%，有助于减轻重量和提高紧凑性。

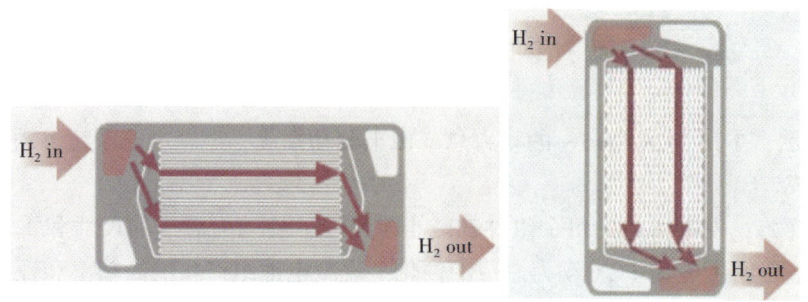

图 4-5-4　2008 款 FCX Clarity 电池极板摆放

FCX Clarity 电池组采用波流通道分离器，以确保氢、氧和冷却剂能均匀供应到发电表面的内部。冷却剂水平地流过氢气和空气，通过氢气和空气的垂直流通通道（图 4-5-5）。该方法实现了发电表面的均匀冷却，使每个电池所需的冷却层数量减少了一半。燃料电池组的体积输出密度比以前高 50%，重量输出密度比以前高 67%，此外新的燃料电池组更轻、更紧凑。

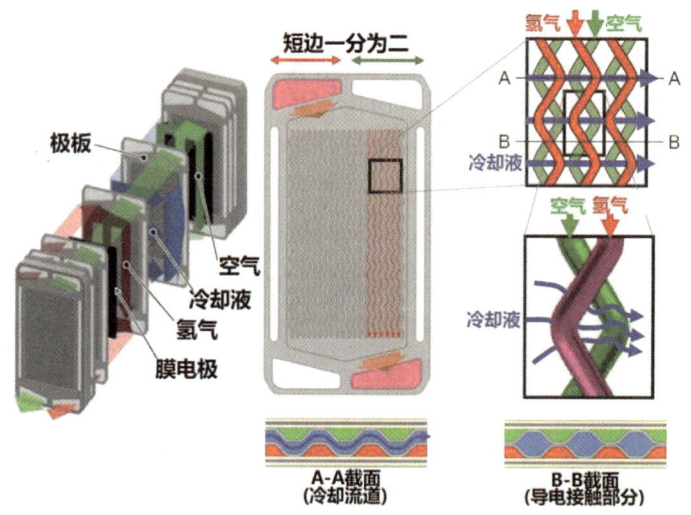

图 4-5-5　2008 款 FCX Clarity 波纹性气体流场垂直结构

FCX Clarity 电堆在上一代的基础上热容降低了 40%。热容的降低来自于冷却液体积的减少、双极板片数的降低、单堆模块中零部件数量的减少。这使得车辆的预热性能得到增强，车辆低温启动能力得到提高。在 -20℃ 环境下，FCX Clarity 电堆自启动至 50% 额定功率用时降低了 3/4，并且具备自 -30℃ 低温环境启动能力。

（3）锂离子电池系统

FCX Clarity 采用了一块高性能的聚合物锂离子电池作为汽车的辅助能源，采用了可插电的设计，可以允许在车辆不用时对锂离子电池进行充电。通过采用液压蓄能式协作制动系统，进行控制再生制动和液压制动的分配，使制动过程中再生能量的回收率比 FCX 提高了 11%，使总制动能量的回收率达到 57%。FCX Clarity 允许车辆在低速时只依靠锂离子电池行驶，锂离子电池系统能够在最大功率下为燃料电池组的输出提供辅助。

（4）高压氢气供应系统

为了增加后排乘坐的舒适度，并实现宽敞的行李箱空间，FCX Clarity 使用一个高压氢气罐代替了之前的两个罐。此外，高压氧气供应系统包括截止阀、调节器、压力传感器和其他组件，经过重新设计和压缩可作为内置模块使用，这使得高压供氢系统中使用的零件数量减少了 74%。因此，罐的容积增加了，空间效率提高了 24%。

4.5.2 奔驰 GLC F-CELL 燃料电池汽车

1. 奔驰 GLC F-CELL 燃料电池汽车概述

作为奔驰旗下第一款量产燃料电池汽车，GLC F-CELL 燃料电池插电混动 SUV 发布于 2017 法兰克福车展，如图 4-5-6 所示。在 2018 年底，奔驰在德国完成了奔驰 GLC F-CELL 的首次交付工作，并且交付的客户主要为企业，以租赁的模式向德国部分商用的客户在柏林、汉堡、法兰克福等配备加氢站的城市提供车辆。它在配置有氢燃料电池的基础上还加入了插电混合动力技术，既可以使用氢能也能够使用外界电能。

图 4-5-6　奔驰 GLC F-CELL 燃料电池汽车

2. 奔驰 GLC F-CELL 混合动力系统

奔驰 GLC F-CELL 燃料电池汽车搭载了氢燃料电池和锂离子电池的插电式混动系统。选择双电源供电的原因是能够使得 GLC F-Cell 的日常实用性大大提升，加氢时间较短、续航距离满足日常使用要求，同时燃料电池系统也可以更加紧凑。

（1）锂离子电池组

位于尾部的锂离子电池组容量为 13.8kW·h，插电混动系统配备了 7.4kW 功率充电器，可在 1.5 小时内将锂离子电池组容量从 10% 充至 100%。

（2）驱动电机

新车采用后轮驱动，位于后轴的异步电机最大功率达 160kW（217hp），峰值扭矩 375N·m。在锂离子电池组满电情况下，NEDC 循环工况续航里程达到 487km，其中纯电续航里程 50km，纯氢续航里程 437km。

（3）氢燃料储气罐

对于氢燃料电池，主要是将氢燃料存储在碳纤维罐中，然后将碳纤维罐安置在车辆下方。基于全球标准化的 70Mpa 储氢瓶技术，奔驰 GLC F-CELL 搭载的 2 个氢瓶分别位于底盘和后排座椅下方，储氢容量为 4.4kg。加氢的过程与加油相似，在短短的 3~5min 就可以加满。

（4）燃料电池系统

奔驰 GLC F-CELL 燃料电池混动 SUV 将高度集成化的燃料电池系统置于发动机舱。燃料电池发动机主要包括燃料电池堆、电动涡轮增压空压机、加湿器、氢循环、升压转换器、空气滤清器、离子交换器、12V 水泵和燃料电池控制单元等。由 400 片燃料电池单体组成的金属极电堆峰值功率为 75kW。

图 4-5-7 奔驰 GLC F-CELL 混合动力系统

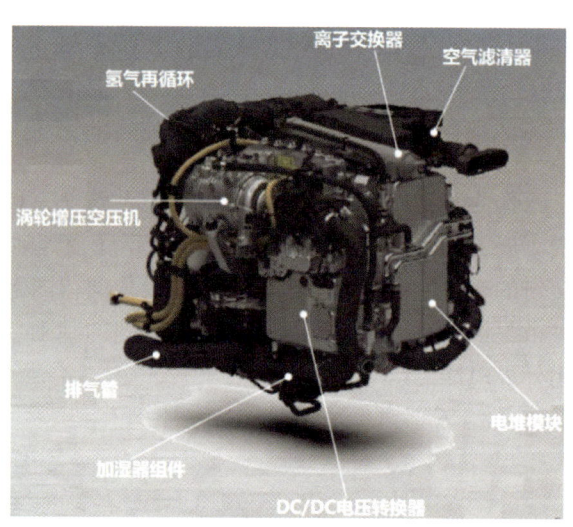

图 4-5-8 奔驰 GLC F-CELL 车载燃料电池发动机

奔驰 GLC F-CELL 燃料电池汽车搭载带有废气能量回收的电动涡轮增压空压机，通过将电动增压和电堆出口废气涡轮增压有机结合，提高燃料电池系统效率（尤其在低负荷区间）。采用无油空气轴承，提高燃料电池的耐久性和可靠性。通过全新设计和开发，该型电动涡轮增压空压机体积、重量、振动和噪音全面降低。

升压转换器的主要作用是使燃料电池堆输出电压适应变化的车载高压。奔驰 GLC F-CELL 燃料电池 SUV 搭载的 DC/DC 效率极高，超过 98%。据奔驰公司介绍，在低温暖机过程中，该型 DC/DC 可以大大降低燃料电池电压，短暂性释放热量，加速燃料电池温度提升。

通过采用化学成分改善的超薄质子交换膜强化质子传导效率、优化金属极板流场气体分配、调节运行条件等措施，与上一代燃料电池汽车相比，奔驰最新 GLC F-CELL 燃料电池堆的极限电流密度增加了近一倍。

此外，奔驰 GLC F-CELL 为提升燃料电池系统功率密度，对相关零部件进行了高度集成开发，比如对进气端板集成化，即将水蒸气进出歧管和氢气再循环分配板高度整合；集成多个空气部件，如加湿器和汽水分离器集成等。

3. 运行模式

奔驰 GLC F-CELL 燃料电池 SUV 有多种运行模式。运行模式包括 4 种：混动模式、燃料电池（纯氢）模式、锂电池（纯电）模式和充电模式。

混动模式下（图 4-5-9），锂电池与氢燃料电池共用给电机供电。燃料电池运行中最佳的效率区间内，输出的功率峰值由锂离子电池控制。

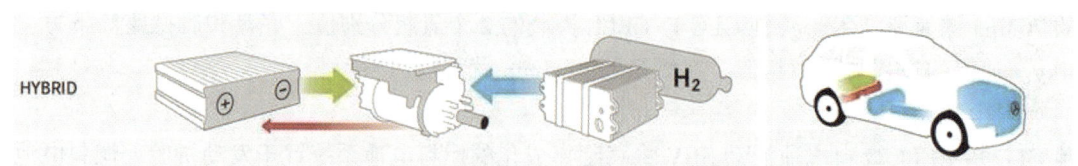

图 4-5-9 奔驰 GLC F-CELL 混动模式

燃料电池模式下（图 4-5-10），锂离子电池不再为电机供电，车辆的驱动仅靠燃料电池供电。锂离子电池组通过从燃料电池获取能量保持 SOC 不变，该模式适用于长距离稳态巡航。

图 4-5-10　奔驰 GLC F-CELL 燃料电池模式

锂电池模式下（图 4-5-11），车辆由锂离子电池提供电能行驶，燃料电池系统不参与工作。锂电池模式适用于短距行程，纯电池模式下车辆能够行走 49km（欧洲 NEDC 标准）。

图 4-5-11　奔驰 GLC F-CELL 锂电池模式

充电模式下（图 4-5-12），氢燃料电池为车辆的行驶提供电能，同时还为锂离子电池充电，这种模式有利于在爬坡前或激烈驾驶前进行动力储备。高压锂电池组充电享有优先权，氢气容量耗至限值前优先给锂电池组充电至满电。

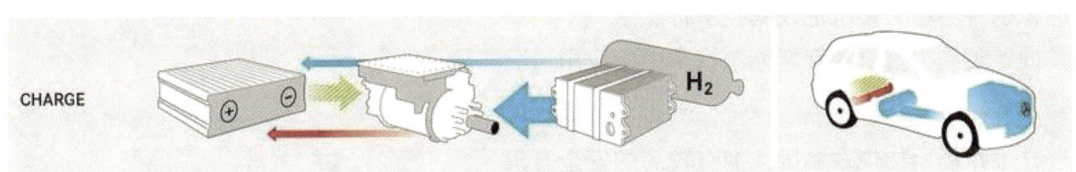

图 4-5-12　奔驰 GLC F-CELL 充电模式

在所有模式下，车辆在刹车或滑行状态下，系统可以进行能量回收，将动能转化成电能储存在锂离子电池内。

思考与练习

一、单项选择题

1. 燃料电池采用的燃料是（　　）。
   A. 汽油　　　　　　　　B. 柴油　　　　　　　　C. 乙醇　　　　　　　　D. 氢气
2. 燃料电池主要由（　　）组成。
   A. 燃料电极和氧化剂　　　　　　　　B. 燃料电极、氧化剂电极及电解质
   C. 燃料电极和电解质　　　　　　　　D. 氧化剂电极和电解质
3. 最合适汽车使用的燃料电池是（　　）。
   A. 质子交换膜燃料电池　　　　　　　B. 磷酸燃料电池
   C. 熔融碳酸盐燃料电池　　　　　　　D. 固态氧化物燃料电池

二、简答题

1. 燃料电池汽车有哪些类型？
2. 燃料电池汽车有哪些特点？
3. 燃料电池汽车的核心技术有哪些？
4. 简述燃料电池汽车的工作原理。

模块 5 电动汽车动力蓄电池

学习目标

知识目标：

1. 能够描述动力蓄电池的类型及特点。
2. 能够描述动力蓄电池的结构组成。
3. 能分析阐述新能源汽车对动力蓄电池的性能要求。

技能目标：

1. 能识别各类动力蓄电池及其技术特点。
2. 掌握各类动力蓄电池在新能源汽车中的应用情况。

素质目标：

1. 遵守工作场所的规章制度，拥有较高的安全意识。
2. 能够合理地分析和解决完成任务时出现的问题。

5.1 电池概述

任务解析

众所周知，动力蓄电池是新能源汽车三大核心部件之一，在"三电"系统中，动力蓄电池的研发与应用进程是制约新能源汽车发展的瓶颈，国内外大批电化学专家在动力蓄电池材料、内在质量、电化学特性，尤其是安全性方面的研发投入了大量的精力和财力。那么，新能源车辆的动力蓄电池有哪些类型呢？当前市场上的新能源车辆所使用的动力蓄电池又是哪种类型呢？

任务学习

动力蓄电池是电动汽车的动力源，是能量的储存装置。电动汽车用动力蓄电池主要有蓄电池、燃料电池、超级电容、飞轮电池等。最早的铅酸蓄电池技术发展带来了第一次电动汽车的研发和应用高潮。镍氢蓄电池技术突破带来了混合动力电动汽车的产业化。锂离子动力蓄电池带来了现在以纯电驱动为主的电动汽车研发和应用新纪元。要使电动汽车与传统燃油汽车相竞争，关键是要开发出比能量高、比功率大、使用寿命长、成本低的动力蓄电池。

5.1.1 电池的分类

电池可以分为化学电池、物理电池和生物电池三大类。

1. 化学电池

化学电池是利用物质的化学反应发电的电池。化学电池按工作性质分为原电池、储备电池、蓄电池和燃料电池。

原电池又称一次电池，是指电池放电后不能用简单的充电方法使活性物质复原而继续使用的电池。储备电池是指电池正负极与电解质在储存期间不直接接触，使用前注入电解液或者使用其他方法使电解液与正负极接触，此后电池进入待放电状态。燃料电池又称连续电池，是一种将燃料与氧化剂的化学能通过电化学反应直接转换成电能的发电装置。

蓄电池又称二次电池，是指电池在放电后可通过充电的方法使活性物质复原而继续使用的电池，其基本组成是正极板、负极板和电解质。应用于新能源汽车的动力蓄电池有很多，如铅酸蓄电池、镍镉电池、镍氢电池、锂离子电池等。

化学电池按电解质分为酸性电池、碱性电池、中性电池、有机电解质电池、非水无机电解质电池、固体电解质电池等。

化学电池按正负极材料分为锌锰电池系列、镍镉镍氢系列、铅酸系列、锂电池系列等。

2. 物理电池

物理电池是利用光、热、物理吸附等物理能量发电的电池，如太阳能电池、超级电容器、飞轮电池等。

3. 生物电池

生物电池指将生物质能直接转化为电能的装置，如微生物电池、酶电池、生物太阳电池等。从原理上来讲，生物质能可以直接转化为电能主要是因为生物体内存在与能量代谢关系密切的氧化还原反应。

5.1.2 电池的性能指标

电池作为电动汽车的储能动力源，在电动汽车上发挥着非常重要的作用，要评定电池的实际效应，主要是看电池的性能指标。电池的性能指标主要有电压、容量、内阻、能量、功率、输出效率、自放电率、使用寿命等，根据电池种类不同，其性能指标也有差异。

1. 电压

电压分为端电压、开路电压、额定电压、放电电压、充电终止电压和放电终止电压等。

（1）端电压

电池的端电压是指电池正极与负极之间的电位差。

（2）开路电压

电池在开路状态下的端电压称为开路电压，即电池在没有负载情况下的端电压。

（3）额定电压

额定电压是指电池在标准规定条件下工作时应达到的电压，镍镉电池和镍氢电池的额定电压为1.2V，锂离子电池的额定电压为3.6V。

（4）放电电压

电池的放电电压是指电池接通负载后在放电过程中显示的电压，又称工作电压。在电池放电初始的工作电压称为初始电压。

（5）充电终止电压

蓄电池充足电时，极板上的活性物质已达到饱和状态，再继续充电，电池的电压也不会上升，此时的电压称为充电终止电压。镍镉电池的充电终止电压为1.75~1.8V，镍氢电池的充电终止电压为1.5V，锂离子电池的充电终止电压为4.25V。

（6）放电终止电压

放电终止电压是指电池在一定标准所规定的放电条件下放电时，电池的电压将逐渐降低，当电池再不宜继续放电时，电池的最低工作电压称为终止电压。如果电压低于放电终止电压后电池继续放电，电池两端电压会迅速下降，形成深度放电。这样，极板上形成的生成物在正常充电时就不易再恢复，从而影响电池的寿命。放电终止电压和放电率有关，放电电流直接影响放电终止电压。在规定的放电终止电压下，放电电流越大，电池的容量越小。镍镉电池的放电终止电压一般在1.0~1.1V，镍氢电池的放电终止电压一般规定为1V，锂离子电池的放电终止电压为3.0V。

2. 容量

电池在一定的放电条件下所能放出的电量称为电池的容量。常用单位为安培·小时（A·h），它等于放电电流与放电时间的乘积。电池的容量可以分为理论容量、实际容量、标称容量和额定容量等。

（1）理论容量

理论容量是把活性物质的质量按法拉第电磁感应定律计算而得到的最高理论值。为了比较不同系列的电池，常用比容量的概念，即单位体积或单位质量电池所能给出的理论电量，单位为A·h/L或A·h/kg。

（2）实际容量

实际容量是指电池在一定条件下所能输出的电量，它等于放电电流与放电时间的乘积，单位为A·h，其值小于理论容量。

实际容量反映了电池实际存储电量的大小，电池容量越大，电动汽车的续驶里程就越远。在使用过程中，电池的实际容量会逐步衰减。国家标准规定：新出厂的电池实际容量大于额定容量值为合格电池。

（3）标称容量

标称容量是用来鉴别电池的近似安时数。

（4）额定容量

额定容量也称保证容量，是按国家或有关部门颁布的标准，保证电流在一定的放电条件下应该放出的最低限度的容量。

按照IEC标准和国家标准，镍镉和镍氢电池在（20±5）℃条件下，以0.1C充电16h后以0.2C放电至1.0V时所放出的电量为电池的额定容量，以C表示；锂离子电池在常温、恒流（1C）、恒压（4.2V）条件下充电3h后再以0.2C放电至2.75V时所放出的电量为电池的额定容量。

（5）荷电状态

荷电状态（SOC）是电池在一定放电倍率下，剩余电量与相同条件下额定容量的比值。反映电池容量的变化。SOC=1即表示电池充满状态。随着电池的放电，电池的电荷数逐渐减少，此时电池的充电状态，可以用SOC的百分数的相对量来表示电池中电荷的变化状态。一般电池放电高效率区为（50%~80%）SOC。

3. 内阻

电池的内阻是指电流流过电池内部时所受到的阻力。电池内阻越大，电池自身消耗掉的能量越多，电池的使用效率越低。内阻很大的电池在充电时发热很厉害,使电池的温度急剧上升,对电池和充电器的影响都很大。随着电池使用次数的增多,由于电解液的消耗及电池内部化学物质活性的降低,电池的内阻会有不同程度的升高。

4. 能量

电池的能量是指在一定放电制度下,电池所能输出的电能,单位是 W·h 或 kW·h。它影响电动汽车的行驶距离。

(1) 理论能量

理论能量是电池的理论容量与额定电压的乘积,指一定标准所规定的放电条件下,电池所输出的能量。

(2) 实际能量

实际能量是电池实际容量与平均工作电压的乘积,表示在一定条件下电池所能输出的能量。

(3) 比能量

比能量也称质量比能量,是指电池单位质量所能输出的电能,单位是 W·h/kg。常用比能量来比较不同的电池系统。电池的比能量是综合性指标,它反映了电池的质量水平。电池的比能量影响电动汽车的整车质量和续驶里程,是评价电动汽车的动力电池是否满足预定的续驶里程的重要指标。

(4) 能量密度

能量密度也称体积比能量,是指电池单位体积所能输出的电能,单位是 W·h/L。

5. 功率

电池的功率是指电池在一定放电制度下,单位时间内所输出能量的大小,单位为 W 或 kW。电池的功率决定了电动汽车的加速性能和爬坡能力。

(1) 比功率

单位质量电池所能输出的功率称为比功率,也称质量比功率,单位为 W/kg 或 kW/kg。

(2) 功率密度

单位体积电池所能输出的功率称为功率密度,也称体积比功率,单位为 W/L 或 kW/L。

6. 自放电率

自放电率指电池在存放时间内,在没有负荷的条件下自身放电,使得电池容量损失的速度,自放电率用单位时间(常用天、月计算)内电池容量下降的百分数来表示。

7. 放电倍率(放电率)

放电速率一般用电池在放电时的时间或放电电流与额定电流的比例来表示。

(1) 放电时率:电池以某种电流强度放电直到电池的电压降低到终止电压时,所经过的放电时间。

(2) 放电倍率:电池的放电电流值与电池额定容量数值的比值。比如,电池额定容量 C=6.5A·h,若以 6.5A 放电电流放电,放电倍率为 1,放电电流为 1C;若以 3.25A 放电电流放电,放电倍率为 0.5,放电电流为 0.5C。

8. 使用寿命

动力蓄电池的寿命通常用使用时间或循环寿命来表示。动力蓄电池经历一次充电和放电过程称为一个循环或一个周期。在一定的放电条件下,当动力蓄电池的容量下降到某规定的限值时,动力蓄电池所能承受的充放电循环次数称为动力蓄电池的循环寿命。

不同类型的动力蓄电池，其循环寿命有所不同。对于某种类型的动力蓄电池，其循环寿命与充电和放电电流的大小、动力蓄电池的温度、放电的深度等均有关系。

5.1.3 电动汽车对动力电池的要求

电动汽车对动力电池的要求主要有：

（1）比能量高。为了提高电动汽车的续驶里程，要求电动汽车上的动力电池尽可能储存多的能量，但电动汽车又不能太重，其安装电池的空间也有限，这就要求电池具有高的比能量。

（2）比功率大。为了能使电动汽车在加速行驶、爬坡能力和负载行驶等方面与燃油汽车相竞争，就要求电池具有高的比功率。

（3）循环寿命长。循环寿命越长，则电池在正常使用周期内支撑电动汽车行驶的里程数就越多，有助于降低车辆使用期内的运行成本。

（4）均匀一致性好。对于电动汽车而言，电池组的工作电压大多均应达到数百伏，这就要求至少有几十到上百块电池串联。为达到设计容量要求，有时甚至需要更多的单体并联。由于电池组的使用性能会受到性能最差的某些单节电池的制约，因此设计上要求各电池单体在容量、内阻、功率特性和循环特性等方面具有高度的均匀一致性。

（5）高低温性能好、环境适应性强。电动汽车作为一种交通工具，要求电池既要在北方冬天极冷的气温下，又要在南方夏天炎热环境中长期稳定地工作。在最恶劣的气候条件下，电池的工作温度可能要从-40℃变到60℃，甚至80℃。因此，要求电池具有良好的高低温特性。

（6）安全性好。能够有效避免因泄漏、短路、撞击、颠簸等引起的起火或爆炸等危险事故发生，确保汽车在正常行驶或非正常行驶过程中的安全。

（7）价格低廉。包括材料来源丰富，电池制造成本低，以降低整车价格，提高电动汽车的市场竞争力。

（8）绿色、环保。要求电池制作的材料与环境友好、无二次污染，并可再生利用。

5.2 铅酸蓄电池

任务解析

铅酸蓄电池经过100多年的发展，技术成熟，成本比镍氢蓄电池和锂离子蓄电池低得多。早期铅酸蓄电池主要作为内燃机汽车的启动电源，为汽车的起动机提供"启动电流"。常规铅酸蓄电池主要存在比能量低、所占质量和体积较大、一次充电续驶里程较短、自放电率高、循环寿命低的缺点。

任务学习

随着铅酸蓄电池技术的不断发展，尤其是阀控铅酸蓄电池的比能量、比功率、使用寿命和快速充电性能等都高于普通铅酸蓄电池。目前各种改进性能的铅酸蓄电池应用于低速电动汽车和低端混合动力汽车。

5.2.1 铅酸蓄电池的基本概念

1. 定义

铅酸蓄电池是指电极主要由铅及其氧化物制成,电解液是硫酸溶液的一种蓄电池。放电状态下,其正极主要成分为二氧化铅,负极主要成分为铅,充电状态下,正负极的主要成分均为硫酸铅。

2. 分类

铅酸蓄电池分为免维护铅酸蓄电池和阀控密封式铅酸蓄电池。

(1) 免维护铅酸蓄电池

免维护铅酸蓄电池由于自身结构上的优势,电解液的消耗量非常小,在使用寿命内基本不需要补充蒸馏水。它具有耐震、耐高温、体积小、自放电小的特点。使用寿命一般为普通铅酸蓄电池的两倍。市场上的免维护铅酸蓄电池也有两种:一种是在购买时一次性加电解液以后使用中不需要添加补充液;另一种是电池本身出厂时就已经加好电解液并封死,用户根本就不能加补充液。

(2) 阀控密封式铅酸蓄电池

阀控密封式铅酸蓄电池在使用期间不用加酸,需要加水维护。该电池为密封结构,不会漏酸,也不会排酸雾,电池盖子上设有溢气阀(也称安全阀),该阀的作用是当电池内部气体量超过一定值,即当电池内部气压升高到一定值时,溢气阀自动打开,排出气体,然后自动关闭,防止空气进入电池内部。

阀控密封式铅酸蓄电池分为 AGM 和 GEL(胶体)电池两种。AGM 采用吸附式玻璃纤维棉(absorbed glass mat)作隔膜,电解液吸附在极板和隔膜中,电池内无流动的电解液,电池可以立放工作,也可以卧放工作;胶体(GEL)以二氧化硅作凝固剂,电解液吸附在极板和胶体内,一般立放工作。如无特殊说明,阀控密封式铅酸蓄电池皆指 AGM 型电池。

3. 铅酸蓄电池的特点

(1) 铅酸蓄电池的优点

1) 价格低廉。原材料容易得到而且价格便宜,技术成熟,生产方便,产品一致性好。
2) 比功率高。铅酸蓄电池电动势高,大电流放电性能优良,可以满足车辆启动和加速的功率要求。
3) 易于浮充使用,没有"记忆"效应。
4) 使用安全。铅酸蓄电池易于识别电池荷电状态,可在较宽的温度内使用,而且电性能稳定可靠。

(2) 铅酸蓄电池的缺点

1) 比能量低,在电动汽车中所占的质量和体积较大,一次充电行驶里程短。
2) 循环寿命短。
3) 自放电,过充电时有大量气体产生。
4) 供电不稳定。供电强弱随温度而变化,冬天只能释放一半的电量。
5) 铅是重金属,存在污染。

5.2.2 铅酸蓄电池的结构

铅酸蓄电池都是由正极板、负极板、隔板、电解液、外壳、极柱和排气阀等主要部件构成的,如图 5-2-1 所示。每个单体电池的标称电压为 2V,故一个 6V 或 12V 启动型铅酸蓄电池一般由 3 个或 6 个单体电池串联构成。由若干单体电池串联组成蓄电池总成,可以满足汽车用电设备的需要。

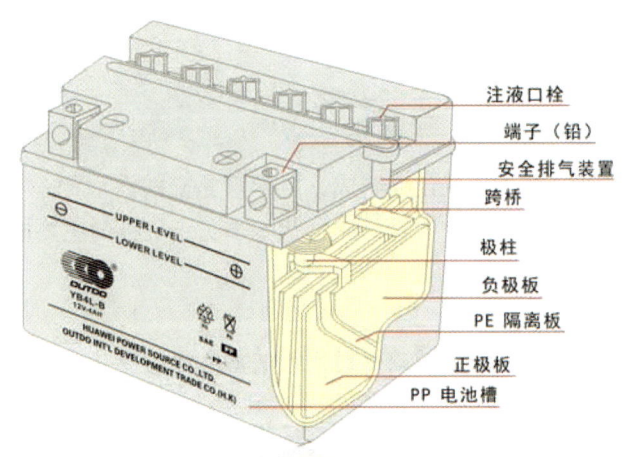

图 5-2-1 铅酸蓄电池的基本结构

1. 极板组

极板组是电池的核心部分，它的作用是接收充入的电能和释放向外的电能。极板分正极板和负极板两种。蓄电池的充放电过程是靠极板上的活性物质与电解液的电化学反应来实现的。极板由栅架和活性物质组成。

栅架的作用是容纳活性物质并使极板形成，活性物质是进行电化学反应的主要成分。经过化成处理（正、负极板上的活性物质的转化过程称为化成处理）后，正极板上的活性物质多为孔性的二氧化铅（PbO_2），呈红棕色。负极板上的活性物质为海绵状纯铅（Pb），呈灰青色。

2. 隔板

隔板的主要作用是：隔离正、负极板，防止正、负极板短路，使电池结构紧凑；隔板是电解液的载体，能吸收大量电解液，同时隔膜上存在大量微孔，以保证电解液中的正负离子顺利通过；具有正极板产生的氧气到达负极板的通道，以便顺利进行氧循环，减少水的损失；阻缓与隔离脱落的正、负极活性物质；防止正、负极板因振动而产生损伤。

隔膜可由 PVC、PE 塑料、微孔橡胶或玻璃纤维棉等制成。密封阀控式铅酸蓄电池的隔膜多采用吸附式玻璃纤维棉（Absorbed Glass Mat，AGM），电解液吸附在极板和隔膜中，电池内无流动的电解液。电池工作时，可立放，也可卧放。要求 AGM 隔膜材料具有如下特征：优良的耐酸性和抗氧化能力；厚度均匀一致，无针孔，无机械杂质；材料孔径小、孔率高；优良的吸附性能，保留电解液的能力强；电阻小；具有一定的强度；杂质少，尤其是铁、铜的含量低。

3. 电解液

电解液又称电解质。它的作用是形成电离，促使极板活性物质电离产生电化学反应。电解液是用专业的蓄电池用硫酸与铅酸蓄电池用蒸馏水按一定的比例配制而成的。一般汽车用的铅酸蓄电池采用的电解液是密度为（1.280±0.01）g/cm³（25℃）的稀硫酸。

电解液的相对密度对电池的性能和使用寿命影响很大，为了提高蓄电池的容量和降低电解液冰点，需要电解液密度大些。但是密度过大，导致黏度增加，反而会降低蓄电池的容量。所以电解液必须符合标准相对密度。

一般温度每变化 1℃，相对密度变化值为 0.0007。电解液温度升高，相对密度减小，温度下降，相对密度增大。因此，温度是确定电解液相对密度值的前提。世界各国规定了电解液的标准温度，我国规定为 15℃，日本规定为 20℃，欧美国家规定为 25℃ 和 30℃。

4. 外壳

蓄电池的外壳是用于盛装极板组和电解液的，外形为立方体，内部一般分隔成互不相通的 3 个或 6 个单体电池槽，顶沿四周有与池盖相连接的特制封沟，壳内底部有凸筋，用以支撑极板组，如图 5-2-2 所示。

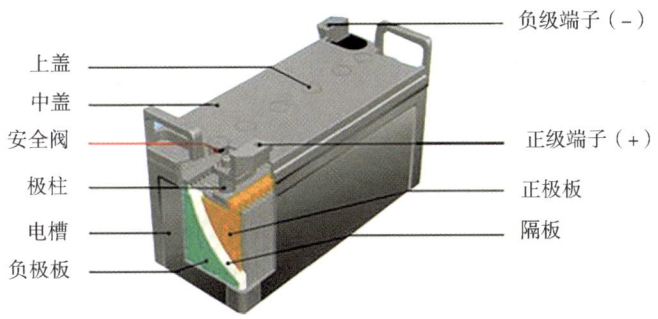

图 5-2-2　蓄电池外壳

制造外壳的材料一般有硬橡胶、聚丙烯塑料两种。采用硬橡胶制成的外壳具有耐酸、耐热、耐寒、耐震、绝缘性能好且具有一定的机械强度等优点，但壳体壁较厚，一般为 10mm；采用聚丙烯塑料制成的外壳不仅耐酸、耐热、耐震，而且强度高、韧性好、质量小，壳体壁较薄，一般为 3.5mm，外形美观透明，塑料壳体易于热封合，生产效率高，已成为一种发展趋势。

单格电池的加液孔盖都设有一个通气小孔，用于在蓄电池充电时及时排出因电解水而产生的氢气和氧气，以防止气体集聚而使其内部压力升高，造成胀裂容器甚至产生爆炸事故。此外，还可以在孔盖上安装氧过滤器，还可以减少水蒸气的溢出，减少水的损耗。

5. 安全阀

安全阀是阀控蓄电池的一个关键部件，安全阀质量的好坏直接影响蓄电池的使用寿命、均匀性和安全性。根据有关标准和阀控电池的使用情况，安全阀应满足如下技术条件：单向开阀；单向密封，可防止空气进入蓄电池内部；同一组蓄电池各安全阀之间的开闭压力之差不应超过平均值的 20%；使用寿命不应低于 15 年；滤酸，可防止酸和酸雾从安全阀排气口排出；隔爆，蓄电池外部遇明火时蓄电池内部不应引爆；抗震，在运输和使用期间，安全阀不会因振动和多次开闭而松动失效；耐酸、耐高温、耐低温。

5.2.3　铅酸蓄电池的工作原理

铅酸蓄电池的放电和充电的反应过程，是铅酸蓄电池活性物质可逆进行的化学变化过程，可用下列化学方程式表达：

$$PbO_2 + 2H_2SO_4 + Pb \rightleftharpoons PbSO_4 + 2H_2O + PbSO_4$$

正极　电解质　负极　　正极　　　　负极

放电过程，化学反应由左向右进行，充电过程由右向左。

1. 放电过程

铅酸蓄电池使用时，把化学能转化为电能的过程称为放电。放电时，蓄电池正极的还原反应为：

$$PbO_2 + 4H^+ + 2e^- \longrightarrow Pb^{2+} + 2H_2O$$

蓄电池负极的氧化反应为：

$$Pb \longrightarrow Pb^{2+}+2e^-$$

由于有电解质硫酸的存在，铅离子（Pb^{2+}）立即生成难溶解的硫酸铅（$PbSO_4$）。

2. 充电过程

在电池使用后，借助直流电在电池内进行化学反应，把电能转化为化学能而储蓄起来的过程称为充电。充电时，蓄电池正极的氧化反应为：

$$PbSO_4+2H_2O \longrightarrow PbO_2+4H^++SO_4^{2-}+2e^-$$

蓄电池负极的还原反应为：

$$PbSO_4+2e^- \longrightarrow Pb+SO_4^{2-}$$

随着电流的通过，硫酸铅（$PbSO_4$）在负极上变成蓬松的金属铅，在正极上变成黑褐色的二氧化铅（PbO_2），溶液中有硫酸（H_2SO_4）生成。

蓄电池充电的时候，随着电池端电压的升高，水开始被电解，当电池电压达到约2.39V/单体时，水的电解不可忽视。水电解时正极和负极的化学反应式为：

$$H_2O \longrightarrow 1/2O_2+2H^++2e^-, \quad 2H^++2e^- \longrightarrow H_2$$

正极给出电子，负极得到电子，从而形成了回路电流。端电压越高，电解水也越激烈，此时充入的大部分电荷参加水电解，形成活性物质很少。

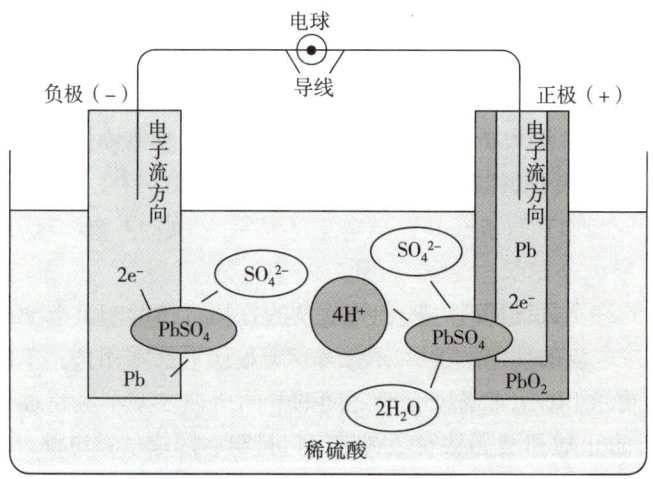

图 5-2-3 蓄电池充、放电工作过程

5.2.4 铅酸蓄电池的充放电特性

1. 放电特性

在铅酸蓄电池不放电的情况下，蓄电池中的活性物质微孔中的电解液硫酸的密度与极板外的电解液密度相同。铅酸蓄电池开始放电，活性物质表面的电解液密度立即下降，而极板外的电解液是缓慢地向活性物质表面扩散，不能立即补偿活性物质表面电解液的密度。随着放电过程的进行，活性物质表面的电解液密度继续下降，结果导致蓄电池的端电压下降，如图 5-2-4 中的 AB 段。

蓄电池继续放电，在活性物质表面的电解液浓度下降的同时，极板外的电解液向活性物质表面扩散，补充了活性物质表面的电解液的浓度并保持了一定的浓度，活性物质表面的电解液的浓度变化缓慢，使蓄电池的端电压也随即保持稳定，如图 5-2-4 中的 BC 段。

蓄电池继续放电，极板外的电解液的整体浓度也逐渐降低，在活性物质表面的电解液的浓度也随之降低。又由于电解液和活性物质被消耗，其作用面积也不断地减小，结果蓄电池的端电压也随着下降，如图 5-2-4 中的 CD 段。在放电末尾阶段，正、负电极上的活性物质逐渐转变为硫酸铅，硫酸铅的生成使活性物质孔隙率降低，活性物质与硫酸的接触更加困难，并且由于硫酸使不良导体蓄电池的内阻增加。当蓄电池的端电压达到 D 点后，蓄电池的端电压急剧下降达到所规定的终止电压。

蓄电池的放电与放电电流有密切关系，大电流放电时，蓄电池的电压下降明显，平缓部分缩短，曲线的斜率也很大，放电时间缩短；随着放电电流的减小，蓄电池的电压呈下降趋缓，曲线也较平缓，放电时间延长。这种放电特性对蓄电池的正确使用有重要的意义。

2. 充电特性

在蓄电池充电开始后，首先活性物质表面的硫酸铅转变为铅，并在活性物质表面附近生成硫酸，蓄电池的端电压迅速地上升如图 5-2-5 中的 AB 段。

当达到 B 点以后，活性物质表面和微孔内的硫酸浓度平缓地增加，蓄电池的端电压上升也比较缓慢，如图 5-2-5 中的 BC 段。随着充电过程继续进行，达到充电量的 90% 左右，反应的极化增加，蓄电池的端电压明显地再次上升，如图 5-2-5 中的 CD 段，当蓄电池的端电压达到 D 点，蓄电池的两极开始大量析出气体。超过 D 点以后进行的电解过程，蓄电池的端电压又达到一个新的稳定值。

蓄电池充电还受到充电电流条件的影响，充电电流越大，活性物质的反应越快，反应生成的硫酸速度快，浓度增加快，蓄电池的端电压上升越快。一般来说，用较大的电流来充电时，固然可以加快充电过程，但能量的损失也大，在充电终期大部分的电能用于产生热量和分解水。另外用较大的电流来充电时，在电极上的电流的分布也愈加不均匀，电流分布多的部分活性物质的反应愈快，电流分布少的部分活性物质不能充分转化。所以，在蓄电池充电的后期应减小充电电流。另外，蓄电池充电时蓄电池端电压随充电时电流强度的变化而变化，电流强度大，蓄电池端电压也高；电流强度小，蓄电池端电压也较低。

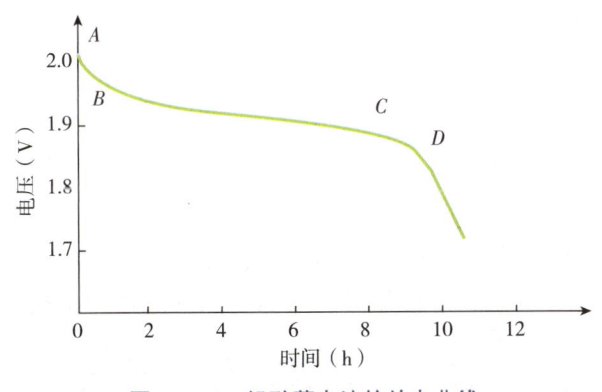

图 5-2-4 铅酸蓄电池的放电曲线

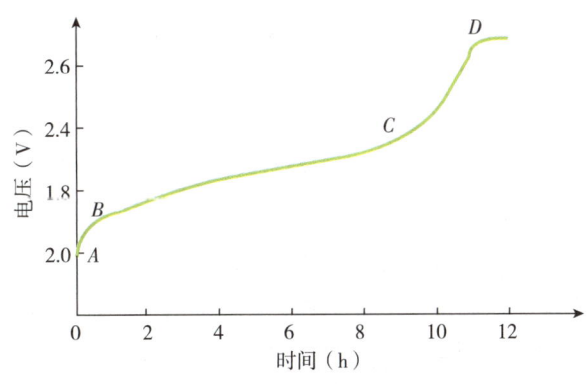

图 5-2-5 铅酸蓄电池的充电曲线

5.3 镍氢电池

任务解析

与铅相比，镍是较轻的金属，并且具有很好的符合蓄电池应用的电化学特性。常见的镍基蓄电池有四种：镍-铁、镍-锌、镍-镉和镍-金属氢化物，镍氢蓄电池是镍基电池中较成功的一类。镍氢电池是

20世纪90年代发展起来的一种新型绿色电池,具有高能量、长寿命、无污染等特点,因而成为世界各国竞相发展的高科技产品之一。

> 📖 任务学习

相对铅酸蓄电池,镍氢电池在能量体积密度方面提高了3倍,在比功率方面提高了10倍。镍氢电池与镍镉电池有许多相同的特性,但由于无镉,所以不存在金属污染问题,被称为"绿色电池"。目前镍氢电池主要应用于混合动力汽车,丰田Prius、Camry,本田Civic、Insight等都普遍使用镍氢蓄电池作为动力源。

5.3.1 镍氢电池的基本概念

1. 定义

镍氢电池(Ni-MH battery)是一种以镍氢化合物为正极活性物质,以金属氢化物(储氢合金)为负极活性物质,以及碱性电解液(如氢氧化钾)组成的一种蓄电池。镍氢电池是由镍镉电池(Ni-Cd battery)改良而来的,其以能吸收氢的金属代替镉。

2. 分类

按照外形镍氢电池可分为方形镍氢电池和圆形镍氢电池。按照压强,镍氢电池可分为高压镍氢电池和低压镍氢电池。

3. 镍氢电池的特点

(1)镍氢电池的优点

1)功率性能好。镍氢电池内部使用了大量的金属材料,导电性能良好,可以适应大功率放电。

2)低温性能好。采用无机电解液体系,低温性能相对比锂系列电池好。

3)循环寿命长。

4)绿色环保,无铅、镉等对人体有害金属的污染。

5)耐过充、过放电能力较强。

(2)镍氢电池的缺点

1)电池的热效应。镍氢电池在电动汽车应用中遇到的主要问题为热问题。主要原因有两个:一是镍氢电池本身的充电反应是一个放热反应;二是充电效率低,充电量超过80%后,副反应速度很快增加,产热速度迅速上升。

2)蓄电池比能量较低。比能量虽然是铅酸电池的2~3倍,但与锂系列电池相比较,相差较大。

3)标称电压低。标称电压为1.2V,若用来组合成数百伏的车用动力电源系统,就需要更多的电池串联,对蓄电池的一致性、可靠性要求更高。

4)对温度敏感,温度对放电电压和容量有较大影响。

5)自放电大。在常用的铅酸、镍氢、锂系列动力蓄电池中,镍氢电池的自放电是比较大的。

6)材料成本高。镍氢电池中使用了大量较贵重的金属如镍、钴等,电池原材料成本比较高。

5.3.2 镍氢电池的结构

镍氢电池主要由正极、负极、极板、隔膜、碱性电解液、外壳等组成。镍氢电池正极是活性物质氢氧化镍，负极是储氢合金，用氢氧化钾作为电解质，在正负极之间有隔膜，共同组成镍氢单体电池。在金属铂的催化作用下，完成充电和放电的可逆反应。

镍氢电池的极板有发泡体和烧结体两种，发泡体极板的镍氢电池在出厂前必须进行预充电，且放电电压不能低于0.9V，工作电压也不太稳定，特别是在存放一段时间后，会有近20%的电荷流失，老化现象比较严重。为避免发泡镍氢电池老化所造成的内阻增高，镍氢电池在出厂前必须进行预充电。经过改进的烧结体极板的镍氢电池，其烧结体极板本身就是活性物质，不需要进行活性处理，也不需要进行预充电，电压平衡、稳定，具有低温放电性能好、不易老化和寿命长的优点。如图5-3-1所示为方形镍氢电池结构和圆柱形镍氢电池结构。

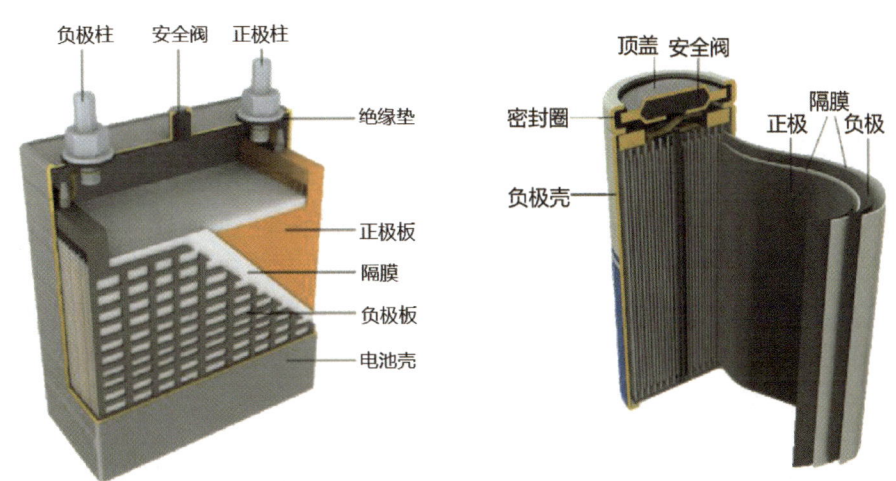

图 5-3-1　方形镍氢电池和圆柱形镍氢电池结构

5.3.3　镍氢电池的工作原理

镍氢蓄电池的工作原理如图5-3-2所示，镍氢电池的放电和充电的反应过程，可用下列化学方程式表达：

$$Ni(OH)_2 + M \rightleftharpoons NiOOH + MH$$
$$\text{正极\quad 负极\quad 正极\quad 负极}$$

充电过程时化学反应由左向右进行，放电过程由右向左。

1. 充电过程

充电时，镍氢电池正极的反应为：

$$Ni(OH)_2 - e^- + OH^- \longrightarrow NiOOH + H_2O$$

镍氢电池负极的反应为：

$$2MH + 2e^- \longrightarrow 2M + H_2$$

2. 放电过程

放电时，镍氢电池正极的反应为：

$$NiOOH + H_2O + e^- \longrightarrow Ni(OH)_2 + OH^-$$

镍氢电池负极的反应为：

$$2M + H_2 \longrightarrow 2MH + 2e^-$$

上述反应中M表示储氢合金，MH为金属氢化物，其中的H为吸附氢。

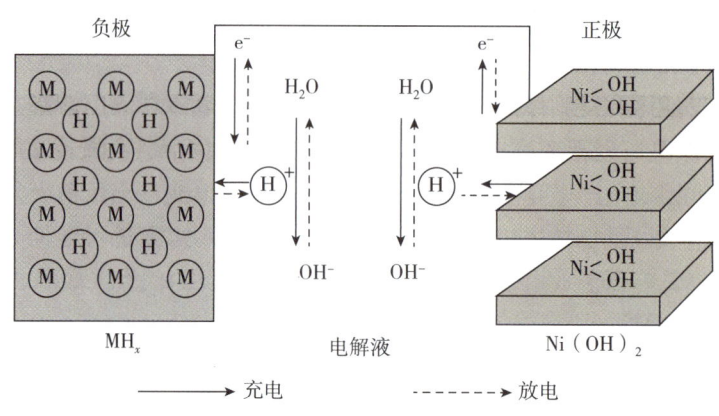

图 5-3-2 镍氢蓄电池的工作原理

3. 过充、过放性能

镍氢蓄电池具有良好的耐过充、过放性能。镍氢蓄电池同铅酸蓄电池一样，采用负极活性物质过量的设计。过充电时，正极活性物质 Ni（OH）$_2$ 消耗尽，继续充电正极发生水的电解反应生成 O_2。O_2 通过隔膜扩散到负极上去，极化反应生成 OH^- 离子。既保证了电池内部压力的恒定，又使电解质浓度不会发生太大变化。过充电时，正、负极的化学反应式为：

$$正极：4OH^- - 4e^- \longrightarrow 2H_2O + O_2$$
$$负极：2H_2O + O_2 + 4e^- \longrightarrow 4OH^-$$

过放电时，正极活性物质 NiOOH 消耗尽，此时正极的 H_2O 被还原为 H_2 和 OH^-。同时在负极储氢金属的催化作用下，H_2 扩散到负极与 OH^- 结合生成 H_2O。因此，过放电时，镍氢蓄电池正、负极总反应的净结果为零，保持了电池体系的稳定。过放电时，正、负极的化学反应式为：

$$正极：2H_2O + 2e^- \longrightarrow 2OH^- + H_2$$
$$负极：H_2 + 2OH^- - 2e^- \longrightarrow 2H_2O$$

5.3.4 镍氢电池的充放电特性

1. 充电特性

镍氢蓄电池单体的充电特性曲线如图 5-3-3 所示。开始充电时，由于电池内阻产生压降，电池电压迅速上升；随后电池开始接受电荷，电池 SOC 从 40% 上升到 80% 时，电池端电压上升趋势缓慢；当电池接近充满时，水发生电解反应，电解液中开始产生气泡，聚集在极板表面，导致极板的有效接触面积减小，电池内阻增加，电池电压上升较快。若继续充电，虽然产生的 O_2 能够很快被负极化合，但由于电池温度迅速升高，使电池电压下降，故电压曲线在充电终了时出现峰值。

常温下，充电电压表现为充电电流的强函数，特别是当 SOC 超过 80% 时，图 5-3-4 所示为 20℃ 时，不同充电电流下电池电压与 SOC 关系曲线。由此可以看出，充电电流越大，充电电压越高，越早达到充电截止电压，充入电池的电量越少，充电效率越低。

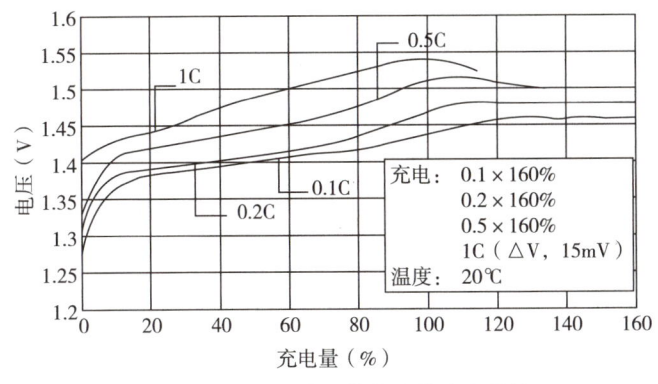

图 5-3-3　单体镍氢蓄电池的充电特性

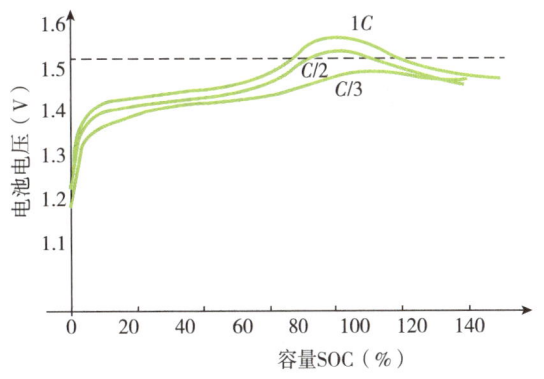

图 5-3-4　20℃时不同充电电流下电池电压与 SOC 曲线

2. 放电特性

图 5-3-5 所示为不同放电倍率下镍氢蓄电池的放电特性。可以看出，开始放电时，电池电压迅速下降，随后呈缓慢下降趋势；接近放电终止时，放电电压又急剧下降。此外，电池电压与放电电流密切相关：放电电流越大，相同容量下的放电电压越低，越早达到放电终止电压，放电速度越快，放出的电量越小。

3. 温度特性

镍氢蓄电池的充放电特性受温度影响较为明显，图 5-3-6 所示为不同温度下的充电电压。可以看出，环境温度越高，电池充电电压越低，能够充入的电量越小，即充电效率越低。在不同环境温度下，电池在接近充电终了时，电池电压升高，当充电电量达到额定容量时，电池电压达到峰值。随后，由于电池发热，电池电压又出现下降。

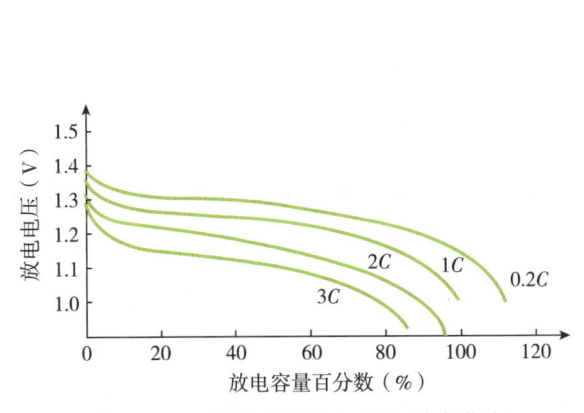

图 5-3-5　电池常温下不同倍率放电曲线

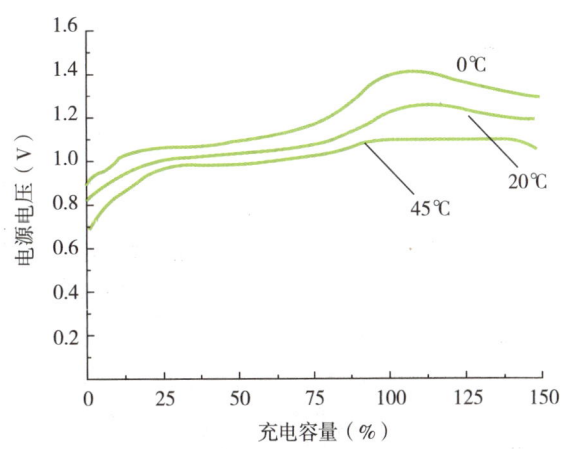

图 5-3-6　镍氢蓄电池不同温度下的充电电压

图 5-3-7 所示为镍氢蓄电池在不同温度下的放电特性。由图 5-3-7（a）可知，在 -20~20℃ 范围内，温度越高，电池放电电压越高。但若温度过高，又会导致电池放电电压急剧降低。镍氢蓄电池 -20℃时的电池容量比 20℃时低 40%。正是由于这种放电时的温度特性，混合动力驱动系统在使用镍氢蓄电池时，通常需要安装温度控制系统，如低温环境时需使用加热器，高温环境时需使用冷却装置。

由图 5-3-7（b）可知，小电流放电时，温度对电池放电量的影响并不突出。放电电流越大，温度对电池放电量的影响越为明显，尤其是低温放电时（0℃以下），电池放电容量显著下降。

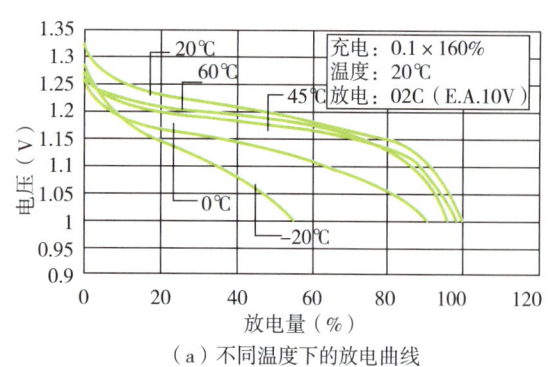
(a)不同温度下的放电曲线

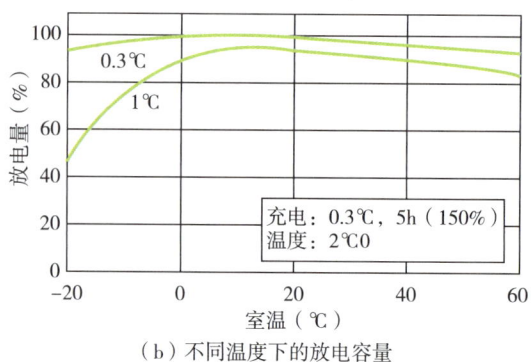
(b)不同温度下的放电容量

图 5-3-7　镍氢蓄电池不同温度下的放电特性

5.4　锂离子电池

任务解析

锂离子电池是1990年由日本索尼公司首先推向市场的新型高能蓄电池。与其他蓄电池比较，锂离子电池具有电压高、比能量高、充放电寿命长、无记忆效应、无污染、快速充电、自放电率低、工作温度范围宽和安全可靠等优点，它已成为电动汽车较为理想的动力电源。

任务学习

5.4.1　锂离子电池的基本概念

1. 定义

锂离子电池是一种二次电池（充电电池），它主要依靠锂离子在正极和负极之间的移动来工作。

2. 分类

按照锂离子蓄电池外形形状，可以分为：方形锂离子蓄电池、圆柱形锂离子蓄电池。按照锂离子蓄电池正极的材料不同，可以分为：锰酸锂离子蓄电池、磷酸铁锂离子蓄电池、镍钴锂离子蓄电池或镍钴锰锂离子蓄电池。

3. 特点

锂离子蓄电池的优点主要表现在如下几方面：

（1）工作电压高。锂离子蓄电池的工作电压为3.6V，是镍氢和镍镉电池的3倍。

（2）比能量高。锂离子蓄电池的比能量已达到150W·h/kg，是镍镉电池的3倍，是镍氢蓄电池的1.5倍。

（3）循环寿命长。目前锂离子蓄电池的循环寿命已达1000次以上，在低放电深度下可达几万次。

（4）自放电率低。锂离子蓄电池的月自放电率仅为6%~8%，远低于镍镉电池（25%~30%）和镍氢蓄电池（15%~20%）。

（5）无记忆性。可根据要求随时充电，而不会降低电池性能。

（6）环保锂离子电池中不存在有害物质，是名副其实的"绿色电池"。

锂离子蓄电池也存在一些不足，主要表现在以下几点：

（1）成本高。主要是正极材料价格高，但按单位瓦时的价格来计算，已经低于镍氢蓄电池，与镍镉电池持平，但高于铅酸蓄电池。

（2）对过充电和过放电非常敏感，特别是当串联的电池单体出现不平衡时，这种敏感现象更为明显。因此锂离子蓄电池必须有特殊的保护电路，以防止过充电。

（3）存在自燃的潜在可能。

5.4.2 锂离子电池的结构

锂离子蓄电池由正极材料、负极材料、电解液、隔膜和安全阀等组成，如图5-4-1所示。其中正、负极材料的选择和质量直接决定锂离子蓄电池的性能与价格。负极材料一般选用碳材料，目前已比较成熟；正极材料的开发已经成为制约锂离子蓄电池性能提高、价格降低的重要因素。

1. 正极材料

正极物质在锰酸锂离子电池中以锰酸锂为主要原料，在磷酸铁锂离子电池中以磷酸铁锂为主要原料，在镍钴锂离子电池中以镍钴锂为主要材料，在镍钴锰锂离子电池中以镍钴锰锂为主要材料。在正极活性物质中再加入导电剂、树脂黏合剂，并涂覆在铝基体上，呈细薄层分布。

2. 负极材料

负极活性物质是由碳材料与黏合剂的混合物再加上有机溶剂调和制成糊状，并涂覆在铜基上，呈薄层状分布。活性物质常用石墨，或近似石墨结构的碳。

3. 隔膜

隔膜的主要作用是使蓄电池的正、负极分隔开来，防止两极接触而短路，此外还具有能使电解质离子通过的功能。锂离子蓄电池隔膜具有大量曲折贯通的微孔，能够保证电解质离子自由通过形成充、放电回路；而在蓄电池过度充电或者温度升高时，隔膜通过闭孔功能将蓄电池的正极和负极分开以防止其直接接触而短路，达到阻隔电流传导，防止蓄电池过热甚至爆炸的作用。

4. 电解液

电解液在锂蓄电池正、负极之间起到传导电子的作用，是锂离子蓄电池获得高电压、高比能等优点的保证。电解液一般由高纯度的有机溶剂、电解质锂盐、必要的添加剂等原料，在一定条件下、按一定比例配制而成。

锂蓄电池主要使用的电解质有高氯酸锂、六氟磷酸锂等。用高氯酸锂制成的蓄电池低温效果不好，有爆炸的危险，在日本和美国已被禁止使用。用含氟锂盐制成的蓄电池性能好、无爆炸危险、适用性强，特别是用六氟磷酸锂制成的蓄电池，除具有上述优点外，其废弃处理工作相对简单。

5. 安全阀

为保证锂离子蓄电池的使用安全性，一般采用控制外部电路或者在电池内部设有异常电流切断的保护装置。锂离子蓄电池在使用过程中会出现因其他原因所引起的电池内压升高，这时安全阀打开释放气体，降低电池内压，防止电池破裂。安全阀是一次性非修复式破裂膜，因此安全阀一旦工作，将保护电池使其停止工作，故安全阀也是锂离子蓄电池的最后一道安全屏障。

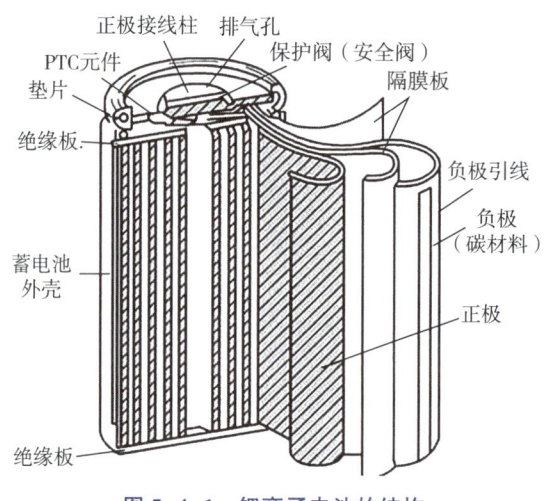

图 5-4-1 锂离子电池的结构

5.4.3 锂离子电池的工作原理

1. 充放电过程

锂离子蓄电池的工作原理如图 5-4-2 所示。当对电池进行充电时，电池的正极上有锂离子脱出，脱出的锂离子经过电解液运动到负极。而作为负极的碳呈层状结构，它有很多微孔，到达负极的锂离子就嵌入到碳层的微孔中，嵌入的锂离子越多，充电容量越高。

放电过程则正好相反，电子和锂离子同时行动：电子从负极经过外电路导体跑到正极；锂离子从晶状体结构负极"脱嵌"进入电解液里，"穿过"隔膜上弯弯曲曲的小洞，"游泳"嵌入正极晶体空隙，与外电路过来的电子结合在一起。

蓄电池的充放电过程实际上是 Li^+ 在两电极之间来回嵌入和脱出的过程，故锂离子蓄电池也称为"摇椅式电池"。由于锂离子蓄电池在正、负极中有相对固定的空间和位置，因此，锂离子蓄电池充、放电反应的可逆性很好。在充放电过程中，锂离子的反应方程式如下：

正极：$LiMO_2 \rightleftharpoons Li_{(1-x)}MO_2 + xLi^+ + xe^-$

负极：$nC + xLi^+ + xe^- \rightleftharpoons Li_xC_n$

总反应：$LiMO_2 + nC \rightleftharpoons Li_{(1-x)}MO_2 + Li_xC_n$

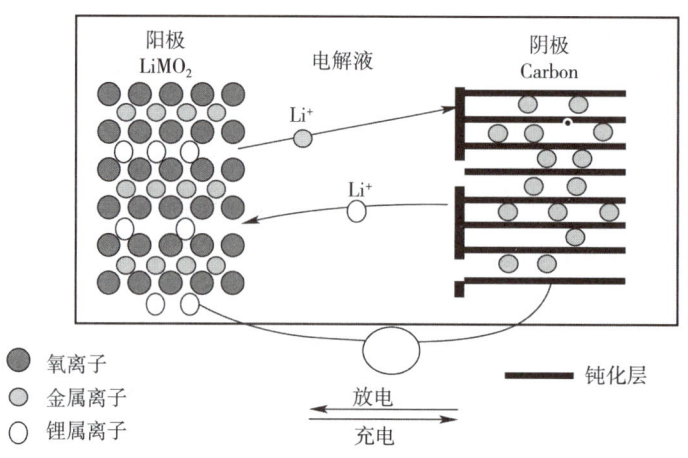

图 5-4-2 锂离子蓄电池工作原理

2. 充放电特性

锂离子蓄电池的充电率（充电电流）应根据蓄电池生产厂的建议选用。虽然某些蓄电池充电率可达2C，但常用的充电率为0.5~1C。在采用大电流对锂离子蓄电池充电时，因充电过程中蓄电池内部的电化学反应会产生热，因此有一定的能量损失，同时必须检测蓄电池的温度以防过热损坏蓄电池或发生爆炸。此外对锂离子蓄电池充电，若全部用恒定电流，虽然可以在一定程度上缩短充电时间，但很难保证蓄电池充满，如果对充电结束控制不当还会造成过充现象。

锂离子蓄电池的最大放电电流一般被限制在2~3C。更大的放电电流会使蓄电池发热严重，对蓄电池的组成物质造成损坏，影响蓄电池的使用寿命。同时，由于大电流放电时，蓄电池的部分能量转换成热能，因此将会造成蓄电池的放电容量降低。在造成过放电（低于3V）时，还会造成蓄电池失效。

锂电池的充电温度一般应该被限制在0~60℃。电池温度过高会损坏电池并可能引起爆炸；温度过低虽不会造成安全方面的问题，但很难将电池充满。由于充电过程中，电池内部将有一部分热能产生，因此在大电流充电时，需要对电池进行温度检测，并且在超过设定充电温度时停止充电以保证安全。

5.4.4 锂离子电池的充电方法

锂离子电池可以采用不同的充电方法，其中最简单的方法是恒压充电。采用恒压充电时，电池电压保持不变，而充电电流将逐渐降低。当充电电流降到低于0.1C时，就认为电池被充分充电了。为了防止有缺陷的电池无休止地进行充电，采用一个备用定时器来终止充电周期。兼顾充电过程的安全性、快速性和电池使用的高效性，锂离子电池通常都采用恒流恒压充电方法，其充电过程可分为预充电、恒流充电、恒压充电三个阶段，如图5-4-3所示。

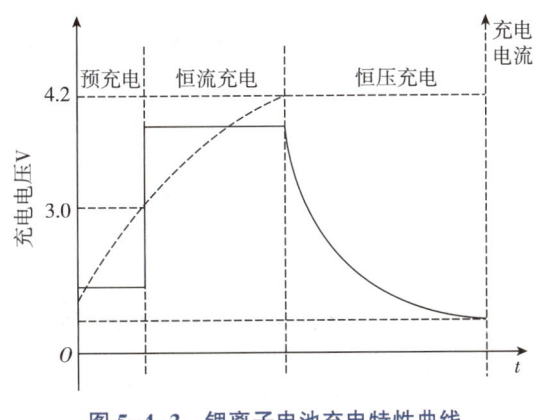

图5-4-3 锂离子电池充电特性曲线

1. 预充电

在该状态下，首先检测单节锂离子电池电压是否较低（<3.0V），如果是则采用涓流充电，即以一个比较小的恒定电流对电池进行充电，直至电池电压上升到一个安全值；否则可省略该阶段，这也是最普遍的情况。预充电主要是完成对过放的锂电池进行修复。

2. 恒流充电

涓流充电后，充电器转入恒流充电状态。该状态下，充电电流保持不变的较大值，电池的最大充电电流决定于电池的容量。

在恒流充电和预充电状态下，通过连续监控电池的电压和温度，可以终止恒流充电。

常用的恒流充电终止法有：电池最高电压终止法，即当单节锂电池电压达到4.2V恒流充电状态应立即终止；电池最高温度终止法，即在恒流充电过程中，当电池的温度达到60℃时，恒流充电状态应立即终止。

3. 恒压充电

恒流充电结束后，则转入恒压充电状态。在该状态下，充电电压保持恒定。因为锂离子电池对充电电压精度的要求比较高，单节电池恒压充电电压应在规定值的1%变化，因此要严格控制锂离子电池的充电电压。在恒压充电过程中，充电器连续监控电池的电压、温度、充电电流和充电时间。

常用的恒压充电终止法有：电池最高电压终止法，即当单节锂离子电池的电压达到4.25V时，恒压充电状态自动终止；电池最高温度终止法，即当锂离子电池的最高温度达到60℃时，恒压充电状态自动终止；最长充电时间终止法，即为了确保锂离子电池安全充电，除了设定最高电压和最高温度外，还应设置最长恒压充电时间，在温度和电压检测失败的情况下，可以保证锂电池安全充电；最小充电电流终止法，即在恒压充电过程中，锂离子电池的充电电流逐渐减小，当充电电流下降到一定数值（通常为恒流充电电流的1/10）时，恒压充电状态自动终止。

5.5 电动汽车的其他储能装置

任务解析

电动汽车续航能力主要由电动汽车的储能装置决定，电动汽车除了使用铅酸电池、镍氢电池、锂电池、氢燃料电池这些动力电池外，还有超级电容器、高速飞轮、锌空气电池、铝空气电池等其他的储能装置。

任务学习

5.5.1 超级电容器

超级电容器简称超级电容，又称为双电层电容器，具有超强的储存电荷的能力，是一种介于蓄电池和普通电容器之间的新型蓄能装置。

1. 超级电容器的工作原理

超级电容的主要组成部件是集电极、电容板、电解质和绝缘层，如图5-5-1所示。

电解质和绝缘层装在两活性炭多孔化电极之间，电荷沿集电极和电解液成对排列，形成双层电容器，这样就扩大了电容器的电荷储存量。当充电电源加在两电极上时，在靠近电极的电介质界面上产生与电极所携带的电荷极性相反的电荷并被束缚在电介质界面上，形成事实上的电容器的两个电极。两个电极的距离非常小，只有几纳米，而活性炭多孔化电极可以获得极大的电极表面积，可以达到200m²/g。因此，超级电容具有极大的电容量，可以储存很大的静电能量。

当两电极板间的电动势低于电解液的氧化还原电极电势时，电解液界面上的电荷不会脱离电解液，超级电容处于正常工作状态（通常在3V以下）。如果电容器两端电压超过电解液的氧化还原电极电位，则电解液将发生分解，处于非正常工作状态。随着超级电容的放电，正、负极板上的电荷被外电路释放，电解液界面上的电荷相应地减少。由此可以看出，超级电容的充、放电过程始终是物理过程，没有化学反应，因而性能较化学蓄电池稳定得多。

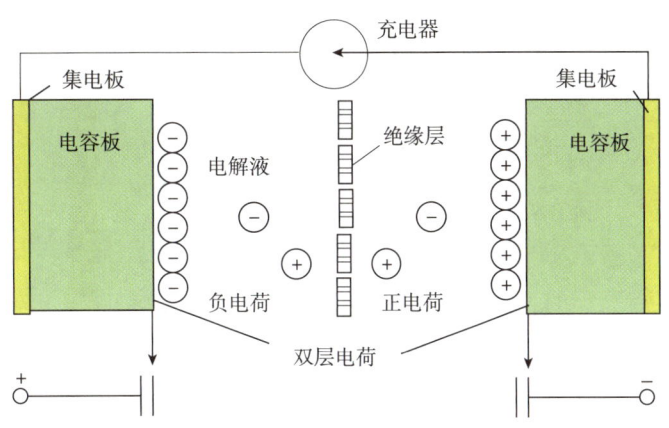

图 5-5-1 超级电容器的工作原理

2. 超级电容器的特点

（1）超级电容器的优点

1）高功率密度，一般为蓄电池的数 10 倍。
2）循环寿命长。至少可充电 10 万次以上，没有"记忆效应"。
3）充电速度快。可用大电流充电，充电 10~600s 即可达到额定容量的 95% 以上。
4）工作温度范围宽。能够在 -40~60℃ 范围内稳定工作。
5）简单方便。充放电线路简单，安全系数高，长期使用免维护，检测方便，剩余电量可直接读出。
6）绿色环保。超级电容在生产过程中不使用重金属和气体有害物质，在生产、使用、存储、拆解过程中没有污染。

（2）超级电容器的缺点

1）线性放电。
2）能量密度低。超级电容可存储的能量密度比化学电池低很多。
3）低电压。超级电容器的单体电压低，需要将多个电容串联使用。
4）高自放电。超级电容的自放电率比化学电池高。

3. 超级电容器的应用

超级电容因其优异的特性在各个领域具有广泛的应用，如作为太阳能、风能发电系统中的永久性储能装置。此外，超级电容在电动汽车、混合动力汽车领域也具有潜在的发展优势。超级电容作为主要的能量存储系统，多作为汽车加速或爬坡时的功率辅助装置，以及在车辆制动时进行能量回收。在微混混合动力汽车上，超级电容常与集成起动机、发电机一起，作为低能缓冲装置，实现高功率回收。在混合动力电动汽车上，超级电容常作为二次能量存储系统，向电化学电池提供功率以平衡负载，从而减小电池尺寸。超级电容也可用来提供短时功率，如驱动助力转向系统和空调压缩机等。

5.5.2 飞轮电池

飞轮电池是 20 世纪 90 年代才提出的新概念电池。它突破了化学电池的局限，用物理方法实现蓄能。高技术型的飞轮用于储存电能。

1. 飞轮电池的工作原理

飞轮电池主要由飞轮、轴、轴承、电机、真空容器和电力电子转换器等组成，如图 5-5-2 所示。

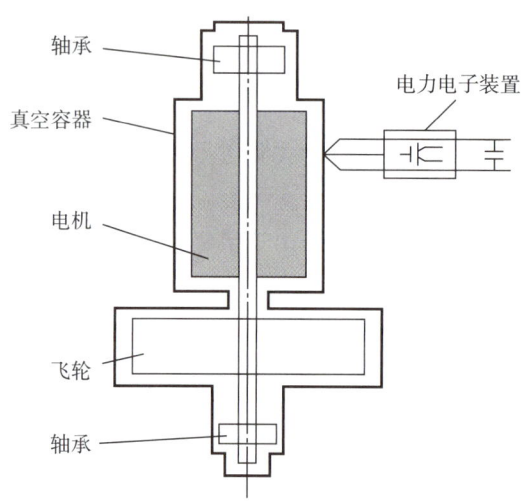

图 5-5-2 飞轮电池的工作原理

当飞轮以一定的角速度旋转时，就具有了一定的动能。飞轮是整个蓄能装置的核心部件，它直接决定了整个装置的蓄能量。飞轮电池充电时，通过电力电子转换器从外部输入电能而使电机旋转，电机（此时作为电动机）驱动飞轮加速旋转，飞轮储存的动能（机械能）就增大。飞轮电池向外放电时，由高速旋转的飞轮带动电机（此时作为发电机）旋转，将动能转化为电能，再通过电力电子转换器将电能转换为负载所需的频率和电压。

飞轮工作时的转速很高（可达 40000～50000r/min），用一般金属制成的飞轮无法承受这样高的转速，因而飞轮一般都采用碳纤维制成，使之在满足强度要求的同时，可减小飞轮电池的质量。

电机用于电能与机械能的相互转换，实现充电（储存机械能）和放电（释放机械能）过程。飞轮电池通常采用永磁式电机，在充电时用作电动机，在外电源的驱动下，带动飞轮高速旋转，将电能转换为机械能进行储存；在放电时用作发电机，在飞轮的带动下发电而向外输出电能。

飞轮电池通常使用非接触式的磁悬浮轴承，以减小飞轮运转时的摩擦损耗，提高飞轮电池的能量储存效率。飞轮在高速旋转时，周围的空气会形成强烈的涡流，造成巨大的空气阻力。因此，飞轮电池通常将电机和飞轮都密封在一个真空容器内，以减少风阻。

2. 飞轮电池的特点

与化学电池相比，飞轮电池具有以下优点：

（1）能量密度高。飞轮电池的能量密度可达 100～200W·h/kg，功率密度可达 5000～10000W/kg。

（2）能量转换效率高、充电快。飞轮电池工作时的能量损失很小，其能量转换效率高达 90% 以上。由于飞轮电池无最大充电电流的限制，其充电速度取决于飞轮的角加速度，因此充电很快。

（3）体积小、质量轻。飞轮采用了碳纤维材料，直径一般也不大。因此，与化学电池和燃料电池相比，飞轮电池的体积小、质量轻。

（4）工作温度范围宽。飞轮电池对环境温度没有严格限制。

（5）使用寿命长。飞轮电池无重复深度放电的影响，其循环充放电次数可达数百万次，预期寿命可达 20 年以上。

（6）维护周期长。飞轮电池的轴承采用磁悬浮形式，飞轮在真空环境下运转，其机械损耗微乎其微，因而其维护周期长。

3. 飞轮电池的应用

与超级电容一样，飞轮电池特别适合用作电动汽车的辅助蓄能装置，在车辆起步、加速、爬坡等行驶工况时，协助蓄电池供电，可提高电动汽车的动力性，并能延长蓄电池的使用寿命。在车辆制动时，飞轮电池可很好地回收制动能量。飞轮电池所拥有传统化学电池无法比拟的优点已被人们广泛认同。飞轮电池正在向小型化、低廉化的方向发展。伴随着技术的进步和材料学的发展，飞轮电池将在未来的各行各业中发挥重要作用。

5.5.3 空气电池

金属空气电池是用金属燃料代替氢能源而形成的一种新概念电池，有望成为新一代的绿色能源。它发挥了燃料电池的众多优点，将锌、铝等金属像氢气一样提供到电池中的反应位置，与氧气一起构成一个连续的电能产生装置，具有无毒、无污染、放电电压平稳、比能量高、内阻小、储存寿命长、价格相对较低、工艺技术要求较低、比功率高等优点，既有丰富的廉价资源，又能再生利用，而且比氢燃料电池结构简单，是很有发展和应用前景的新能源。

1. 锌空气电池

锌空气电池是以空气中的氧气为正极活性物质，金属锌为负极活性物质的一种新型化学电池。锌空气电池是一种半蓄电池半燃料电池。首先，负极活性物质同锌锰、铅酸等蓄电池一样封装在电池内部，具有蓄电池的特点；其次，正极活性物质来自电池外部的空气中所含的氧气，理论上有无限容量，是燃料电池的典型特征。锌空气电池放电时阳极和阴极发生的电化学反应为：

负极：$Zn+2OH^- \rightarrow ZnO + H_2O + 2e^-$

正极：$O_2 + 2H_2O + 4e^- \rightarrow 4OH^-$

总反应式：$2Zn + O_2 \rightarrow 2ZnO$

锌空气电池具有如下优点：比能量高（大约是铅酸蓄电池的10倍，锂离子电池的4倍）；价格低廉；性能稳定，放电平稳；储存寿命长；安全可靠，无污染。

由于锌空气电池采用多孔气体电极，而且阴极活性物质氧气源于周围空气，电极工作时暴露于空气中，电池的这一固有特点对电池的使用寿命与性能产生很大的危害，主要有以下几点：电解液中水分的蒸发或电解液的吸潮；锌电极的直接氧化；锌枝晶的生长；电解液碳酸化；空气电极催化剂活性偏低。

2. 铝空气电池

铝空气电池是用高纯铝或铝合金做阳极，用空气（氧）电极作阴极，用碱或盐作电解液。在放电过程中阳极溶解，空气中的氧被还原而释放出电能。

铝空气电池放电时阳极的电化学反应为：

$$Al - 3e^- \rightarrow Al^{3+}$$

$$Al^{3+} + 3OH^- \rightarrow Al(OH)_3 \text{（中性溶液）}$$

$$Al^{3+} + 4OH^- \rightarrow Al(OH)_4^- \text{（碱性溶液）}$$

铝空气电池放电时阴极的电化学反应为

$$O_2 + 2H_2O + 4e^- \rightarrow 4OH^-$$

铝空气蓄电池有如下优点：

（1）比能量大。铝空气蓄电池的理论比能量可达8100W·h/kg。目前铝空气蓄电池的实际比能量只达到 350W·h/kg，但这已是铅酸蓄电池的 7~8 倍、镍氢蓄电池的 5.8 倍、锂蓄电池的 2.3 倍。

（2）质量轻。铝空气蓄电池质量仅为铅酸蓄电池质量的 12%。由于蓄电池质量大大减轻，车辆的整备质量也大幅度降低，因而可以提高车辆的装载量或延长续驶里程。

（3）铝没有毒性和危险性。铝对人体不会造成伤害，可以回收循环使用，也不污染环境。

（4）生产成本较低。铝的原材料丰富，生产成本较低。铝回收再生方便，回收再生成本也较低。

虽然铝空气电池含有高的比能量，但比功率较低，充电和放电速度比较缓慢，电压滞后，自放电率较大，需要采用热管理系统来防止铝空气电池工作时的过热。

思考与练习

一、单选题

1. 以下行为会缩短动力电池寿命的是（　　）。
   A. 过度充电　　　　B. 过度放电　　　　C. 充电不足　　　　D. 以上都是
2. 动力电池的 SOC 指的是（　　）。
   A. 荷电状态　　　　B. 能量密度　　　　C. 比能量　　　　　D. 比功率密度
3. 镍氢电池单体额定电压是（　　）。
   A. 1.2V　　　　　　B. 3.2V　　　　　　C. 3.7V　　　　　　D. 12V

二、简答题

1. 铅酸电池作为动力电池有哪些优缺点，在新能源汽车领域的应用情况如何？
2. 镍氢电池有哪些优缺点，在新能源汽车领域的应用情况如何？
3. 锂离子动力电池按正极材料分有哪些类型？
4. 锂离子电池有哪些优缺点，在新能源汽车领域的应用情况如何？

模块 6 电动汽车驱动电机

学习目标

知识目标：
1. 了解电动汽车驱动电机的类型。
2. 掌握各类驱动电机的结构、工作原理及控制方法。

技能目标：
1. 识别新能源汽车的各类驱动电机及安装位置。
2. 能拆解典型驱动电机并分析工作原理。

素质目标：
1. 严格执行汽车检修规范，养成严谨科学的工作态度。
2. 养成团结协作精神。

6.1 电动机概述

任务解析

电动机是工业上常用的机器，种类多，用途广。而用于驱动车辆的电动机称为驱动电动机，电动汽车所采用的电动机种类较少，功率覆盖面也较窄，只采用一些符合电动汽车要求的电动机作为驱动电机。

任务学习

电动汽车的电机驱动系统把电能转换为机械能，并通过传动装置（或直接）将能量传递到车轮，进而驱动车辆按照驾驶人意志行驶，是电动汽车的关键系统之一。它在电动汽车上的具体任务是：在驾驶人操纵控制下，将内燃机—发电机系统、动力电池组的电能转换为车轮的动能驱动车辆，并在车辆制动时把车辆的动能再生为电能反馈到动力电池中以实现车辆的再生制动。

6.1.1 电动汽车的电机驱动系统特点

电动汽车利用电动机驱动作为辅助动力，来降低燃料的消耗和实现"低污染"，或在纯电动驱动模式时实现"零污染"。电动汽车上电机系统的工作条件及其工作模式与传统电机相比有着很大的区别，这些区别使得工业电机不适合在汽车上使用。相对于传统工业电机而言，电动汽车上所使用的电机系统一般有以下特点：

（1）电动汽车上所使用的电机往往要求频繁的起停，频繁的加、减速及工作模式的频繁切换（作为电动机使用驱动汽车及作为发电机使用实现能量回收及发电的功能），这对电机的响应性能提出了更高的要求。

（2）由于汽车内部空间紧张，往往要求电机系统具有体积小、重量轻及具有较高的功率密度和工作效率等性能要求。

（3）相对于传统电机而言，电动汽车上所使用的电机系统的工作环境更为恶劣、干扰更大，从而要求它具有更高的可靠性、抗震性和抗干扰性。

（4）传统电机一般工作在额定工作点附近，而电动汽车电机的工作范围相对较宽。由于电动汽车电机工作模式的特殊性（电机的工况经常处于动态变化中），额定功率这个参数对电动汽车所使用的电机没有特别大的意义，所以对其额定功率的要求并不严格。而在高效工作区间，这个参数则更为实际和重要。

（5）在供电方式上，传统电机由常规标准电源供电，而电动汽车电机所使用的电能源于蓄电池，且由功率转换器直接供给。另外，电机的使用电压及形式并不确定，从减少功率损耗及降级电机逆变器成本的角度考虑，一般倾向于使用较高的电压。

由此可知，电动汽车对其使用的电机系统有着下面的特殊要求：频繁切换性能好、比功率大、体积较小、抗震性和抗干扰性好、高效工作范围宽、容错能力强、噪声小、对电压波动的适应能力强和可以接受的成本等。

6.1.2 电动汽车驱动电动机种类

电动机的分类方法很多，主要有下面几种。

（1）按工作电源分类。根据电动机工作电源不同，可分为直流电动机和交流电动机。其中，直流电动机又分为绕组励磁式直流电动机和永磁式直流电动机；交流电动机分为单相电动机和三相电动机。

（2）按结构及工作原理分类。电动机按结构及工作原理可分为直流电动机、异步电动机和同步电动机。直流电动机又分为无刷直流电动机和有刷直流电动机；异步电动机分为感应电动机和交流换向器电动机；同步电动机分为永磁同步电动机、磁阻同步电动机和磁滞同步电动机。

（3）按用途分类。电动机按用途可分为驱动用电动机和控制用电动机。

（4）按转子的结构分类。电动机按转子的结构可分为笼型感应电动机和绕线转子感应电动机。

（5）按运转速度分类。电动机按运转速度可分为高速电动机、低速电动机、恒速电动机、调速电动机。

电动机的种类很多，用途广泛，功率的覆盖面非常大。而电动汽车所采用的电动机种类较少，功率覆盖面也较窄，只采用了一些符合电动汽车要求的电动机来作为驱动电动机。电动汽车最早采用的是直流电动机。随着电子技术和自动控制技术的发展及电动汽车技术要求的提高，无刷直流电动机、异步电动机、永磁同步电动机和开关磁阻电动机等显示出比直流电动机更为优越的性能，在电动汽车中应用越来越广泛。

6.1.3 电动汽车对电动机性能的基本要求

电动汽车驱动电动机的主要参数为：电动机类型、额定电压、机械特性、效率、尺寸参数、质量参数、可靠性和成本等。另外，为电动机配置的电子控制系统和驱动系统也会影响驱动电动机的性能。

（1）高电压。在允许的范围内，尽可能采用高电压可以减小电动机的尺寸和导线等装备的尺寸，特别是可以降低逆变器的成本。

（2）高转速。电动汽车采用的感应电动机的转速可以达到8000~12000r/min，高转速电动机的体积较小、重量较轻，有利于降低电动汽车的整备质量。

（3）重量轻。电动机采用铝合金外壳，以减轻电动机的重量，各种控制装置的重量和冷却系统的重量等也要求尽可能轻。

（4）电动机应具有较大的启动转矩和较大范围的调速性能，使电动汽车有良好的启动性能和加速性能，以获得所需要的启动、加速、行驶、减速、制动等所需的功率和转矩。电动机具有自动调速功能，因此，可以减轻驾驶人的操纵强度，提高驾驶的舒适性，并且能够达到与内燃机汽车加速踏板同样的控制响应。

（5）电动汽车应有最优化的能量利用，电动机应具有高效率、低损耗，并在车辆减速时，实现再生制动将制动能量回收，再生制动回收的能量一般可达到总能量的10%~15%，这在内燃机汽车上是不能实现的。

（6）各种动力电池组和电动机的工作电压可以达到300V以上。对于电气系统控制系统的安全性，都必须符合国家（或国际）有关车辆电气控制的安全性能的标准和规定，装备有高压保护设备。

另外，电动机还要求可靠性好、耐温和耐潮性能强、运行时噪声低、能够在较恶劣的环境下长时期工作、结构简单、适合大批量生产、使用维修方便、价格便宜等。

6.2 直流电动机

任务解析

直流电动机是将直流电能转换成机械能的电动机，是电动机的主要类型之一，具有结构简单、技术成熟、控制容易等特点，在早期的电动汽车中得到了广泛应用，特别是在场地用电动车和专用电动车上应用更为普遍。直流电动机通过定子绕组产生磁场，向转子绕组通入直流电，并用换向装置对绕组内的电流在适当时候进行换向，使转子绕组始终受到固定方向的电磁转矩。

任务学习

6.2.1 直流电动机的分类

直流电动机按结构及工作原理可分为无刷直流电动机和有刷直流电动机；有刷直流电动机按结构及工作原理又分为电磁式（绕组励磁式）直流电动机和永磁式直流电动机。在电动汽车所采用的直流电动机中，小功率电动机采用的是永磁式直流电动机，大功率电动机则采用绕组励磁式直流电动机。

永磁式直流电动机按材料可分为稀土、铁氧体、铝镍钴直流电动机。电磁式直流电动机按励磁方式不同可分为他励式、并励式、串励式和复励式四种类型，图6-2-1所示。U表示运行时加在电动机出线端的电源电压，I_a表示电枢电流，I_f表示励磁电流，I表示经过负载或电源供给电动机的总电流。

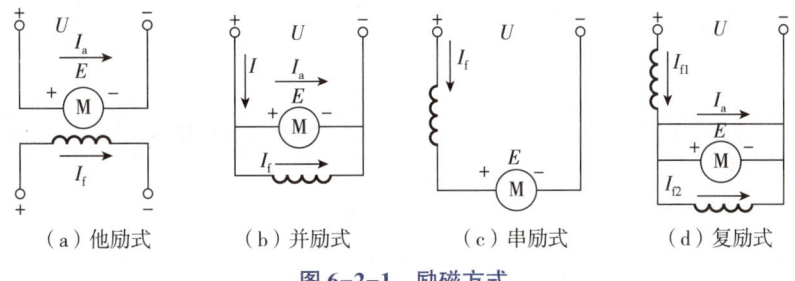

（a）他励式　　（b）并励式　　（c）串励式　　（d）复励式

图6-2-1　励磁方式

1. 他励式直流电动机

他励式直流电动机的励磁绕组与电枢绕组无连接关系,而由其他直流电源给励磁绕组供电,因此励磁电流不受电枢端电压或电枢电流的影响。

他励式直流电动机在运行过程中励磁磁场稳定且容易控制,易实现电动汽车的再生制动要求。当采用永磁激励时,虽然电动机效率高、重量轻和体积小,但由于励磁磁场固定,电动机的机械特性不理想,难以满足电动汽车启动和加速时的大转矩要求。

2. 并励式直流电动机

并励式直流电动机的励磁绕组与电枢绕组并联,共用同一个电源,性能与他励式直流电动机基本相同。并励绕组两端电压就是电枢两端电压,但是励磁绕组用细导线绕成,其匝数很多,因此具有较大的电阻,使得通过它的励磁电流较小。

3. 串励式直流电动机

串励式直流电动机的励磁绕组与电枢绕组串联后再接于直流电源,这种直流电动机的励磁电流就是电枢电流。电动机内磁场随着电枢电流的改变有显著的变化。为了使励磁绕组中不引起大的损耗和电压降,励磁绕组的电阻越小越好,所以串励式直流电动机通常用较粗的导线绕成,匝数较少。

串励式直流电动机在低速运行时,能给电动汽车提供足够大的转矩。在高速运行时,电动机电枢中的反电动势增大,与电枢串联的励磁绕组中的励磁电流减小,电动机高速时的弱磁调速功能易于实现,因此串励式直流电动机驱动系统能较好地符合电动汽车的特性要求。但串励式直流电动机由低速到高速运行时弱磁调速特性不理想,随着电动汽车行驶速度的提高,驱动电动机输出转矩迅速减小,不能满足电动汽车高速行驶时风阻大而需要较大输出转矩的要求。

串励式直流电动机运行效率低。在实现电动汽车的再生制动时,由于没有稳定的励磁磁场,再生制动的稳定性差。另外,由于再生制动需要加接触器切换,使得驱动电动机控制系统的故障率较高,可靠性较差,并且此类电动机的体积和质量也较大。

4. 复励式直流电动机

复励式直流电动机有并励和串励两个励磁绕组,电动机的磁通由两个绕组内的励磁电流产生。若串励绕组产生的磁通量与并励绕组产生的磁通量方向相同,称为积复励;若两个磁通量方向相反,则称为差复励。

复励式直流电动机的永磁励磁部分采用高磁性钕铁硼材料,运行效率高。由于电动机永磁励磁部分有稳定的磁场,因此用该类电动机构成驱动系统时易实现再生制动功能。同时,由于电动机增加了励磁绕组,通过控制励磁绕组的励磁电流或励磁磁场的大小,能克服永磁他励式直流电动机不能产生足够的输出转矩的缺点,以满足电动汽车低速或爬坡时的大转矩要求,而电动机的质量和体积比串励式直流电动机小。

6.2.2 直流电动机的结构

直流电动机主要由定子和转子两部分组成,图6-2-2为直接电动机的结构。

1. 定子

电动机运行时静止不动的部分称为定子,定子由机座、主磁极、换向极和电刷装置等组成,其主要作用是产生磁场。

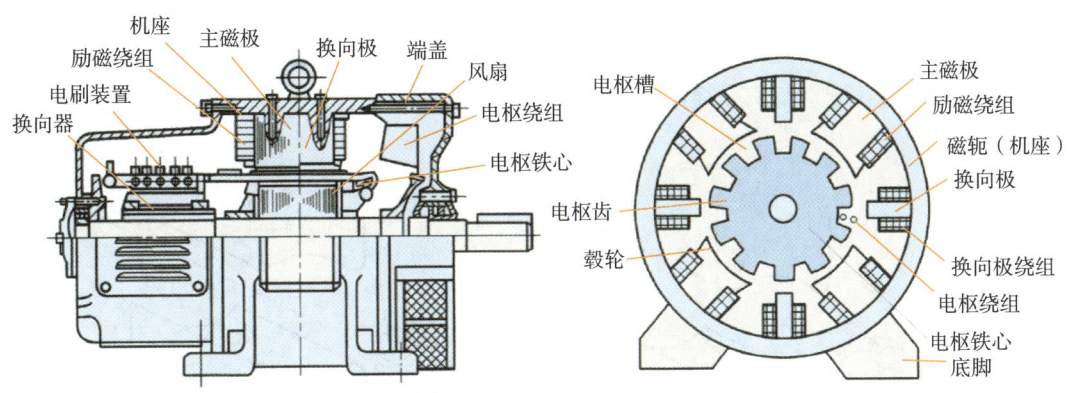

图 6-2-2　直流电动机的结构

（1）机座。定子部分的外壳称为机座，用于固定主磁极、换向极和端盖，起到电动机整体的支承和固定作用。另外，机座构成磁极之间的通路，是磁路的一部分，磁通通过的部分称为磁轭。因此，机座既要有足够的机械强度，也要具有良好的导磁性能，一般由铸钢件或由钢板焊接而成。

（2）主磁极。主磁极由主磁极铁心和励磁绕组两部分组成，其作用是在定子和转子间的气隙中产生磁场。铁心用 0.5~1.5m 厚的钢片叠压铆紧而成。铁心套励磁绕组的部分称为极身，下面扩宽的部分称为极靴，极靴宽于极身，这样可使气隙磁场分布更合理，也便于固定励磁绕组。励磁绕组用绝缘铜线绕制而成，套在极身上，再用螺钉将主磁极固定在机座上。

（3）换向极。两相邻主磁极之间的小磁极称为换向极，也称为附加极。换向极的结构与主磁极类似，由铁心和绕组构成。它的作用是改善电动机换向，减小或消除电动机运行时电刷与换向器间产生的换向火花。换向极铁心一般用整块钢制成，换向极绕组用绝缘导线绕制而成，套在换向极铁心上。换向极用螺钉固定于机座上。换向极的数目一般与主磁极相同。

（4）电刷装置。电刷装置由电刷、电刷弹簧、电刷座等组成。电刷装置用来将直流电引入旋转的电枢绕组，并与换向器配合，使电枢绕组的电流及时换向，产生方向不变的电磁转矩。电刷座装在端盖或轴承内盖上，位置可以调整。

2. 转子

直流电动机运行时旋转的部分称为转子或电枢，由电枢铁心、电枢绕组、转轴和换向器等组成，是电动机进行能量转换的枢纽，作用是产生电磁转矩和感应电动势。

（1）电枢铁心。电枢铁心是主磁通磁路的主要部分，同时用于嵌放电枢绕组。为降低电动机运行时电枢铁心中产生的涡流损耗和磁滞损耗，电枢铁心用 0.35~0.5mm 厚的硅钢片叠压而成。电枢铁心固定在转轴或转子支架上。电枢铁心的外圆开有电枢槽，用于嵌装电枢绕组。

（2）电枢绕组。电枢绕组在磁场中通电产生电磁转矩，旋转时可产生感应电动势。电枢绕组由多匝线圈按一定规律连接而成，线圈用高强度漆包线或玻璃丝包扁铜线绕成。不同线圈分上、下两层嵌放在电枢槽中，线圈与铁心之间及上、下两层线圈边之间都必须妥善绝缘。为防止离心力将线圈边甩出槽外，槽口用槽楔固定。每匝绕组与换向片连接，形成闭合回路。

（3）转轴。转轴起支撑转子旋转的作用，要求具有一定的机械强度和刚度，一般用圆钢加工而成。

（4）换向器。换向器与电刷配合，把外加直流电转换为电枢绕组中的交变电流，使电磁转矩的方向恒定不变。换向器是由许多换向片组成的圆柱体，换向片之间用云母片绝缘。

6.2.3 直流电动机的工作原理

图6-2-3所示为直流电动机的工作原理。定子有一对N、S极,电枢绕组的末端分别接到两个换向片上,正、负电刷A和B分别与两个换向片接触。

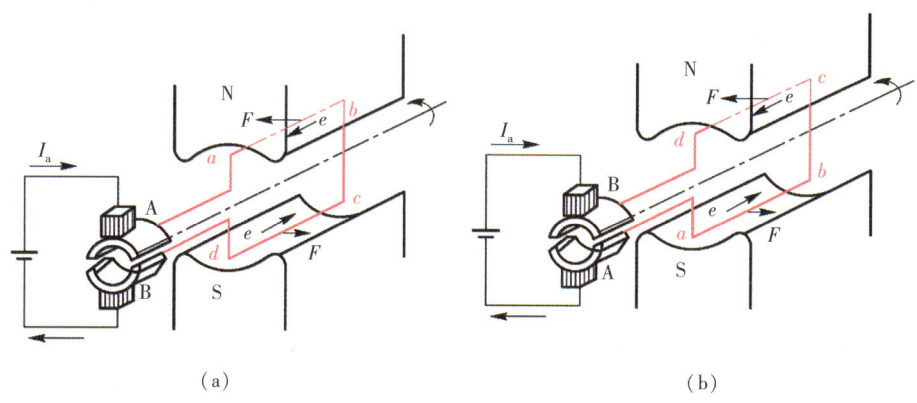

图6-2-3 直流电动机工作原理

将电刷A端、B端接到直流电源上,电刷A端接正极,电刷B端接负极。此时,电枢线圈中有电流沿着abcda的方向流动。线圈ab边和cd边在磁场中受到电磁力的作用,N极性下导体ab受力方向从右向左,S极下导体c受力方向从左向右。电磁力形成逆时针方向的电磁转矩,电动机转子逆时针方向旋转。

当电枢自图6-2-3(a)所示位置旋转90°时,电流因为换向片的空隙而为0,磁感应强度也变为0。此时,线圈边不受力,转矩消失,但由于机械惯性的作用,电枢仍能转过一个角度,使原N极性下导体b转到S极下,原S极下导体cd转到N极下,如图6-2-3(b)所示。这时的电刷A端接负极,电刷B端接正极,电流流动方向变为adcba。N极性下导体cd受力方向从右向左,S极下导体ab受力方向从左向右,使电枢仍能逆时针方向继续旋转。

虽然通过电刷的电源是直流电,但由于换向片的作用,使线圈中流过的电流是交流,所以其产生的转矩方向保持不变,使电枢能朝着一个方向持续旋转,进而可以带动其他部分。

6.2.4 电动汽车用直流电动机

1. 直流电动机的驱动特性

电动汽车用直流电动机的驱动特性如图6-2-4所示。基本转速n_b以下为恒转矩区,基本转速n_b以上为恒功率区。在恒转矩区,励磁电流保持不变,改变电枢电压来控制转矩。在高速恒功率区,电枢电压不变,改变励磁电流或弱磁来控制转矩。直流电动机的这种特性很适合汽车对动力源低速高转矩和高速低转矩的使用需求,而且直流电动机结构简单,易于平滑调速,加之控制技术成熟,所以几乎所有早期的电动汽车都采用直流电动机。

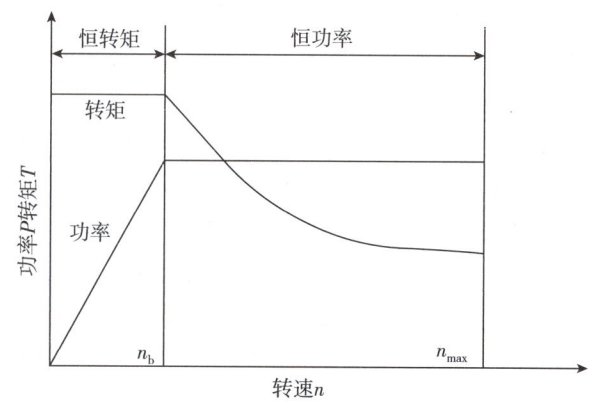

图6-2-4 直流电动机的驱动特性

2. 直流电动机的特点

直流电动机具有以下特点：

（1）调速性能好。直流电动机可以在重负载条件下实现均匀、平滑的无级调速，而且调速范围较宽。

（2）启动转矩大。在重负载下启动或要求均匀调节转速的机械，如大型可逆轧钢机、卷扬机等，都可用直流电动机拖动。

（3）控制简单。直流电动机一般用斩波器控制，它具有高效率、控制灵活、重量轻、体积小、响应快等优点。

（4）有易损件。由于存在电刷、换向器等易损零件，所以直流电动机必须进行定期维护或更换。

3. 直流电动机的应用

电动汽车用直流电动机主要是他励式直流电动机（包括永磁直流电动机）、串励式直流电动机、复励式直流电动机三种类型。小功率（小于10kW）的电动机多采用小型高效的永磁式直流电动机，一般应用在小型、低速的专用车辆上，如电动自行车、高尔夫球车、电动叉车、警用巡逻车等。中等功率（10~100kW）的电动机采用他励、串励或复励式直流电动机，可以用在结构简单、转矩较大的电动货车上。大功率（大于100kW）的电动机采用串励式直流电动机，可用在要求低速、高转矩的大型专用电动汽车上，如电动矿石搬运车、电动玻璃搬运车等。

直流电动机的效率和转速相对较低，运行时需要电刷和机械换向装置，机械换向结构容易产生电火花，不宜在多尘、潮湿、易燃、易爆环境中使用。其换向器维护困难，很难向大容量、高速度发展。此外，电火花产生的电磁干扰对高度电子化的电动汽车来说也是致命的。由于机械磨损，换向器和电刷需要定期更换，加之直流电动机价格高、质量和体积较大，这些缺点降低了直流电动机的可靠性和适用范围，一定程度上也限制了其在现代电动汽车领域的应用。随着控制理论和电力电子技术的发展，直流驱动系统和其他驱动系统相比已大大处于劣势。

6.2.5 无刷直流电动机

1. 无刷直流电动机的类型

无刷直流电动机按照工作特性可以分为具有直流电机特性的无刷直流电动机和具有交流电机特性的无刷直流电动机。

具有直流电动机特性的无刷直流电动机的反电动势波形和供电电流波形都是矩形波，所以又称为矩形波同步电动机。这类电动机由直流电源供电，借助位置传感器检测主转子的位置，由所检测出的信号去触发相应的电子换相线路，以实现无接触式换相。显然，这种无刷直流电动机具有有刷直流电机的各种运行特性。具有交流电动机特性的无刷直流电动机的反电动势波形和供电电流波形都是正弦波，所以又称为正弦波同步电动机。这类电动机也由直流电源供电，但通过逆变器将直流电变换成交流电，然后去驱动一般的同步电动机。因此，它具有同步电动机的各种运行特性。

下面介绍的无刷直流电动机主要是指具有直流电动机特性的无刷直流电动机。

2. 无刷直流电动机的结构

无刷直流电动机（图6-2-5）主要由电动机本体、电子换向器和位置传感器3部分组成。

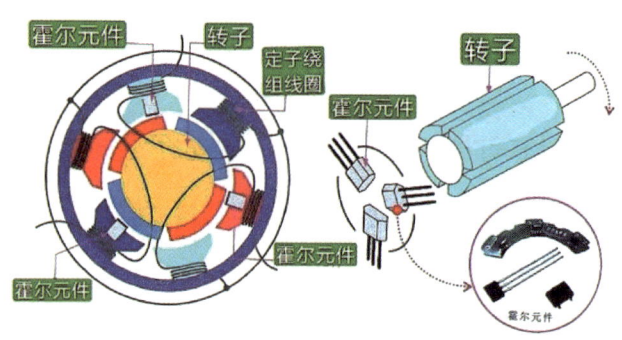

图 6-2-5 无刷直流电动机的结构

(1) 电动机本体

无刷直流电动机的电动机本体由定子和转子两部分组成。定子是电动机本体的静止部分,它由导磁的定子铁心、导电的电枢绕组,以及固定铁心和绕组用的一些零部件、绝缘材料、引出部分(机壳、绝缘片、槽锲、引出线及环氧树脂)等组成。

转子是电动机本体的转动部分,是产生激磁磁场的部件,由永磁体、导磁体和支撑零部件组成。

(2) 电子换向器

电子换向器由功率开关和位置信号处理电路构成,主要用来控制定子各绕组通电的顺序和时间。无刷直流电动机本质上是自控同步电动机,电动机转子跟随定子旋转做磁场运动,因此应按一定的顺序给定子各相绕组轮流通电,使之产生旋转的定子磁场。无刷直流电动机的三相绕组中通过的电流是 120 个电角度的方波,绕组在持续通过恒定电流的时间内产生的定子磁场在空间里是静止不动的。在开关换相期间,随着电流从一相转移到另一相,定子磁场随之跳跃一个电角度,而转子磁场则随着转子连续旋转。这两个磁场的瞬时速度不同,但是平均速度相等,因此能保持同步。无刷直流电动机由于采用自控式逆变器即电子换向器,电动机输入电流的频率和电动机转速始终保持同步,电动机和逆变器不会产生振荡与失步,这也是无刷直流电动机的优点之一。

一般来说,对电子换向器的基本要求为:结构简单;运行稳定可靠;体积小,质量轻;功耗小;能按照位置传感器的信号进行正确换向,并能控制电动机的正、反转;能长期满足不同环境条件的要求。

(3) 位置传感器

位置传感器在无刷直流电动机中起检测转子磁极位置的作用,为功率开关电路提供正确的换相信息,即将转子磁极的位置信号转换成电信号,经位置信号处理电路处理后控制定子绕组换相。

3. 无刷直流电动机的特点

无刷直流电动机作为电动汽车用电动机,具有以下优点:

(1) 外特性好。它非常符合电动汽车的负载特性,尤其是具有低速大转矩特性,能够提供大的启动转矩,满足电动汽车的加速要求。

(2) 可以在低、中、高速范围内运行,而有刷直流电动机由于受机械换向的影响,只能在中低速下运行。

(3) 效率高,尤其是在轻载车况下,仍能保持较高的效率。

(4) 过载能力强,比 Y 系列电动机可提高过载能力两倍以上。

(5) 再生制动效果好,因无刷直流电动机转子具有很高的永久磁场,在汽车下坡或制动时电动机可完全进入发电动机状态,给电池充电,同时起到电制动作用,减轻机械制动负担。

(6) 体积小、质量轻、比功率大,可有效地减轻质量、节省空间。

(7) 无机械换向器,采用全封闭式结构,防止尘土进入电动机内部,可靠性高。

（8）控制系统比异步电动机简单。无刷直流电动机的缺点是电动机本身比交流电动机复杂，控制器比有刷直流电动机复杂。

4. 无刷直流电动机的工作原理

无刷直流电动机的工作原理（图6-2-6）与有刷直流电动机的工作原理基本相同。它是利用电动机转子位置传感器输出信号控制电子换相线路去驱动逆变器的功率开关器件，使电枢绕组依次通电，从而在定子上产生跳跃式的旋转磁场，拖动电动机转子旋转。同时，随着电动机转子的转动，转子位置传感器又不断送出位置信号，以不断地改变电枢绕组的通电状态，使得在某一磁极下导体中的电流方向保持不变，这样电动机就能旋转起来。

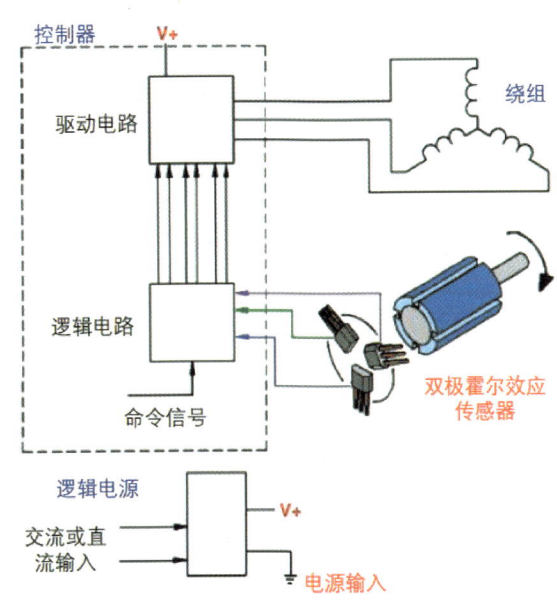

图6-2-6　无刷直流电动机工作原理

5. 无刷直流电动机的控制

按照获取转子位置信息的方法不同，无刷直流电动机的控制方法可以分为有位置传感器控制和无位置传感器控制两种。

有位置传感器的控制方法是指在无刷直流电动机定子上安装位置传感器来检测转子旋转过程中的位置，将转子磁极的位置信号转换成电信号，为电子换相电路提供正确的换相信息，以此控制电子换相电路中的功率开关管的开关状态，保证电机各相按顺序导通，在空间形成跳跃式的旋转磁场，驱动永磁转子连续不断地旋转。无刷直流电动机中常用的位置传感器有霍尔元件位置传感器、磁敏晶体管位置传感器、光电式位置传感器等。

无刷直流电动机无位置传感器控制，无须安装传感器，使用场合广，相对于有位置传感器的控制方法有较大的优势，因此，无刷直流电动机的无位置传感器控制近年来已成为研究的热点。在无刷直流电动机的无位置传感器控制中，不直接使用转子位置传感器，但在电动机运转过程中仍然需要转子位置信号，以控制电动机换相。因此，如何通过软、硬件间接获得可靠的转子位置信号，成为无刷直流电动机无位置传感器控制的关键。为此，国内外的研究人员在这方面做了大量的研究工作，提出了多种转子位置信号检测方法。该检测方式大多是利用检测定子电压、电流等容易获取的物理量来实现转子位置的估算。归纳起来，转子位置信号检测方法可以分为反电动势法、电感法、状态观测器法、电动机方程计算法、人工神经网络法等。

6.3 异步电动机

任务解析

交流电动机可分为同步电动机和异步电动机两大类。异步交流电动机又称感应电动机，是由气隙旋转磁场与转子绕组感应电流相互作用产生电子转矩，从而实现电能转换为机械能的一种交流电动机。异步交流电动机是各类电动机中应用最广、需求量最大的一种。

任务学习

异步交流电动机的种类很多，常按转子结构和定子绕组相数进行分类。按转子结构的不同来分，异步交流电动机可分为笼型异步交流电动机和绕线型异步交流电动机；按定子绕组相数的不同来分，异步交流电动机分为单相异步交流电动机、两相异步交流电动机和三相异步交流电动机。在新能源汽车中笼型异步交流电动机应用较为广泛，其结构简单、制造成本低、结构坚固，而且维修方便。

6.3.1 异步电动机的结构与性能特点

1. 异步电动机的结构

异步电动机定子相数有单相和三相两类。三相异步电动机转子结构有笼型和绕线式两种，单相异步电动机转子都是笼型。异步电动机主要由静止的定子和旋转的转子两大部分组成，定子和转子之间存在气隙，此外，还有端盖、轴承、机座和风扇等部件。图 6-3-1 所示为三相异步电动机的典型结构。

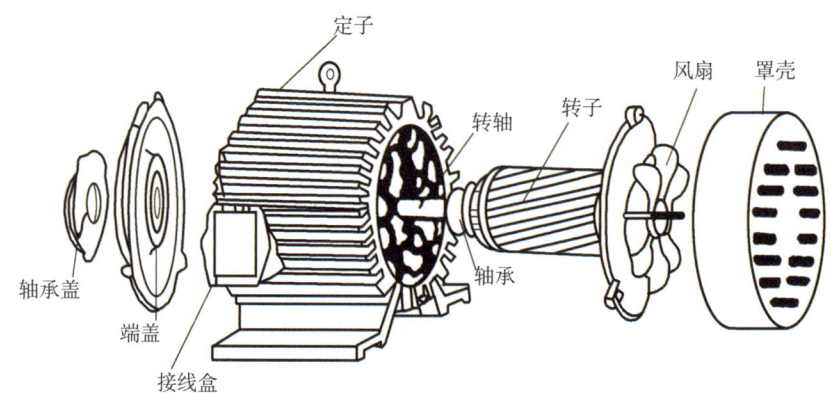

图 6-3-1 三相异步电动机的典型结构

（1）定子

异步电动机的定子由定子铁心、定子绕组和机座 3 部分构成。定子铁心的作用是作为电机磁路的一部分并固定定子绕组。为了减少交变磁场在定子铁心中引起的损耗，定子铁心一般采用导磁性能良好、比损耗小的 0.5m 厚低硅钢片（冲片）叠成。为了嵌放定子绕组，在定子冲片中均匀地冲制若干个形状相同的槽。槽形有半闭口槽、半开口槽和开口槽 3 种。半闭口槽适用于小型异步电动机，其绕组是用圆导线绕成的。半开口槽适用于低压中型异步电动机，其绕组是成型线圈。开口槽适用于高压大、中型异步电动机，其绕组是用绝缘带包扎并浸漆处理过的成型线圈。

定子绕组是异步电动机的电路，其作用是感应电动势、流过电流和实现机电能量转换。定子绕组在槽内部分与定子铁心间必须可靠绝缘,槽绝缘的材料、厚度由电动机耐热等级和工作电压来决定。机座的作用主要是固定和支撑定子铁心,因此要求有足够的机械强度。

(2) 转子

异步电动机的转子由转子铁心、转子绕组和转轴构成。转子铁心是电机磁路的一部分,一般由0.5mm厚硅钢片冲制后叠压而成。转轴起支撑转子铁心和输出机械转矩的作用,转子绕组的作用是感应电动势、流过电流和产生电磁转矩。其结构形式有笼型和绕线式两种。

1) 笼型绕组

在转子铁心均匀分布的每个槽内各放置一根导体,在转子铁心两端放置两个端环,分别把所有伸出槽外部分的导体与端环连接起来。若去掉转子铁心,则剩下来的绕组的形状就像一个松鼠笼子。这种笼型绕组可以用铜条焊接而成(笼型转子绕组,见图6-3-2a),也可以用铝浇注而成(笼型铸铝绕组,见图6-3-2b)。

2) 绕线式绕组

绕线式绕组是与定子绕组相似的对称3相绕组,一般接成星形。先将3个出线端分别接到转轴上的3个滑环上,然后通过电刷引出电流。绕线式转子的特点是可以通过滑环电刷在转子回路中接入附加电阻,以改善异步电动机的启动性能、调节其转速,其接线示意如图6-3-3所示。

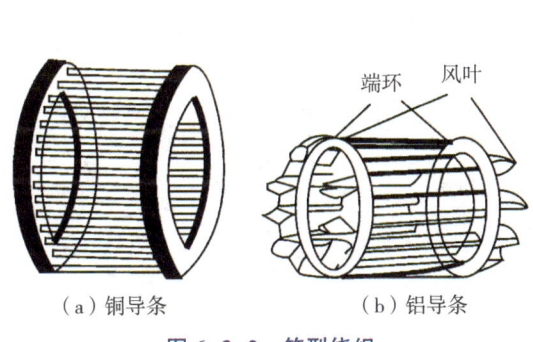

图 6-3-2 笼型绕组

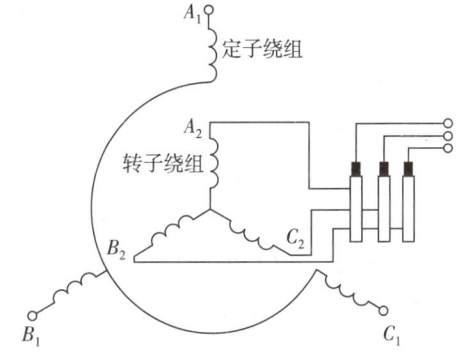

图 6-3-3 绕线转子异步电动机接线示意图

(3) 气隙

异步电动机定、转子之间的气隙很小,对于中、小型异步电动机,气隙一般为0.2~1.5mm。气隙大小对异步电动机的性能影响很大。为了降低异步电动机的空载电流和提高异步电动机的功率,气隙应尽可能小,但气隙太小又可能造成定、转子在运行中发生摩擦,因此,异步电动机的气隙大小应为定子和转子在运行中不发生机械摩擦所允许的最小值。

2. 异步电动机的特点

电动汽车用异步交流电动机具有以下特点:

(1) 小型轻量化。

(2) 易实现转速超过10000r/min的高速旋转。

(3) 高速低转矩时运转效率高。

(4) 低速时有高转矩,以及有宽泛的速度控制范围。

(5) 可靠性高(坚固)。

(6) 制造成本低。

(7) 控制装置的简单化。

异步交流电动机成本低且可靠性高,即使逆变器损坏而产生短路时也不会产生反向电动势,所以没有出现急制动的可能性。因此，异步交流电动机广泛应用于大型高速的电动汽车中。三相笼型异步交流电动机的功率容量覆盖面很广。它可以采用空气冷却或液体冷却方式，冷却自由度高，对环境的适应性好，并且能够实现再生制动。与同样功率的直流电动机相比，异步交流电动机效率较高，且重量约减轻一半。

一般情况下，作为电动汽车专用的电动机，由于安装条件受限，而且要求小型轻量化，因而电动机在10000r/min以上的高速运转时，大多采用一级齿轮减速器实现减速。此外，由于振动等恶劣工作环境，低速状态下需要高转矩，并且要求在较宽的速度范围内具有恒输出功率特性，所以电动汽车用异步交流电动机与一般工业用的电动机不同，因此在设计上采用了各种新方法。

出于对工作环境的考虑，电动机大多采用全封闭式结构，为了框架、托座等结构轻量化，采用压铸铝的方式制造，也有采用将定子铁心裸露在外表面的无框架的结构。为了实现小型轻量化，大多电动汽车采用了水冷却定子框架的水冷式电动机。高速运转时由于频率升高会引起铁损的增大，因此希望减少电动机的极数，一般采用2极或4极，但是2极时线圈端部的长度变长，所以采用4极的场合较多。此外，为了减少铁损，普遍采用了有良好磁性的电磁钢板。

6.3.2 异步电动机的基本工作原理

图6-3-4所示为异步交流电动机的工作原理。异步交流电动机的三相定子绕组通入三相交流电后将产生一个旋转磁场，该旋转磁场切割转子绕组从而在转子绕组中产生感应电动势，电动势的方向由右手定则来确定。由于转子绕组是闭合通路，转子中便有电流产生，电流方向与电动势方向相同，而载流的转子导体正常运行在定子旋转磁场作用下将产生电磁力，电磁力的方向可用左手定则确定。由电磁力进而产生电磁转矩，驱动电动机旋转，并且电动机旋转方向与旋转磁场方向相同。

当异步电动机定子绕组接到三相电源上时，定子绕组中将流过三相对称电流，气隙中将建立基波旋转磁动势，从而产生基波旋转磁场，其同步转速决定于电网频率和绕组的极对数，即

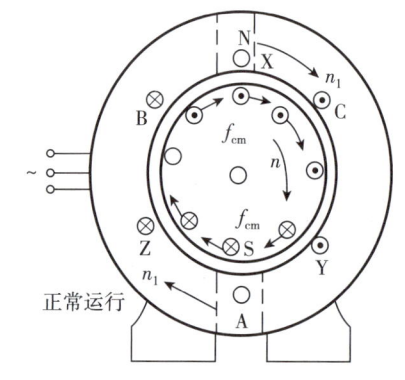

图6-3-4 异步交流电动机的工作原理

$$n_1 = \frac{60f_1}{p}$$

这个基波旋转磁场在短路的转子绕组（若是笼型绕组，则其本身就是短路的，若是绕线式转子，则电刷短路）中感应电动势并在转子绕组中产生相应的电流，该电流与气隙中的旋转磁场相互作用而产生电磁转矩。由于这种电磁转矩的性质与转速大小相关，下面将分3个不同的转速范围进行讨论。

为了描述转速，引入参数转差率。转差率为转子转速n与同步转速n_1之差$n_1 - n$对同步转速的比值，以s表示。

$$s = \frac{n_1 - n}{n}$$

当异步电动机的负载发生变化时，转子的转差率也随之变化，使得转子导体的电势、电流和电磁转矩发生相应的变化，因此，异步电动机转速随负载的变化而变动。按转差率的正负和大小，异步电动机可分为电动机、发电机和电磁制动三种运行状态。

1. 电动机状态

如图6-3-5（a）所示，当$0 < n < n_1$，即$0 < s < 1$时，转子中的导体以与n相反的方向切割旋转

磁场，导体中将产生感应电动势和感应电流，该电流与气隙中的磁场相互作用而产生一个和转子转向同方向的电磁力矩，即拖动性质的力矩，该力矩能克服负载制动力矩而拖动转子旋转，从轴上输出机械功率。根据功率平衡，该电动机一定从电网中吸收有功电功率。

转子被加速到 n_1 时，转子导体与旋转磁场同步旋转，它们之间无相对切割，因而导体中无感应电动势，也没有电流，电磁转矩为零。因此，在电动机工作状态下，转速已不可能达到同步转速 n_1。

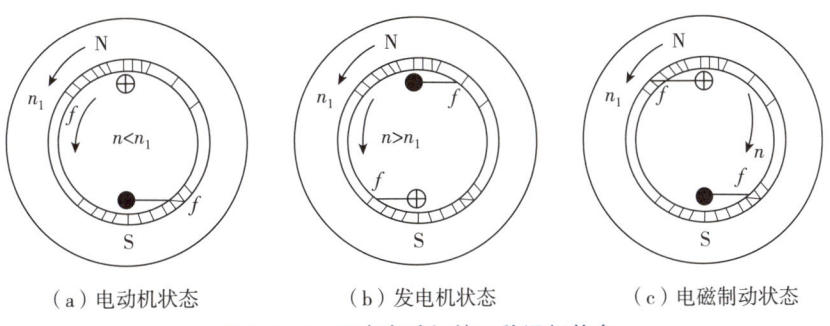

（a）电动机状态　　　　（b）发电机状态　　　　（c）电磁制动状态

图 6-3-5　异步电动机的三种运行状态

2. 发电机状态

用原动机拖动异步电动机，使其转速高于旋转磁场的同步转速，即 $n > n_1$，$s < 0$，如图 6-3-5（b）所示。发电机转子上导体切割旋转磁场的方向与电动机状态下的相反，从而导体上感应电动势、电流的方向与电动机状态下的相反，电磁转矩的方向与转子转向相反，电磁转矩为制动性质。此时，异步电动机由转轴从原动机输入机械功率，通过电磁感应由定子向电网输出电功率（电流方向为⊙，与电动机状态的相反），电动机处于发电机状态。

3. 电磁制动状态

由于机械负载或其他外因，转子逆着旋转磁场的方向旋转，即 $n < 0$，$s > 1$，如图 6-3-5（c）所示。此时，电磁制动转子导体中的感应电动势、电流与在电动机状态下的相同。由于转子转向与旋转磁场方向相反，电磁转矩表现为制动转矩，此时电动机运行于电磁制动状态，即转轴从电动机输入机械功率的同时又从电网吸收电功率（因电流与电动机状态同方向），两者都变成了电机内部的损耗。

6.3.3　异步交流电动机的控制方法

异步交流电动机是一个多变量（多输入、多输出）系统，其中变量电压（电流）、频率、磁通、转速之间又相互影响，所以它又是强耦合的多变量系统。如何对这样一个非线性、多变量、强耦合的复杂系统进行有效控制，成为异步交流电动机的研究重点。

目前对异步交流电动机的调速控制主要有矢量控制、直接转矩控制、转速控制、变频恒压控制、自适应控制、效率优化控制等。本节详细介绍处于主流地位的前两种控制方式。

1. 矢量控制

矢量控制也称为磁场定向控制，该控制方式实现了交流电动机磁通和转矩的解耦控制，使交流传动系统的动态特性有了显著的改善，在提高电动汽车驱动器的动态性能方面，相对于变频调速控制，磁场定向控制得到了较多关注。因系统具有非线性、多变量、强耦合的变参数特性，所以很难直接通过外加信号准确控制电磁转矩。矢量控制的基本原理是通过测量和控制异步交流电动机定子电流矢量，根据磁场定向原理分别对异步交流电动机的励磁电流和转矩电流进行控制，从而达到控制异步交流电动机转矩的目的。

矢量控制的具体原理是将异步交流电动机的定子电流矢量分解为产生磁场的电流分量（励磁电流）和产生转矩的电流分量（转矩电流）分别加以控制，并同时控制两分量间的幅值和相位，即控制定子的电流矢量，所以这种控制方式称为矢量控制方式。矢量控制分为基于转差率控制的矢量控制方式、无速度传感器矢量控制方式和有速度传感器的矢量控制方式等。它是一种控制异步交流电动机的有效方法，与直流电动机类似，也可得到高速转矩响应。

随着矢量控制技术的发展，出现了许多矢量控制方法，这些方法基本上可分为两类，即直接磁场定向控制和间接磁场定向控制。直接磁场定向控制需要直接测量转子磁场，增加了执行的复杂性和低速时测量的不可靠性。因此，直接磁场定向控制很少用于电动汽车的驱动。与直接磁场定向控制不同，间接磁场定向控制通过计算确定转子磁场，而不是直接测量，这种方法相对于直接磁场定向控制更易于实现。因此，间接磁场定向控制在高性能的电动汽车电机驱动系统中具有很好的应用前景。

2. 直接转矩控制

直接转矩控制以转矩为中心来进行磁链、转矩的综合控制。与矢量控制不同，直接转矩控制不采用解耦的方式，从而在算法上不存在旋转坐标变换，简单地通过检测电动机定子电压和电流，借助瞬时空间矢量理论计算电动机的磁链和转矩，并根据与给定值比较所得的差值来实现磁链和转矩的直接控制。

由于直接转矩控制省掉了矢量变换方式的坐标变换与计算、为解耦而简化异步交流电动机数学模型且没有通常的脉宽调制（PWM）信号发生器，所以它的控制结构简单，控制信号处理的物理概念明确，系统的转矩响应迅速且无超调，是一种具有较高动、静态性能的交流调速控制方式。直接转矩控制磁通估算所用的是定子磁链，只要已知定子电阻就可以把它观测出来，因此直接转矩控制大大解决了矢量控制技术中控制性能易受参数变化影响的问题。

直接转矩控制方法对逆变器开关频率提高的限制较大，定子电阻对电动机低速性能也有较大影响，如在低速区定子电阻的变化引起的定子电流和磁链的畸变及转矩脉动、死区效应和开关频率等问题。

从理论上看，直接转矩控制有矢量控制所不及的转子参数鲁棒性和结构上的简单性。然而在技术实现上，直接转矩控制往往很难体现出优越性，调速范围不及矢量控制宽，其根源主要在于其低速转矩特性差、稳态转矩脉动的存在及带负载能力的下降，这些问题制约了直接转矩控制进入实用化的进程。

6.4 永磁同步电动机

任务解析

永磁同步电动机具有高效、高控制精度、高转矩密度良好的转矩平稳性及低振动噪声等特点，通过合理设计永磁磁路结构能获得较高的弱磁性能，在电动汽车驱动方面具有很好的应用价值。该电动机得到了国内外电动汽车界的高度重视，是最具竞争力的电动汽车驱动电动机系统之一。

任务学习

永磁同步电动机的定子与交流异步电动机类似，都通入交流电来产生旋转磁场，但永磁同步电动机的转子用永磁体取代电枢绕组，电动机转速与旋转磁场转速同步。

6.4.1 永磁电动机的分类

永磁电动机的分类方法很多，根据输入电动机接线端波形的不同可分为永磁直流电动机和永磁交流电动机。

由于永磁交流电动机没有电刷、换向器或集电环，因此也称为永磁无刷电动机。根据输入电动机接线端的交流波形，永磁无刷电动机可分为永磁同步电动机和永磁无刷直流电动机。输入永磁同步电动机的是交流正弦波或近似正弦波，采用连续转子位置反馈信号来控制换向；而永磁无刷直流电动机输入的是交流方波，采用离散转子位置反馈信号控制换向。由于方波磁场与方波电流之间相互作用而产生的转矩比正弦波大，所以，永磁无刷直流电动机的功率密度大，但是由功率器件的换向电流引起的转矩脉动也大，而正弦波产生的转矩基本是恒转矩或平稳转矩，这与绕线转子同步电动机相同。

现有的永磁电动机可分为永磁直流电动机、永磁同步电动机、永磁无刷直流电动机和永磁混合式电动机四类。其中，后三类没有传统直流电动机的电刷和换向器，故统称为永磁无刷电动机。在电动汽车中，永磁同步电动机应用广泛。

6.4.2 永磁电动机的结构与性能特点

1. 永磁电动机的结构

永磁同步电机的结构示意图如图 6-4-1 所示，和传统电机一样，主要由定子和转子两大部分构成。三相永磁同步电动机具有定子三相分布的绕组和永磁转子，在磁路结构和绕组分布上保证反电动势波形为正弦波，为了进行磁场定向控制，输入到定子的电压和电流也为正弦波。根据永磁体在转子上位置的不同，永磁同步电动机可分为内置式永磁同步电动机和表面式永磁同步电动机。

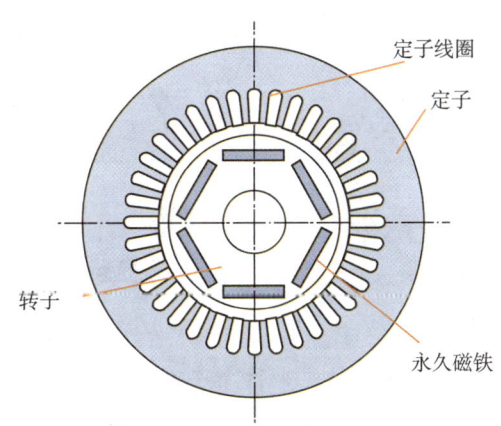

图 6-4-1 永磁同步电机示意图

（1）内置式永磁同步电动机

内置式结构的永磁体位于转子内部，永磁体外表面与定子铁芯内圆之间有铁磁物质制成的极靴，极靴中可以放置铸铝笼或铜条笼，起阻尼或启动作用，动态和稳态性能好，广泛用于要求有异步启动能力或动态性能高的永磁同步电机。内置式转子内的永磁体受到极靴的保护，转子磁路结构的不对称性所产生的磁阻转矩也有助于提高电机的过载能力或功率密度，而且易于弱磁扩速。

按永磁体磁化方向与转子旋转方向的相互关系，内置式转子结构又可分为径向式、切向式和混合式三种，如图 6-4-2 所示。

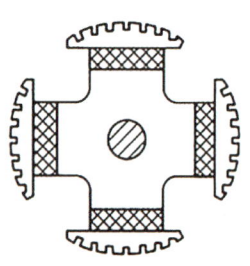  

（a）内置径向式　　　　　（b）内置切向式　　　　　（c）内置混合式

图 6-4-2　内置式转子结构

径向式转子结构的永磁同步电机的磁钢放在磁通轴的非对称位置上或同时利用径向和切向充磁的磁钢，以产生高磁通密度。该结构的优点是漏磁系数小，转轴上不需采取隔磁措施，极弧系数易于控制，转子冲片机械强度高，安装永磁体后转子不易变形等。

切向式转子结构的转子有较大的惯性，漏磁系数较大，制造工艺和成本较径向式有所增加。其优点是一个极距下的磁通由相邻两个磁极并联提供，可得到更大的每极磁通。尤其当电机极数较多、径向式结构不能提供足够的每极磁通时，这种结构的优势就显得更为突出。此外，采用该结构的永磁同步电机的磁阻转矩可占到总电磁转矩的 40%，对提高电机的功率密度和扩展恒功率运行范围都是很有利的。混合式结构集中了径向式和切向式的优点，但结构和制造工艺都比较复杂，制造成本也比较高。

（2）表面式永磁同步电动机

表面式转子磁路结构中，永磁体通常呈瓦片形，并位于转子铁芯的外表面上，永磁体提供磁通的方向为径向。表面式结构又分为凸出式和嵌入式两种，如图 6-4-3 所示。

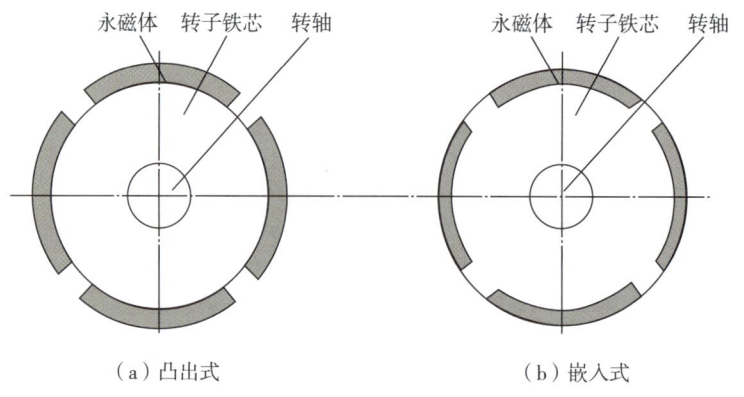

（a）凸出式　　　　　　　　　（b）嵌入式

图 6-4-3　表面式转子磁路结构

对采用稀土永磁材料的电机来说，由于永磁材料的相对回复磁导率接近 1，所以表面凸出式转子在电磁性能上属于隐极转子结构；而嵌入式转子的相邻两永磁磁极间有着磁导率很大的铁磁材料，故在电磁性能上属于凸极转子结构。

表面凸出式转子结构具有结构简单、制造成本较低、转动惯量小等优点，在矩形波永磁同步电机和恒功率运行范围不宽的正弦波永磁同步电机中得到了广泛应用。此外，表面凸出式转子结构中的永磁磁极易于实现最优设计，使其成为能使电机气隙磁密波形趋近于正弦波的磁极形状，可显著提高电机乃至整个传动系统的性能。

表面嵌入式转子结构可充分利用转子磁路不对称性所产生的磁阻转矩，提高电机的功率密度，动态性能较凸出式有所改善，制造工艺也较简单，常被某些调速永磁同步电机所采用，但漏磁系数和制造成本都较凸出式大。

2. 永磁同步电动机的性能特点

（1）永磁同步电动机与其他电动机相比的优点

1）用永磁体取代绕线式同步电动机转子中的励磁绕组，从而省去了励磁线圈、集电环和电刷，以电子换相实现无刷运行，结构简单、运行可靠。

2）永磁同步电动机的转速与电源频率间始终保持准确的同步关系，控制电源频率就能控制电动机的转速。

3）永磁同步电动机具有较硬的机械特性，对于因负载的变化而引起的电动机转矩的扰动具有较强的承受能力，瞬间最大转矩可以达到额定转矩的 3 倍以上，适合在负载转矩变化较大的工况下运行。

4）永磁同步电动机的转子为永久磁铁，无须励磁，因此电动机可以在很低的转速下保持同步运行，调速范围宽。

5）永磁同步电动机与异步电动机相比，不需要无功励磁电流，因而功率因数高，定子电流和定子铜耗小，效率高。

6）体积小、质量轻。近些年来随着高性能永磁材料的不断应用，永磁同步电动机的功率密度得到很大提高，比起同容量的异步电动机来，体积和质量都有较大的减少，使其适合应用在许多特殊场合。

7）结构多样化，应用范围广。

（2）永磁同步电动机的缺点

1）由于永磁同步电动机的转子为永磁体，无法调节，必须通过加定子直轴去磁电流分量来削弱磁场，这会增大定子的电流，增加电动机的铜耗。

2）转子上的永磁材料在高温、震动和过流的条件下会产生磁性衰退的现象，所以在相对复杂的工作条件下，电机容易发生损坏。

3）永磁同步电动机的磁钢价格较高，因此整个电机及其控制系统成本较高。

6.4.3 永磁同步电机的工作原理

永磁同步电机的工作原理如图 6-4-4 所示，图中 n 为电机转速，n_0 为同步转速，T 为转矩，θ 为功率角。电机的转子是一个永磁体，N、S 极沿圆周方向交替排列，定子可以看成是一个以速度 n_0 旋转的磁场。电机运行时，定子存在旋转磁动势，转子像磁针在旋转磁场中旋转一样，随着定子的旋转磁场同步旋转。

同步电机转速可表示为：
$$n = n_0 = \frac{60 f_s}{P_n}$$

式中，f_s 为电源频率；p_n 为电机极对数。

永磁同步电机的定子是三相对称绕组，三相正弦波电压在定子三相绕组中产生对称三相正弦波电流，并在气隙中产生旋转磁场。旋转磁场与已充磁的磁极作用，带动转子与旋转磁场同步旋转并力图使定、转子磁场轴线对齐。当外加负载转矩以后，转子磁场轴线将落后定子磁场轴线一个功率角，负载越大，功率角也越大，直到一个极限角度，电机停止。由此可见，同步电机在运行中，转速必须与频率严格成比例旋转，否则会失步停转。所以，它的转速与旋转磁场同步，其静态误差为零。在负载扰动下，只是功率角变化，而不引起转速变化，它的响应时间是实时的。

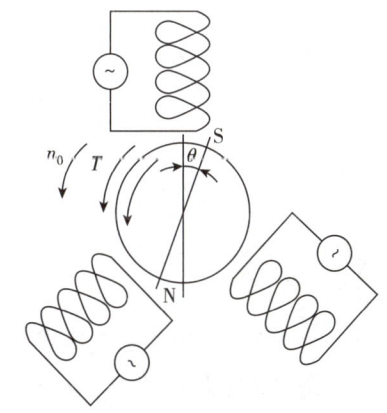

图 6-4-4 永磁同步电机的工作原理

6.4.4 永磁同步电动机的控制

永磁同步电动机控制系统可以采用矢量控制（磁场定向控制）、直接转矩控制和恒压频比开环控制等控制方式。

1. 矢量控制

矢量控制理论的基本思想为：以转子磁链旋转空间矢量为参考坐标，将定子电流分解为相互正交的两个分量，一个与磁链同方向，代表定子电流励磁分量；另一个与磁链方向正交，代表定子电流转矩分量。两个分量分别对其进行控制，可获得与直流电动机一样良好的动态特性。因其控制结构简单，控制软件实现较容易，已被广泛应用到调速系统中。

永磁同步电动机矢量控制策略与异步电动机矢量控制策略有些不同。由于永磁同步电动机转速和电源频率严格同步，其转子转速等于旋转磁场转速，转差恒等于零，没有转差功率，控制效果受转子参数影响小。因此，在永磁同步电动机上更容易实现矢量控制。

2. 直接转矩控制

直接转矩控制不需要传统矢量控制中复杂的旋转坐标变换和转子磁链定向，转矩取代电流成为受控对象，电压矢量则是控制系统里唯一的输入，直接控制转矩和磁链的增加或减小，但是转矩和磁链并不解耦，对电动机模型进行简化处理时，没有PWM信号发生器，控制结构简单，受电动机参数变化影响小，能够获得极佳的动态性能。

3. 恒压频比开环控制

恒压频比开环控制的控制变量为电动机的外部变量，即电压和频率。此控制策略简单，易于实现，转速通过电源频率进行控制，不存在异步电动机的转差和转差补偿问题。但同时，由于系统中不引入速度、位置等反馈信号，因此无法实时捕捉电动机状态，致使无法精确控制电磁转矩；在突加负载或者速度指令时，容易发生失步现象；也没有快速的动态响应特性。因此，恒压频比开环控制控制电动机磁通而没有控制电动机的转矩，控制性能差。通常只用于对调速性能要求一般的通用变频器上。

6.5 开关磁阻电动机

> **任务解析**

开关磁阻电动机驱动系统是高性能机电一体化系统，主要由开关磁阻电机、功率转换器、传感器和控制器组成，具有易维护、可靠性强、转速高、效率高的特点。此外，它的调速范围宽，控制灵活，易于实现各种特殊要求的转矩特性，适合电动汽车的动力要求。

> **任务学习**

开关磁阻电动机的定子和转子都是凸电极结构，只有定子上有绕组，转子上无绕组。通过向定子各相绕组按一定次序通入电流，在电动机内部产生磁场，此时转子受电磁转矩，并沿着与通电次序相反的方向转动。开关磁阻电动机结构比其他类型电动机要简单，只在定子上有简单的集中绕组，绕组端部短，没有相间跨接线。电动机损耗主要在定子上，易于冷却；转子无永磁体，可耐受高温。

6.5.1 开关磁阻电动机的结构与性能特点

1. 开关磁阻电动机的结构

开关磁阻电动机由双凸极的定子和转子组成（图 6-5-1），其定子和转子的凸极均由普通的硅钢片叠压而成。定子极上绕有集中绕组，把沿径向相对的两个绕组串联成一个两级磁极，称为"一相"；转子既无绕组又无永磁体，仅由硅钢片叠成。

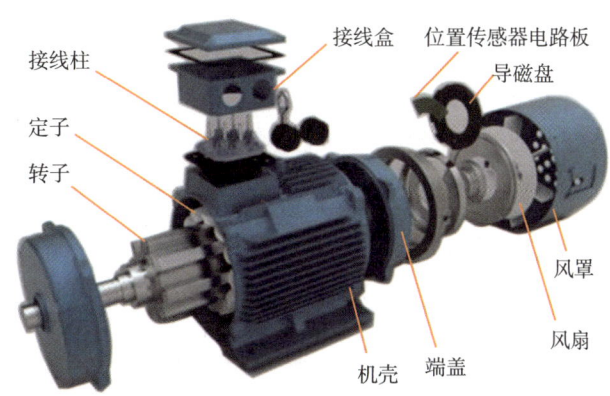

图 6-5-1　开关磁阻电动机结构

开关磁阻电动机有多种不同的相数结构，如单相、二相、四相及多相等，且定子和转子的极数有多种不同的搭配（表 6-5-1）。低于三相的开关磁阻电动机一般没有自启动能力。相数多有利于减小转矩脉动，但会导致结构复杂，主开关器件多，成本高。目前应用较多的是四相 8/6 极结构和三相 6/4 极结构。

表 6-5-1　开关磁阻电机的极数组合

相数	3	4	5	6	7	8	9
定子极数	6	10	10	12	14	16	18
转子极数	4	6	8	10	12	14	16
步进角	30	15	9	9	4.25	3.21	2.5

2. 开关磁阻电动机的性能特点

（1）开关磁阻电动机的优点

1）电动机结构简单、成本低。由于转子上没有绕组，定子线圈的端部又很短，不但制造方便，而且线圈的发热量小、容易散热，其电磁负荷可以提高，电动机利用系数高，电动机制造成本大为降低。

2）功率变换电路简单可靠。开关磁阻电动机的转矩是靠凸极效应产生的，与绕组所通电流极性无关，通入每相绕组中的是单向电流，不需要交变。这样不但可使功率开关元件数量减半，还可避免一般逆变器中最危险的上、下桥臂元件直通的故障，显著降低功率变换装置的成本，也提高了系统的安全可靠性。

3）高启动转矩，低启动电流。由于启动过程中电流冲击小，电动机和控制器发热比连续额定运行时还小，故适用于频繁起停、正反换向运行的场合。

4）可控参数多，调速性能好。可通过控制相导通角、相切断角、相电流幅值、相绕组电压等参数来控制电动机转速和转矩。

5）由于转子无线圈，转动惯量小，具有较高的转矩/惯量比，故适合于高速运行。

(2）开关磁阻电动机的缺点

1）转矩脉动现象较严重。当电感增加时，产生电动机驱动转矩，反之则产生负转矩即制动转矩。每相只在半极距内产生正转矩，易产生转矩波动，增加电动机相数可减小转矩波动。

2）振动和噪声较大，特别是在负载运行的时候。

3）电动机的绕组出线头较多，另外还有位置检测器的出线端。

4）功率开关元件关断时会在电动机定子绕组端部及开关器件上产生较高的电压尖峰。

6.5.2 开关磁阻电动机的工作原理

与其他类型的电机相比，开关磁阻电机的结构和工作原理都有很大的不同。电动汽车开关磁阻电机的定子和转子均为双凸极结构，依据磁路磁阻最小原理产生电磁转矩，使转子转动。

开关磁阻电机的定子双凸极上绕有集中绕组，转子凸极上没有绕组。其电磁转矩产生如图6-5-2所示。

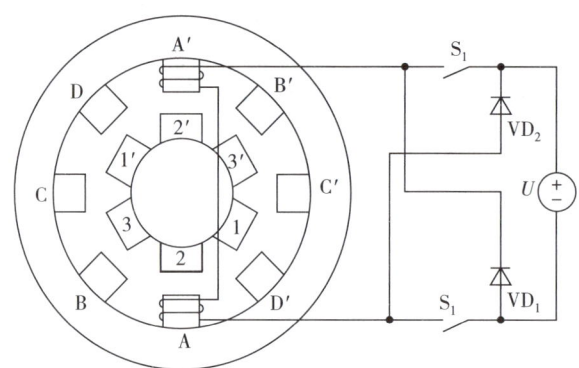

图6-5-2 开关磁阻电动机工作原理

图中仅画出其中一相绕组（A相）的连接情况。当定子、转子凸极正对时，磁阻最小；当定子、转子凸极完全错开时，磁阻最大。当B相绕组施加电流时，由于磁通总是选择磁阻最小的路径闭合，为减少磁路的磁阻，转子将顺时针旋转，直到转子凸极2与定子凸极B的轴线重合。

当各电子开关依次控制A、B、C、D四个定子绕组通电时，转子就会不断受电磁力的作用而持续转动。如果定子绕组按D-A-B-C的顺序通电，则转子就会逆着励磁顺序以逆时针方向连续旋转。反之，若按B-A-D-C的顺序通电，则电动汽车电机转子就会沿顺时针方向转动。

根据定子、转子凸极对数的配比，开关磁阻电机可以设计成不同的结构，如图6-5-3所示。

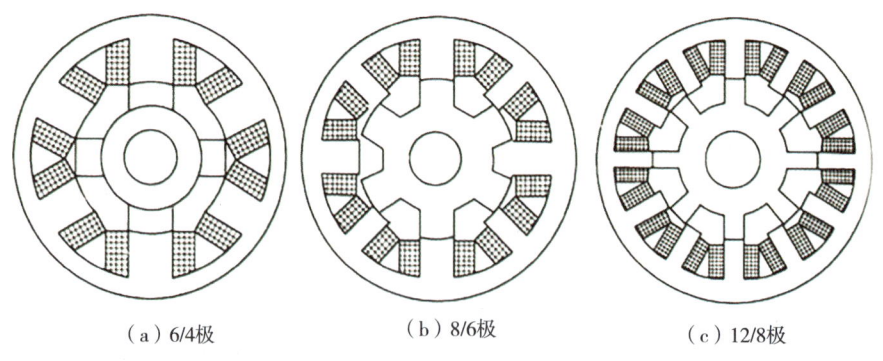

(a) 6/4极　　　　　(b) 8/6极　　　　　(c) 12/8极

图6-5-3 开关磁阻电动机的基本结构

6.5.3 开关磁阻电动机的控制

开关磁阻电动机不同于常规的感应电动机，因其自身结构的特殊性，既可以通过控制电动机自身的参数（如开通角、关断角）来实现，也可适用于其他电动机上的控制理论，如 PID 控制、模糊控制等，对功率变换器部分进行控制，进而实现电动机的速度调节。

针对自身参数进行控制，目前主要使用的几种基本控制方式有角度位置控制、电流斩波控制和电压控制。

1. 角度位置控制

角度位置控制是在加在绕组上的电压一定的情况下，通过改变绕组上主开关的开通角和关断角来改变绕组的通、断电时刻，调节相电流的波形，实现转速闭环控制。

根据电动势平衡方程式可知，当电动机转速较高时，旋转电动势较大，则此时电流上升率下降，各相的主开关器件的导通时间较短，电动机绕组的相电流不易上升，电流相对较，便于使用角度位置控制方式。

角度位置控制的优点在于：转矩调节的范围宽；可同时多相通电，以增加电动机的输出转矩，同时减小了转矩波动；通过角度的优化，能实现效率最优控制或转矩最优控制。

根据上面的分析可知，此方法不适用于低速场合。因为在低速时，旋转电动势较小，使电流峰值增大，必须采取相应措施进行限流，故一般用于转速较高的场合。

2. 电流斩波控制

根据电动势平衡方程式可知，电动机低速运行特别是启动时，旋转电动势引起的压降很小，相电流上升快，为避免过大的电流脉冲对功率开关器件及电动机造成损坏需要对电流峰值进行限定。因此，可采用电流的斩波控制，获取恒转矩的机械特性。电流斩波控制一般不会对开通、关断角进行控制，它将直接选择在每相的特定导通位置对电流进行斩波控制。目前常用的有两种方案：对电流上、下限进行限制的控制，以及限制电流上限值和恒定关断时间的控制。

电流斩波控制的优点在于：它适用于电动机的低速调速系统，可以控制电流峰值的增长，并有很好的电流调节作用；因每相电流波形会呈现出较宽的平顶状，使得产生的转矩比较平稳，转矩的波动相应地比其他控制方式要小。然而，由于电流的峰值受到了限制，当电动机转速在负载的扰动作用下发生变化时，电流的峰值无法做出相应的改变，使得系统的特性比较软，因此系统在负载扰动下的动态响应很缓慢。

3. 电压控制

电压控制方式是保持开通角、关断角不变的前提下，使功率开关器件工作在脉冲宽度调制（PWM）方式。通过调节 PWM 波的占空比来调整加在绕组两端电压的平均值，进而改变绕组电流的大小实现对转速的调节。若增大调制脉冲的频率，就会使电流的波型比较平滑，电动机出力增大，噪声减，但对功率开关器件的工作频率的要求就会增大。电压控制的优点在于，它通过调节绕组电压的平均值进而调节电流，因此可用在低速和高速系统，且控制简单，但它的调速范围有限。

6.6 轮毂电动机

任务解析

轮毂电动机技术又称为车轮内装式电动机技术，是一种将电动机、传动系统和制动系统融为一体的轮毂装置技术，是现阶段先进电动汽车技术研究的热点之一。该技术具有高集成度的优点，非常适合用在新能源汽车上，有着非常好的发展前景。

> **任务学习**

轮毂电动机全称为永磁轮毂同步电动机，是永磁同步电动机的一种特殊结构（图 6-6-1）。它把电动机安装在轮辋内，构成电动轮驱动汽车行驶，它的基本原理与永磁同步电动机相同。随着电池技术、动力控制系统和整车能源管理系统等相关技术研发的不断深入，以及电动机性能的不断提高，轮毂电动机技术将在电动汽车上取得更大成功。

图 6-6-1 轮毂电动机结构

6.6.1 轮毂电动机的结构形式

轮毂电动机使用时可分为减速驱动和直接驱动两大类，如图 6-6-2 所示。

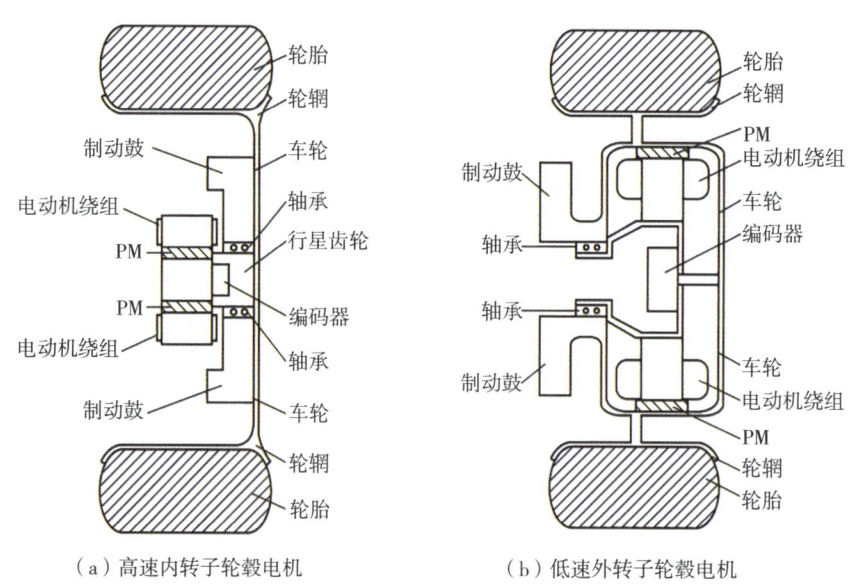

（a）高速内转子轮毂电机 　　（b）低速外转子轮毂电机

图 6-6-2 轮毂电动机的结构形式

在减速驱动方式下，电动机一般在高速下运行，而且对电动机的其他性能没有特殊要求，因此可选用普通的内转子电动机。减速机构放置在电动机和车轮之间，起减速和增加转矩的作用。减速驱动的优点是：电动机运行在高速下，具有较高的功率和效率比；体积小质量小；转矩大、爬坡性能好；能保证汽车在低速运行时获得较大、平稳的转矩。减速驱动的不足之处是：难以实现液态润滑、齿轮磨损较快、使用寿命短、不易散热、噪声大。减速驱动方式适合于丘陵或山区，以及要求过载能力大或城区公交车等需要频繁启动停车等场合。

在直接驱动方式下，电动机多采用外转子（即直接将转子安装在轮毂上）。为了使汽车能够顺利起步，要求电动机在低速时能提供大的转矩。此外，为了使汽车能够有较好的动力性，电动机需具有较宽的调速范围。直接驱动的优点有：不需要减速机构，使得整个驱动结构更加简单、紧凑，轴向尺寸也较小，而且效率也进一步提高，响应速度也变快。其缺点是：起步、迎风行驶或爬坡及承载较大载荷时需要大电流，易损坏电池和永磁体；电动机功率峰值区域很小，负荷电流超过一定值后功率急剧下降。此驱动方式适用于平路或负荷较轻的场合。

6.6.2 轮毂电动机的应用类型

轮毂电动机系统的驱动电动机按照电动机磁场的类型分为轴向磁通和径向磁通两种类型。轴向磁通电动机的结构更利于热量散发，并且它的定子可以不需要铁心；径向磁通电动机定子、转子之间的受力比较均衡，磁路由硅钢片叠压得到，技术更简单、成熟。

轮毂电动机的电动机类型主要分为无刷式、感应式和开关磁阻式3种。

1. 无刷式轮毂电动机

无刷式轮毂电动机可采用圆柱形径向磁场结构或盘式轴向磁场结构，具有较高的功率密度和效率，以及宽广的调速范围，已在国内、外多种电动汽车中获得应用，发展前景十分乐观。

2. 感应式轮毂电动机

感应式轮毂电动机的优点是结构简单、坚固耐用、成本低廉、运行可靠，转矩脉动小，噪声低，不需要位置传感器，转速极限高；缺点是驱动电路复杂、成本高，相对永磁电动机而言，异步电动机的效率和功率密度偏低。

3. 开关磁阻式轮毂电动机

开关磁阻式轮毂电动机具有结构简单、制造成本低廉、转速/转矩特性好等优点，适用于电动汽车驱动；缺点是设计、控制非常困难和精细，运行噪声大。

6.6.3 轮毂电动机驱动系统的性能特点

1. 轮毂电动机的优点

轮毂电动机驱动系统作为一种新兴的电动机驱动形式，其布置非常灵活，可以根据汽车驱动方式分别布置在电动汽车的两前轮、两后轮或4个车轮的轮毂中。和其他驱动形式的电动汽车相比，轮毂电动机驱动式电动汽车在动力源配置、底盘结构等方面有其独特的技术特征和优势，具体体现在以下几个方面：

（1）动力控制由硬连接改为软连接。电子线控技术满足了各电动轮从零到最大速度的无级变速和各电动轮间的差速的要求，从而省略了传统汽车所需的机械式操纵变速装置、离合器、变速器、传动轴和机械差速器等，使驱动系统和整车结构简洁，有效可利用空间大，传动效率提高。

（2）各电动轮的驱动力直接独立可控，使其动力学控制更为灵活、方便；能合理控制各电动轮的驱动力，从而提高恶劣路面条件下的行驶性能。

（3）容易实现各电动轮的电气制动、机电复合制动和制动能量回馈，还能对整车能源高效利用，实施最优化控制和管理，节约能源。

（4）底架结构大为简化，使整车总布置和车身造型设计的自由度增加。若能将底架承载功能与车身功能分离，则可实现相同底盘不同车身造型的产品多样化和系列化，从而缩短新车型的开发周期，降低开发成本。

（5）若在采用轮毂电动机驱动系统的四轮电动汽车上导入线控四轮转向技术，实现车辆转向行驶高性能化，可有效减小转向半径，甚至实现零转向半径，大大增加了转向灵活性。

2. 轮毂电动机驱动系统的关键技术

轮毂电动机带来的新技术挑战，主要包括以下几个方面：

（1）轮毂电动机系统集驱动、制动、承载等多种功能于一体，优化设计难度大。

（2）车轮内部空间有限，对电动机功率密度性能要求高，设计难度大。

（3）电动机与车轮的集成导致非簧载质量较大，使悬架隔振性能恶化，影响不平路面行驶条件下的汽车操控性和安全性。同时，轮毂电动机将承受很大的路面冲击载荷，电动机抗震要求苛刻。

（4）汽车在大负荷、低速爬长坡工况下容易出现冷却不足导致的轮毂电动机过热烧毁问题，电动机的散热和强制冷却问题需要重视。

（5）车轮部位容易集存水和污物等，导致电动机的腐蚀损坏，使其寿命和可靠性受到影响。

（6）轮毂电动机运行转矩的波动可能会引起汽车轮胎、悬架、转向系统的振动和噪声，以及其他整车声振问题。

> **思考与练习**

一．填空题

1. 一般电动机由两部分组成：固定部分称为＿＿＿＿；旋转部分称为＿＿＿＿。
2. 按结构和工作原理，电动机可分为＿＿＿＿、＿＿＿＿和＿＿＿＿。
3. 按用途分类，电动机可分为＿＿＿＿和＿＿＿＿。

二．简答题

1. 电动汽车的驱动电动机具有比普通工业用电动机更为严格的技术规范，对其性能一般有哪些要求？
2. 开关磁阻电动机的结构和工作原理分别是什么？
3. 分析永磁同步电机、开关磁阻电机及轮毂电机的优缺点？
4. 同步电动机和异步电动机的差别主要体现在哪些方面？

模块 7　电动汽车控制系统

学习目标

知识目标：
1. 了解电动汽车控制系统的作用。
2. 掌握整车控制器、电池管理系统等的工作原理。

技能目标：
1. 能理解电动汽车控制系统各部分的工作情况及特点。
2. 能识别各控制的结构及安装位置。

素质目标：
1. 严格执行汽车检修规范，养成严谨科学的工作态度。
2. 养成团结协作精神。

7.1　整车控制器

任务解析

电动汽车是一个高度集成的电气化系统，各系统功能不是简单叠加，必须通过整车控制系统来进行各子系统的协调控制，从而实现整车的最佳性能。对于电动汽车，整车控制系统主要包括整车控制器、电池管理系统和电机控制器、车身控制系统等，对电动汽车的动力性、经济性、安全性等有很大影响。

任务学习

7.1.1　整车控制器的功能

整车控制器是纯电动汽车控制系统的核心，负责对车辆整体运行状况的控制、协调和监控。其主要功能包括车辆运行控制、能量管理、车辆运行状态显示、整车网络管理、故障诊断和处理等。整车控制系统是一个基于CAN总线通信网络的复杂分布式控制系统。整车控制器接收传感器信号和驾驶员的操作信号，按照设定的控制策略，向驱动电机控制模块、电池管理系统、车身控制模块等控制单元发送控制命令，并通过液晶显示单元进行车辆状态显示。对制动能量进行回收利用是整车控制器的一项重要功能。

整车控制器是电机系统的控制中心。它对所有的输入信号进行处理，并将电机控制系统运行状态的信息发送给整车控制器。根据驾驶员输入的加速踏板和制动踏板的信号，向电机控制器发出相应的控制指令，对电机进行启动、加速、减速、制动控制。在纯电动汽车减速和下坡滑行时，整车控制器配合电源系统的电池管理系统进行发电回馈，使动力蓄电池反向充电。

整车控制器还对动力蓄电池充放电过程进行控制，将与汽车行驶状况有关的速度、功率、电压、电流等信息传输到车载信息显示系统进行相应的数字或模拟显示。电机控制器内含功能诊断电路。当诊断出现异常时，它将会激活一个错误代码，并发送给整车控制器。电机控制系统使用了以下传感器来提供电机的工作信息：电流传感器——用于检测电机工作的实际电流（包括母线电流、三相交流电流）；电压传感器——用于检测供给电机控制器工作的实际电压（包括高压电池电压、蓄电池电压）；温度传感器——用于检测电机控制系统的工作温度（包括模块温度、电机控制器温度）。

整车控制器是整车控制系统的核心，是对整车安全运行进行管理的中枢部分。整车控制器的硬件结构组成如图7-1-1所示。整车控制器接收传感器传送的数据和驾驶员操作指令，按照控制策略进行处理后发送控制指令到电机控制单元、电池管理系统、车内服务设施等控制单元，并对车辆运行状态进行实时监控。在电动汽车制动过程中进行制动能量回馈控制，提高纯电动汽车的续驶里程。整车控制器直接或者通过CAN总线和其他电控单元进行数据和控制指令的传递。以整车控制器为中心节点的整车通信网络使数据的传递更为迅速、可靠。

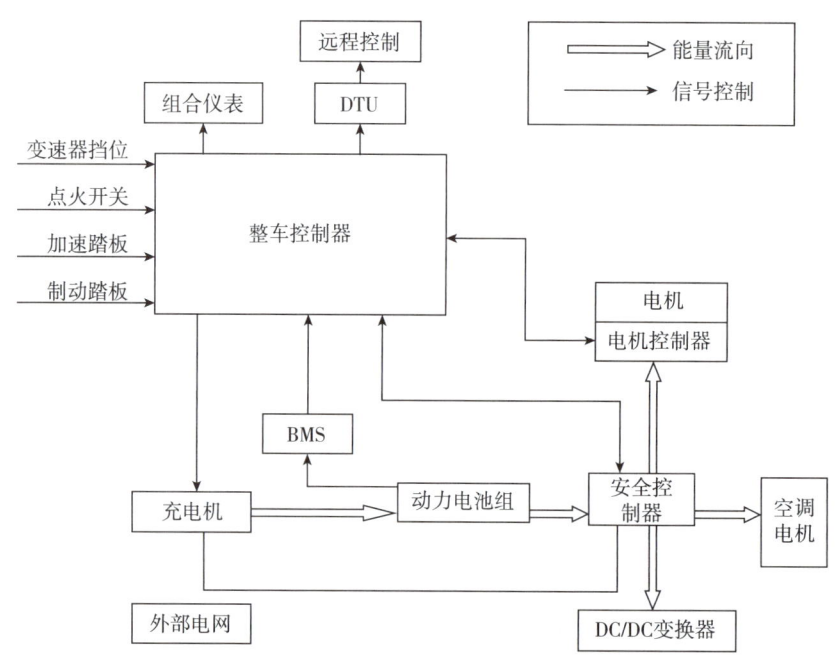

图7-1-1 整车控制器的硬件结构组成

整车控制器实现的主要功能如下：

（1）控制纯电动汽车行驶，协调电动汽车各个分系统正常工作。这是整车控制器最基本的功能。整车控制器根据驾驶员的驾驶意图和车辆实时状态，按照设定的控制程序向相关电控单元发送控制信号。例如，当驾驶员踩下加速踏板时，整车控制器向电机控制单元发送电机输出转矩信号，电机控制系统控制电机按照驾驶员的意图输出扭矩。

（2）控制液晶显示单元显示车辆运行状态。实时监测车辆的状态可以使驾驶员准确了解车辆行驶状态。整车控制器直接或者通过CAN总线通信获得车速、电池剩余电量、电机转速、电流等车辆运行数据，将这些数据通过液晶显示单元进行显示，便于驾驶员准确掌握车辆整体运行状况并完成相应操作。

（3）对整车通信网络进行管理。纯电动汽车整车通信网络是基于CAN总线技术的通信网络，具有多个主从节点，整车控制器作为车载网络的主节点，负责对网络状态的监管和对信息优先权的动态分配，对车载网络的正常运行具有重要意义。

（4）进行制动能量回馈控制。纯电动汽车的电机可以工作在再生制动状态，对制动能量进行回收利用是纯电动汽车和传统能源汽车的重要区别。整车控制器根据行驶速度、驾驶员制动意图和电池组状态进行综合判断后，对制动能量回馈进行控制。如果达到回收制动能量的条件，整车控制器向电机控制单元发送控制指令，使电机工作在发电状态，将部分制动能量储存在动力电池组中，提高车辆能量利用效率。

（5）故障检测与诊断。整车控制器对整车运行状态进行实时监控。发生故障时及时报警、采取安全措施并发送错误代码，确保车辆安全行驶。

（6）进行整车能量优化。纯电动汽车有很多用电设备，包括电机和空调设备等。整车控制器可以对能量进行合理优化来提高纯电动汽车的续驶里程。例如，当动力电池组电量较低时，整车控制器发送控制指令，关闭部分起辅助作用的电气设备，使电能优先保证车辆的安全行驶。

（7）对纯电动汽车具有保护功能，按照出现故障的类别对整车进行保护，紧急情况下可以采取必要措施进行安全保护，以防止极端情况的发生。

为了保证整车控制器实现整车控制系统定义的各项功能，确保电动汽车在各种恶劣行驶条件下能够正常工作，整车控制器必须具有快速、准确采集信息并进行分析计算的能力。在整车控制器研发过程中必须满足一定的技术指标。其主要包括：能够按照整车控制策略，向控制单元发送指令，确保车辆安全行驶；能够准确迅速处理相关数据，存储能力强，易于扩展；电磁兼容性好，抗干扰能力强，能够适应恶劣的行驶环境；等等。

7.1.2 纯电动汽车整车控制系统运行模式

纯电动汽车整车控制系统主要由整车控制器、加速踏板、制动踏板、整车通信网络及液晶显示单元等组成。纯电动汽车整车控制器采集启动信号、制动踏板信号、加速踏板信号、电机模块信号、电池管理系统信号，然后对驾驶员意图和车辆行驶状态进行判断，控制电动汽车进入不同的运行模式工作。

1. 起步行驶模式

整车控制器在完成对电动汽车的上电自检后，如果采集到驾驶员加速踏板信号，开始计算电机转矩，发送扭矩需求给电机控制单元。然后电机控制单元控制电机启动使电动汽车平稳起步。如果检测到动力电池组电量低于安全值，发送报警信号提醒驾驶员采取相应措施。

2. 行车模式

在行车模式中，整车控制器根据车辆实时状态，按照相应控制策略发送控制指令给控制单元。例如：当检测到加速踏板信号时，整车控制器将计算出的电机转矩发送给电机控制单元，输出加速扭矩提高车辆行驶速度；如果车辆出现故障或电池电流过低，整车控制器发送报警信号提示驾驶员采取相应措施。

3. 再生制动模式

纯电动汽车区别于传统内燃机动力汽车的主要特点是可以对制动能量进行回收，即在制动过程中采用合理的制动能量回馈控制策略使电机工作在发电状态，对部分制动能量进行回收利用，提高车载能量利用效率。

4. 安全保护模式

在纯电动汽车运行模式中设置安全保护模式有着重要意义，可以确保电动汽车在驱动系统出现非严重故障时继续行驶。在安全保护模式下，电机转矩受到整车控制器的限制，防止极端情况的发生。

整车控制系统按照执行任务的层级可分为决策层、协调层、执行层等部分。决策层由驾驶员构成；整车控制器作为协调层，根据车辆实时状态和决策层的指令对驾驶员的操作目的做出合理判断；整车控制器将控制指令发送给执行层，由执行层执行相应控制命令。整车控制系统是一个闭环控制系统，依靠反馈修正控制误差，有助于提高控制系统的稳定性和安全性。

7.1.3 CAN 总线

网关（gateway）又称网间连接器、协议转换器。网关在网络层以上实现网络互连，是最复杂的网络互联设备。网关既可以用于广域网互联，也可以用于局域网互联。网关是一种起转换作用的计算机系统或设备，充当翻译器，对收到的信息进行重新"打包"，以适应系统的需求。

汽车网关承担不同总线类型之间的协议转换工作，作为整车网络的数据交互枢纽，可将 CAN、LIN、MOST、FlexRay 等网络总线在不同的网络中进行路由。

汽车网关的主要功能有：

协调：协调各个模块之间的信息传输。

优先级：对于各个模块所发送的数据，根据数据的重要程度，进行优先选派。

调速：因为车辆中各个模块所属的总线传输速度不同，所以在信息交换时，网关会增大或减小其发送的数据的传输速度。

1. CAN 总线概述

CAN 总线是多主站、分布式控制工作方式，即模块化式的，各个模块可以独立工作，这样就可以避免各个模块在通信时相互干扰。网络总线上的任何一个节点在任何时候都可以向其他节点发送报文，通信非常灵活。难免出现多个节点同时发送报文的情况，为此 CAN 总线协议中对节点发送的报文规定了不同优先等级，拥有最高优先权的报文信息最先发送，优先级低的主动退出发送，从而保证了通信顺畅和实时性。CAN 总线拓扑结构如图 7-1-2 所示。

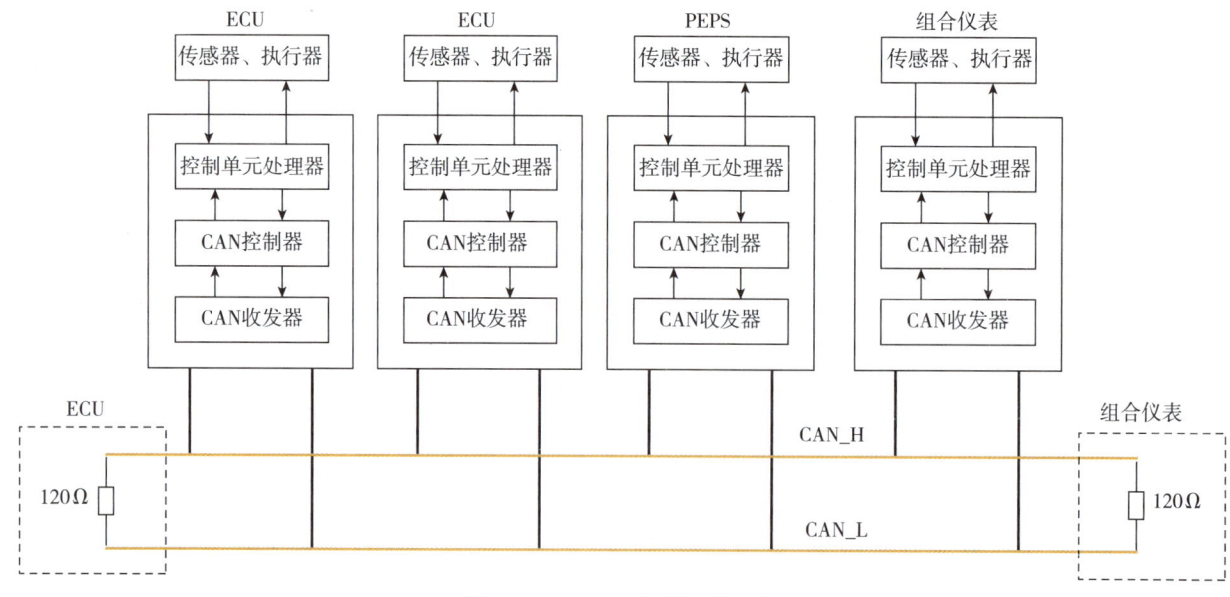

图 7-1-2 CAN 总线拓扑结构

2. CAN 总线的分类及结构组成

CAN 总线可分为高速 CAN（CAN-H）和低速 CAN（CAN-L），高速 CAN 主要用于动力系统和驱动系统，低速 CAN 主要用于车身控制系统，如图 7-1-3。

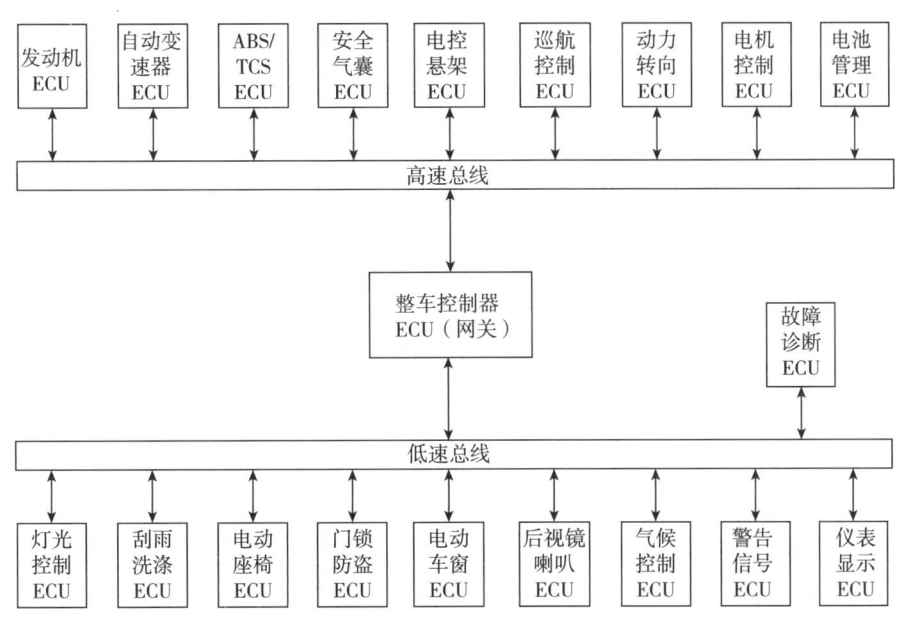

图 7-1-3　CAN 总线的分类

总线主要由四部分组成：传输线、控制器、收发器和终端电阻，如图 7-1-4 所示。其中传输线为由两根普通铜导线缠绕在一起的双绞线。控制器的作用是对收到和发送的信号进行翻译。收发器负责接收和发送网络上共享的信息。电阻是阻止 CAN 总线信号产生变化电压的反射，当电阻出现故障时，控制单元的信号无效。

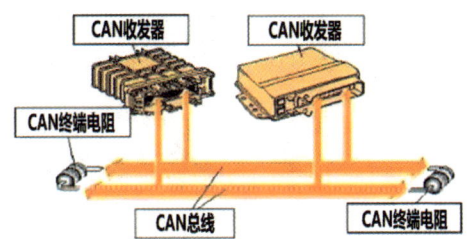

图 7-1-4　CAN 总线结构组成

各个 CAN 系统的所有控制单元都并联在 CAN 数据总线上，CAN 数据总线的两条导线分别叫 CAN-High 和 CAN-Low 线，两条扭绞在一起的导线称为双绞线，如图 7-1-5 所示。

控制单元之间的数据交换就是通过这两条导线来完成的，这线数据可能是电机转速、SOC 车速等。为了清楚起见，CAN 导线分别用两种不同的颜色来表示，CAN-High 线是黄色（浅色），CAN-Low 线是绿色（深色）。

图 7-1-5　CAN 总线颜色

3. CAN 总线的主要功能

（1）负责各电控单元之间的信息通信和交换。
（2）负责电动汽车整车驱动、转矩、功率的控制。
（3）负责电动汽车故障自检与安全控制。
（4）负责电动汽车行驶过程中姿态控制。
（5）负责 LIN 总线与 CAN 总线间的通信与控制。

4. CAN 总线的功能特点

电动汽车对通信系统的要求是：数据传输可靠、实时性高、传输速率高、误码率低；系统的可靠性好，即当总线节点出现故障时对整车性能的影响尽可能小；系统的鲁棒性（稳定性）好，允许多主网络存在。

CAN 总线作为一种有效支持分布式控制或实时控制的串行通信网络，能够满足上述要求，其模型结构只有三层，即物理层、数据链路层和应用层。传输介质为双绞线，通信速率最高可达 1Mbit/s，直接传输距离最远可达 10km，可挂接设备数最多可达 110 个。CAN 为多主工作方式，通信方式灵活，无须站地址等节点信息，采用非破坏性总线仲裁技术，满足实时要求。另外，CAN 采用短帧结构传输信号，传输时间短，具有较强的抗干扰能力。

7.2　电池管理系统

任务解析

电动汽车电池管理系统（Battery Management System，BMS）是连接车载动力蓄电池和电动汽车的重要纽带，它能使动力蓄电池性能得到充分利用。在电动汽车的发展过程中，动力蓄电池及电池管理系统的研究格外重要。电池管理系统的主要功能是提高电池的利用率，可防止蓄电池出现过充电和过放电，监控蓄电池的状态。

任务学习

在纯电动汽车使用中，为确保蓄电池性能良好，延长蓄电池使用寿命，必须对蓄电池进行合理有效的管理和控制，使蓄电池工作在合理的电压、电流、温度下。所以纯电动汽车动力蓄电池的电池管理系统非常重要。电池管理系统对蓄电池组的使用过程进行管理，对蓄电池组中各单体蓄电池的状态进行监控，可以维持蓄电池组中单体蓄电池的状态一致性，避免蓄电池状态差异造成蓄电池组性能的衰减和安全性问题。

7.2.1　电池管理系统的功能

电池管理系统对蓄电池组的使用过程进行管理，对蓄电池组中各单体蓄电池的状态进行监控，可以维持蓄电池组中单体蓄电池的状态一致性，避免蓄电池状态差异造成蓄电池组性能的衰减和安全性问题。

电池管理系统主要包括数据采集、状态估计、热管理、安全管理、能量管理、故障诊断，以及数据通信等功能。其中数据采集是其他功能的基础，需要采集蓄电池的电压、电流、温度等值，如图 7-2-1 所示。

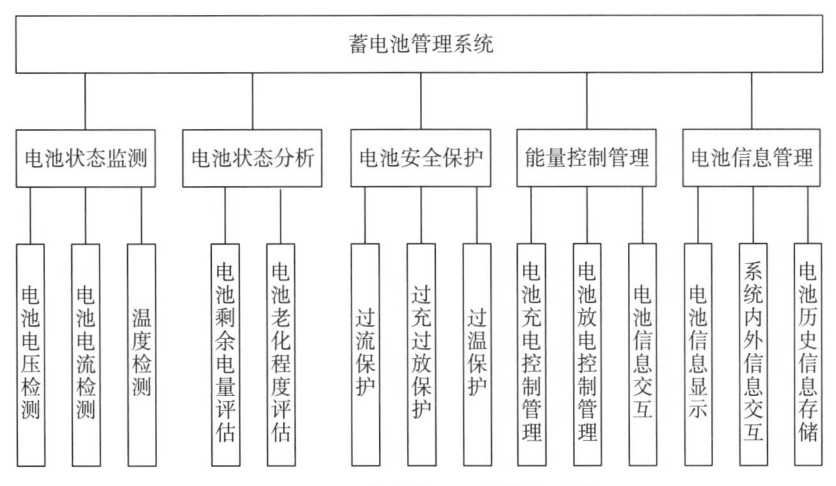

图 7-2-1 电池管理系统基本功能

蓄电池作为动力点，必须串联使用才能达到电压要求，而多个蓄电池串联使用一段时间后，蓄电池内阻和电压产生波动，单体蓄电池的状态差异会逐渐显现出来，不断循环的充放电过程加速了单体蓄电池之间的不一致性。蓄电池成组后，大功率充放电时，蓄电池组发热，在蓄电池模块内形成一定的温度梯度，使各单体蓄电池工作时环境温度不一致，削弱单体蓄电池间的一致性，降低蓄电池组充放电能力。

此外，大规模储电系统中蓄电池成本约占总成本的一半。串联成组的蓄电池系统，只要其中一节失效，如不及时发现，整串蓄电池都会跟着报废，甚至引起着火等严重安全事故。

电池管理系统存在几个关键的技术，包括荷电状态（State Of Charge，SOC）估计、热管理、电量均衡及故障诊断等，其中 SOC 估计和热管理最为核心。

1. 动力蓄电池 SOC 估计

蓄电池荷电状态 SOC 估计的准确性对于蓄电池的使用具有很重要的意义，但是由于其内部的电化学反应过程极其复杂，同时对 SOC 估计的影响因素很多，较难实现，因此 SOC 的准确估计一直是制约电动汽车行业发展的瓶颈之一。到目前为止，SOC 的估算策略大体上有两类：一种是根据蓄电池内部参数的变化，来推断其 SOC 的值；另一种是通过检测蓄电池的外特性，如充放电倍率、电压、温度、电流、寿命等参数，来推断 SOC 的值。虽然新的 SOC 估计方法不断出现，但电动汽车动力蓄电池 SOC 的精确估计问题一直没有得到彻底解决。电动汽车的动力蓄电池都是蓄电池组，如何定义一致性不好的蓄电池组的 SOC 仍然是一个问题。为了保持蓄电池的安全性，普遍采用使用能力最差蓄电池单体的 SOC 来定义蓄电池组的 SOC。

目前比较常用的 SOC 估计方法有：放电实验法、安培计量法、内阻法、负载电压法、开路电压法、神经网络法等，下面分别对这几种方法进行简单的介绍。

（1）放电实验法

放电实验法是最可靠的 SOC 估计方法，且适用于一切类型的蓄电池。具体方法：在实验室中蓄电池以恒定的电流进行连续放电，直到蓄电池电量全部放出，蓄电池的剩余电量就是放电电流与放电时间的乘积的累计值。该方式易操作且数据准确，同时还不受 SOH 的影响。但是它有两个显著的缺点：一是需要大量的实验时间；二是无法在线测量，进行实验时，蓄电池不能正常工作。

（2）安培计量法（AH 计量法）

安培计量法本质上就是只考虑流进和流出的蓄电池电量，而不考虑蓄电池外部的电气特性和内部的结构，该方法适用于所有蓄电池，是实际应用中最常用的估计方式。该方式的优点就是易操作，精度也可以，且可以在线测量，但是存在一定的突出问题：

1) 一旦电流的测量不准确，就会造成 SOC 计算误差，该误差通过积累变得越来越大，且无法消除。

2) 对干扰比较敏感，在电流剧烈波动和高温状态下，误差较大。虽然电流的测量精度问题可以通过采用高精度的电流传感器来解决，但是成本会大量增加，在实际的应用中，经常把安培计量法与其他方式结合起来一起使用，从而达到更好的效果。

(3) 内阻法

内阻法是根据蓄电池内阻与蓄电池的电量存在一定的函数关系这一特点来估算蓄电池的 SOC 大小的方法，该方式一般用于放电后期的铅酸蓄电池。一般来说，将蓄电池的内阻分为交流内阻和直流内阻两类：

1) 交流内阻可以看作一个复数变量，需要通过交流阻抗仪才可测量，很少用于实际应用中，通常以某一蓄电池的交流内阻来表征，但是这种以点代面的方法，很容易产生较大误差。

2) 直流内阻的测量方式为，取很短一段时间内电压和电流的变化率来表示，即所选测量时间的长短会对蓄电池内阻产生影响，通常取的测量时间小于 10ms。

(4) 负载电压法

在放电开始的瞬间，蓄电池的电流保持不变，而蓄电池的电压一下从开路转变为负载状态，根据负载电压和开路电压与蓄电池 SOC 的变化规律相似这一特点，可以依据放电时刻的电流和电压来估算蓄电池的 SOC 值。该方法的优点是在恒流放电时，能够实时估算出蓄电池的 SOC 值，但是，在实际的应用中，蓄电池的电压是剧烈波动的。因此该方法很少应用于实车上，常用作充放电结束的判断依据。

(5) 开路电压法

开路电压法是最简单的蓄电池 SOC 估计方式，是依据蓄电池的开路电压与其 SOC 存在近似线性的关系这一特点来判断蓄电池内部的状态，具体的方法是：先将蓄电池进行充分的静置，然后测量蓄电池的开路电压值 OCV（Open Circuit Voltage），最后建立 SOC-OCV 的对应关系，从而根据测量到的蓄电池开路电压来计算蓄电池的 SOC 值。该方式在建立 SOC-OCV 的关系时，由于对测量的要求较为严格，需注意充分考虑温度变化、静置前的充放电特性等因素对 SOC-OCV 关系的影响，且蓄电池的静置时间要适当，既要保证蓄电池的电压得到充分的恢复，又不能因为时间过长受到自放电效应的影响。

由此可知，开路电压法虽然简单，但是蓄电池需要很长的静置时间，以达到电压稳定，这段时间至少几个小时，因此，这种方法不适于电动汽车的在线检测，只适用于驻车状态，该方式一般用于估计电源系统初始和终止时的 SOC 值，通常与安培计量法一起使用，从而得到更好的估计效果。

(6) 神经网络法

蓄电池是一个复杂的非线性系统，对其建立一个准确的数学模型是很难的，而神经网络具有模拟任何非线性系统的特点，因此利用神经网络的方法来估计 SOC 一直是研究的热点。在蓄电池 SOC 中常采用三层典型神经网络，输入、输出层的神经元个数由实际需要来确定，中间层神经元个数根据问题的复杂度和训练后的精度调整。利用神经网络对蓄电池 SOC 进行估计，一般常以电压、电流、温度、内阻等作为输入，以 SOC 值作为输出，通常这种估计方法的精度高，但权值的确定需要大量的训练数据。

2. 蓄电池组热管理

蓄电池组热管理系统是从使用者角度出发的一套系统，作用是确保蓄电池组工作在适宜的温度范围内。该系统包括蓄电池箱、风机、传热介质、监测设备等部件，主要有五项功能：蓄电池温度的准确测量和监控；蓄电池组有效的散热和通风；低温条件下蓄电池组的快速加热，使其能够正常工作；有害气体产生后的有效通风；蓄电池组温度场的均匀分布。

蓄电池组热管理系统设计过程中的关键技术包括：确定蓄电池最优工作温度范围、蓄电池热场计算及温度预测、传热介质选择、热管理系统散热结构设计和风机与测温点选择等。

（1）确定蓄电池最优工作温度范围：在不同的气候条件、不同的车辆运行条件下，蓄电池组热管理系统要确保蓄电池组在安全的温度范围内运行，并且尽量将蓄电池组的工作温度保持在最优的范围之内。所以设计蓄电池组热管理系统的前提是要知道蓄电池组最优的工作温度范围，可以由蓄电池制造者提供，也可以由蓄电池使用者通过实验来确定。

（2）蓄电池热场计算及温度预测：蓄电池不是热的良导体，仅掌握电池表面温度分布不能充分说明蓄电池内部的热状态，通过数学模型计算蓄电池内部的温度场，预测蓄电池的热行为，对于设计蓄电池组热管理系统是不可或缺的环节。

（3）传热介质选择：传热介质的选择对热管理系统的性能有很大影响，传热介质要在设计热管理系统前确定。按照传热介质分类，热管理系统可分为气冷、液冷及相变材料冷却3种方式。空气冷却是最简单的方式，只需让空气流过蓄电池表面。液体冷却分为直接接触和非直接接触两种方式。矿物油可作为直接接触传热介质，水或者防冻液可作为典型的非直接接触传热介质。液冷必须通过水套等换热设施才能对蓄电池进行冷却，这在一定程度上降低了换热效率。蓄电池壁面和流体介质之间的换热率与流体流动的形态、流速、流体密度和流体热传导率等因素相关。

1）气冷方式的主要优点有：结构简单，质量相对较小；没有发生漏液的可能；有害气体产生时能有效通风；成本较低。其缺点在于其与蓄电池壁面之间换热系数低和冷却、加热速度慢。

2）液冷方式的主要优点有：与蓄电池壁面之间换热系数高，冷却、加热速度快；体积较小。其主要缺点有：存在漏液的可能；质量相对较大；维修和保养复杂；需要水套、换热器等部件，结构相对复杂。

（4）热管理系统散热结构设计：蓄电池箱内模块之间的温度差异会加剧蓄电池内阻和容量的不一致性，如果长时间积累，会造成部分蓄电池过充电或者过放电，进而影响蓄电池的寿命与性能，并造成安全隐患。蓄电池箱内模块的温度差异与蓄电池组布置有很大关系，一般情况下，中间位置的蓄电池容易积累热量，边缘的蓄电池散热条件要好。

（5）风机与测温点选择：在设计蓄电池热管理系统时，希望选择的风机种类与功率、温度传感器的数量与测温点位置都恰到好处。

7.2.2 电池管理系统的结构与原理

1. 电池管理系统的结构

电池管理系统总体框架如图7-2-2所示。蓄电池管理系统的基本组成如图7-2-3所示，蓄电池管理系统从结构性质上可分为硬件和软件。按功能分为数据采集单元（检测模块）和控制单元（均衡电源模块和控制模块）。

（1）检测模块

检测模块能够对蓄电池组中各单体蓄电池的电压、电流、温度等关键状态参数进行准确和实时的检测，并通过串行外设接口（serial peripheral interface，SPI）总线上报给控制模块。

（2）均衡电源模块

均衡电源模块能够平衡单体蓄电池间的电压差异，解决蓄电池组"短板效应"。

（3）控制模块

控制模块能够根据既定策略完成相关工作，实现SOC估计，同时将蓄电池状态数据通过CAN总线发送给整车其他的电子单元。

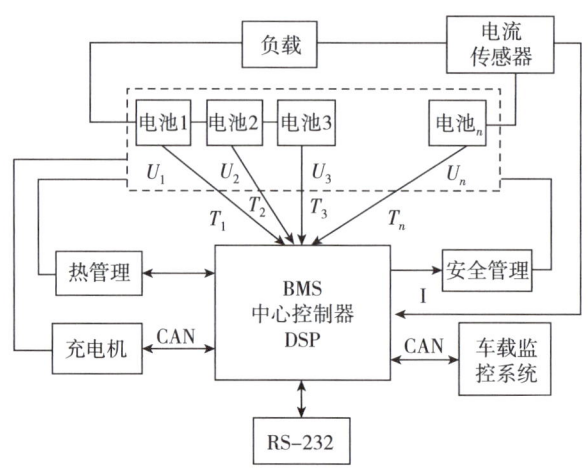

图 7-2-2 电池管理系统总体框架

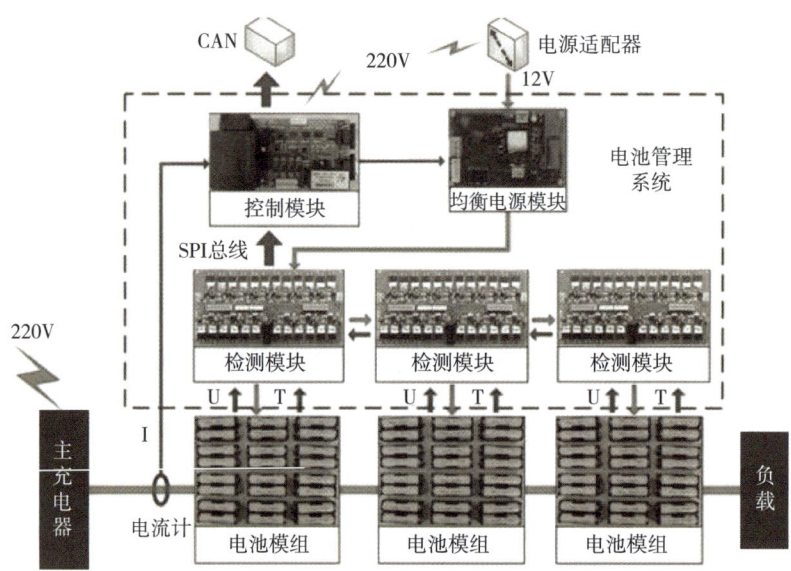

图 7-2-3 电池管理系统的基本组成

2. 电池管理系统的工作原理

数据采集电路采集电池状态信息后，通过 CAN 总线将数据传送给电控单元进行数据处理和分析，然后电池管理系统根据分析结果对系统内的相关功能模块发出控制指令（如控制风机开关等），并向外界传递参数信息，同时电池管理系统通过 CAN 总线与组合仪表及充电机等进行通信，实现参数显示、充电监控等功能。蓄电池管理系统的工作模式主要有下电模式、待机模式、放电模式、充电模式和故障模式等。

（1）下电模式

下电模式是整个系统的低压与高压部分处于不工作状态的模式。在下电模式下，BMS 控制的所有高压接触器均处于断开状态；低压控制电源处于不供电的状态。下电模式属于省电模式。

（2）待机模式

BMS 在此模式下不处理任何数据，能耗极低，能快速启动。在待机模式下，系统所有的接触器均处于未吸合状态。在该模式下，系统可接受外界的点火锁、整车控制器、电机控制器、充电插头开关等部件发出的硬线信号或受 CAN 报文控制的低压信号来驱动各高压接触器，从而使 BMS 进入所需工作模式。

（3）放电模式

BMS 在待机模式下检测到放电 WAKEUP 信号后，接收车辆控制器（vehicle control unit，VCU）发来的动力蓄电池运行状态指令和接触器的动作指令，并执行相关指令，完成 BMS 上电及预充电流程，进入放电模式。

（4）充电模式

当 BMS 检测到充电唤醒信号时，系统即进入充电模式。在该模式下，主正、主负继电器闭合，同时为保证低压控制电源持续供电，DC/DC 直流转换接触器需处于工作状态。

（5）故障模式

BMS 在任何模式下检测到故障时，均进入故障模式，同时上报 VCU 故障状态和相关故障码。故障模式是控制系统中常出现的一种状态。由于车用蓄电池的使用关系到用户的人身安全，系统对于各种相应模式总是采取安全第一的原则。BMS 对于故障的响应还需根据故障等级而定，当其故障级别较低时，系统可采取报错或发出轻微报警信号的方式告知驾驶人员；而当故障级别较高，甚至伴随有危险时，系统采取直接断开高压接触器的控制策略。

7.3　电机控制器

任务解析

电机控制器是电动汽车中连接动力蓄电池与驱动电机的电能转换单元，它从整车控制器获得整车的需求，从动力蓄电池获得电能，经过自身逆变器的调制，获得控制电机需要的电流和电压，提供给电机，使得电机的转速和转矩满足整车的加速、减速、制动、停车等要求。

任务学习

电机控制器（MCU）是电机驱动及控制系统的核心，通过集成电路的主动工作控制驱动电动机，使其按照设定的方向、速度、角度、响应时间等参数进行工作，保证高效率地将动力蓄电池的能量转化为车轮的能量来驱动车辆，或者将传递至车轮上的动能反馈到动力蓄电池中以实现车轮的制动能量回收。电机控制器实物如图 7-3-1 所示。

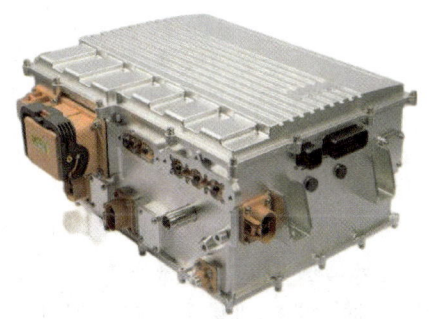

图 7-3-1　电机控制器实物图

7.3.1　国内外电机控制器发展情况

目前，在国际上从事纯电动汽车用电机控制器研发生产的企业，如美国的 CURTIS、DANAHER，欧盟的 ABB、ALSTON，日本的日立、川崎等公司，在电动汽车控制器领域积累了多年的研发生产经验，已经能够提供针对不同电机类型、不同功率等级需求的电机控制系统，电机控制器产品整体朝着耐高温、高可靠性、低成本等方向发展。下面以日立公司的电机控制器为例分析其构成与演变。

日立公司（以下简称日立）第一代电动汽车电机控器产品开发于2007年，功率密度约为6.25kW/L、IGBT（绝缘栅双极型晶体管）模块集成单面直接Pin-Fin式水冷设计；其第二代电机控制器开发于2010年，相比于第一代产品，第二代产品将冷却水道置于电容器与功率模块之间并对导电母排走线方式进行优化，使电容器的环境温度与寄生电感参数降低，提高了系统的电气性能与应用可靠性；其第三代电机控制器IGBT模块采用双面Pin-Fin直接水冷式结构，相比于第一代、第二代产品所采用的单面直接水冷结构方式，其热阻约降低35%，同等芯片尺寸下的载流密度提升超过30%，功率密度可达35kW/L，是第一代产品功率密度的5倍多。

我国的大洋电机、精进电动等公司在电机及电机控制器方面取得了一定的成果。从电力驱动系统性能参数看，国内外产品并没有明显差异，但在安全方面（高压安全、功能安全、可靠性和耐久性等）和电磁兼容方面（相关标准和测试环境等），国内产品与国外仍有较大差距。

7.3.2 电机控制器的功能与结构

电机控制器是控制动力电源与电机之间能量传输的装置，由控制信号接口电路、电机控制电路和驱动电路组成。

1. 电机控制器的功能

电机控制器作为电动汽车中连接动力蓄电池与驱动电机的电能转换单元，是电机驱动及控制系统的核心。电机控制器从整车控制器获得整车的需求，从动力蓄电池获得电能，经过自身逆变器的调制，获得控制电机需要的电流和电压，提供给电机，使得电机的转速和转矩满足整车的加速、减速、制动及停车等要求。电机控制器具有以下功能：

（1）把直流电变成交流电。
（2）控制电机正反向驱动、正反转发电。
（3）控制电机的动力输出，同时对电机进行保护。
（4）通过CAN总线与其他控制模块通信，接收并发送相关的信号，间接控制车上相关系统的运行。
（5）制动能量反馈控制。
（6）自身内部故障的检测和处理。
（7）采集P位、R位、N位和D位信号。
（8）采集制动传感器信号。

从电机控制器外部看，一般的电机控制器最少具备两对高压接口和一个低压接口。高压输入接口用于连接动力蓄电池包；高压输出接口连接电机，提供控制电源。所有通信、传感器、低压电源等都要通过低压接口引出，连接到整车控制器和动力蓄电池管理系统。

电动汽车用驱动电动机除满足车辆运行功能外，还需满足车辆行驶时的舒适性（如在涉水或泥泞颠簸路面稳定行驶）、适应环境的性能（如适应高低温天气）和一次充电的续驶里程等性能，因此，电动汽车用驱动电动机的技术规范要求比普通工业电机更为严格，需具有更高的动静态能力和安全性。电动汽车用电机控制器要求有以下几方面：

（1）控制系统中元器件温度符合相关标准规定要求。
（2）调速范围宽广，转矩响应速度快。在启动、加速、爬坡、频繁起停等低速运行情况下时，具有大转矩；汽车在平坦的路面高速运行情况下，通过控制策略实现电动机高转速运行。
（3）优化控制策略，使电动机在整个运行范围内的效率最优，包括在制动回馈时能量回收率高，在蓄电池容量一定的前提下增加续驶里程。

（4）有较为完善的保护方案，保证电动汽车故障发生时能够及时反应，充分保护生命安全和汽车财产安全。

（5）操纵性能符合驾驶人的驾驶习惯，运行平稳，乘坐舒适。

2. 电机控制器的组成

电机控制器主要由电子控制模块、驱动模块、功率变换模块和各种传感器组成。

（1）电子控制模块

电子控制模块包括硬件电路和相应的控制软件。硬件电路主要包括微处理器及其最小系统，对电机电流、电压、转速、温度等状态的监测电路，各种硬件保护电路，以及与整车控制器、蓄电池管理系统等外部控制单元数据交互的通信电路。控制软件根据不同类型电机的特点实现相应的控制算法。

（2）驱动模块

驱动模块将微处理器对电机的控制信号转换为驱动功率变换器的驱动信号，并实现功率信号和控制信号的隔离。

（3）功率变换模块

功率变换模块对电机电流进行控制。电动汽车经常使用的功率器件有大功率晶体管、门极关断晶闸管、功率场效应晶体管、绝缘栅双极型晶体管（IGBT），以及智能功率模块等。

（4）传感器

传感器主要包括电流传感器、电压传感器和温度传感器。电流传感器用以检测供给电机工作的实际电流（母线直流电流、三相交流电流）；电压传感器用以检测供给电机控制器工作的实际电压（高压电池电压、蓄电池电压）；温度传感器用以检测电机控制系统的工作温度（模块温度、电机控制器温度）。

3. 电机控制方式

电机控制方式主要有电压控制方式、电流控制方式、频率控制方式、弱磁控制、矢量控制及直接转矩控制。

（1）电压控制方式。电压控制方式是通过改变电机端电压而实现转速控制的控制方式。

（2）电流控制方式。电流控制方式是通过改变电机绕组电流而实现转速控制的控制方式。

（3）频率控制方式。频率控制方式是通过改变电机的电源频率而实现转速控制的控制方式。

（4）弱磁控制。弱磁控制是通过减弱气隙磁场控制电机转速的控制方式。

（5）矢量控制。矢量控制是将交流电机的定子电流作为矢量，经坐标变换分解成与直流电机的励磁电流和电枢电流相对应的独立控制电流分量，以实现电机转速/转矩控制的方式。

（6）直接转矩控制。直接转矩控制是用空间矢量的分析方法，直接在定子坐标系下计算并控制交流电机的转矩，采用定子磁场定向，借助于离散的两点式调节产生PWM信号，直接对逆变器的开关状态进行控制，以获得转矩的高动态性能的控制方式。

随着电动汽车和控制技术的发展，现代控制和智能控制在电机控制中的应用已成为趋势。

4. 电机控制器的分类及工作原理

目前电动汽车常用的驱动电动机及其控制系统主要有以下4种：一是直流电动机驱动系统，电动机控制一般采用脉宽调制（PWM）控制方式；二是交流感应电动机驱动系统，电动机控制一般采用矢量控制或直接转矩控制的变频调速控制方式；三是交流永磁电动机驱动系统，包括永磁同步电动机控制系统和永磁无刷方波电动机控制系统，其中永磁同步电动机控制一般采用矢量控制方法，永磁无刷方波电动机控制方法与直流电动机控制相似；四是开关磁阻电动机驱动系统，电动机控制一般采用模糊滑膜控制方式。

（1）脉宽调制（PWM）控制方式

直流电动机最早应用于电动汽车，其优点是性能好、成本低，其控制器以斩波方式工作，也称为直流斩波器。直流斩波器分为一象限型、二象限型、三象限项、四象限型。电动汽车用直流电动机控制器一般采用二象限型直流斩波器。直流斩波器输出电压有3种调节方式，分别是脉宽调制（PWM）方式、频率调制方式和限流控制方式。电动汽车用直流电动机驱动通常采用PWM方式，电动机电枢电压取决于占空比ϑ的变化（ϑ指的是在周期时间T7内，功率开关导通的时间t与周期时间T的比值），通过调节占空比ϑ来控制电枢电压，继而控制电磁转矩和电动机转速，实现电动汽车的加速、制动等。其关系式为

$$U = \vartheta U_s I_a = \frac{U_a - E}{R_a}$$

式中U_s是电源直流电压，当$\vartheta > (E/U_s)$时，$I_a>0$，电机工作在电动机模式，驱动电动车辆行驶；当$\vartheta < (E/U_s)$时，$I_a<0$，电动机工作在再生制动模式，电动机实现给电动车辆储能单元充电；当$\vartheta = (E/U_s)$时，$I_a=0$，电动机处于空载状态。

（2）矢量控制方式

矢量控制方式是将交流电动机模拟成直流电动机来控制，其基本原理是通过测量和控制异步电动机定子电流矢量，根据磁场定向原理分别对异步电动机的励磁电流和转矩电流进行控制，从而达到控制异步电动机转矩的目的。将三相坐标系下的定子电流I_a、I_b、I_c，按照功率不变原则通过三相坐标变换到二相坐标，分解成两个直流分量：励磁电流i_d和转矩电流i_q，继而实现对电动机的控制。其中，控制励磁电流i_d相当于控制磁通，控制转矩电流i_q相当于控制转矩。

（3）模糊滑膜控制方式

模糊滑膜控制方式多用于控制开关磁阻电动机。开关磁阻电动机的定子、转子极数不同，但均为凸极结构，转子上无绕组，定子上绕有各相励磁绕组，典型的为6/4结构，即定子有6个齿极，转子有4个齿极。每相磁路的磁阻根据转子位置的变化而变化，当转子磁极轴线转至与定子磁极轴线对齐时，磁阻最小。开关磁阻电动机的运行遵循"磁阻最小原则"，即磁通总是沿磁阻最小的路径闭合，通过改变绕组中电流脉冲的幅值、宽度，控制转子与定子的相对位置，即可控制转矩的大小和方向。

5. 驱动电机系统工作模式

整车控制器根据车辆运行的不同情况，包括车速、档位、电池SOC值，决定电机输出扭矩/功率。当电机控制器从整车控制器处得到扭矩输出命令时，将动力电池提供的直流电转化成三相正弦交流电，驱动电机输出扭矩，通过机械传输来驱动车辆。驱动电机系统工作模式主要分为驱动电机系统驱动模式和驱动电机系统发电模式两种。

（1）驱动电机系统驱动模式

驱动电机系统驱动模式驱动时动力电池提供直流电，经高压分配器到电机控制器，电机控制器中的逆变器将直流电转换为电压频率可调的三相交流电，供给驱动电机。驱动电机将电能变为动能驱动车轮运行。其控制过程如图7-3-2所示。

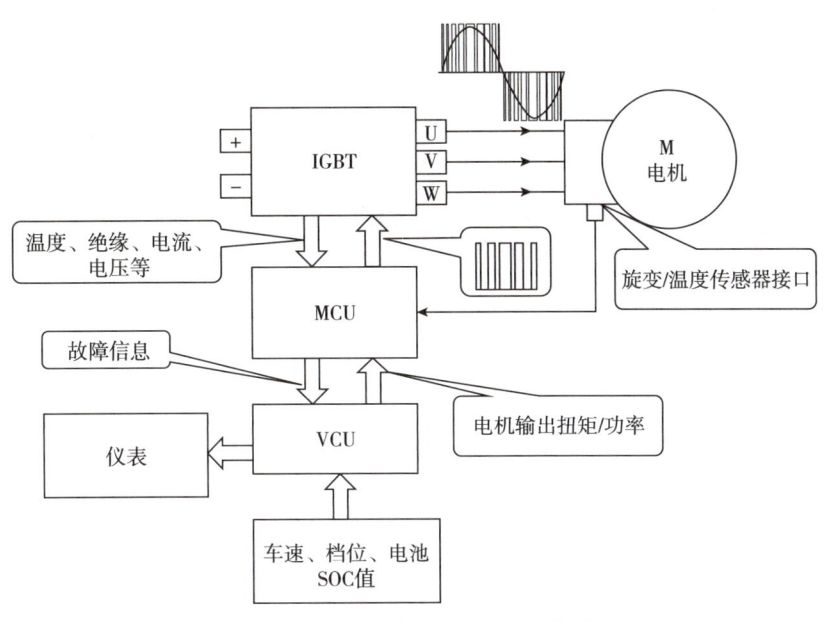

图 7-3-2　驱动电机系统驱动模式

(2) 驱动电机系统发电模式

驱动电机系统发电模式再生制动（能量回馈）时电机做发电机运行把动能变成电能产生三相交流电，逆变器将三相交流电变为直流电，经高压分配器反馈回动力电池，既节约了电能又减少了刹车片的磨耗。其控制过程如图所示。

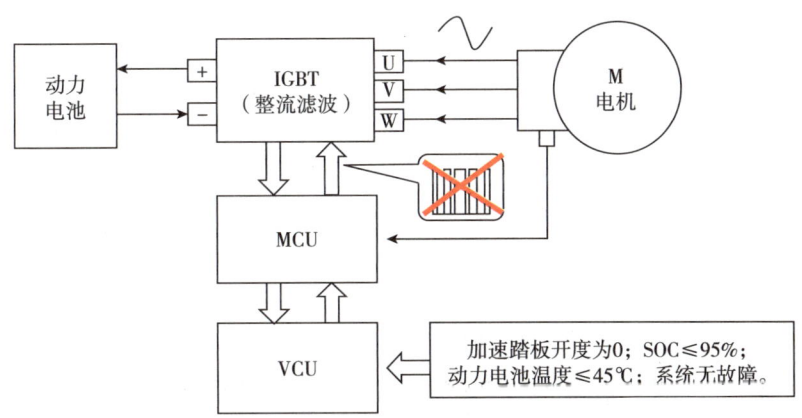

图 7-3-3　驱动电机系统发电模式

思考与练习

1. 电池管理系统的基本功能有哪些？
2. 整车控制器具有哪些功能？
3. 电池 SOC 和 SOH 分别代表什么含义？反应动力蓄电池什么状态？
4. 电机控制器有哪些功能？
5. 为什么 CAN 总线能得到大规模的应用？
6. 电动汽车电控系统直接影响电动汽车的什么性能？对保障电动汽车安全可靠运行有什么意义？

模块 8 电动汽车辅助系统

学习目标

知识目标：
1. 了解电动汽车各辅助系统的功能。
2. 掌握各辅助系统主要的结构、工作原理及控制方法。

技能目标：
1. 能认识各辅助系统的主要部件及车上安装位置。
2. 能对典型零部件进行拆解。

素质目标：
1. 严格执行汽车检修规范，养成严谨科学的工作态度。
2. 养成团结协作精神。

8.1 DC/DC 变换器

任务解析

电动汽车电子设备常常是一个极为复杂的电子系统。这个复杂的系统包含许多作用不同的功能块，每个功能块对电源的要求不尽相同。各部分所需的功率等级、电压高低、电流大小、安全可靠性、电磁兼容性等指标不同。为了满足上述要求，新能源汽车常使用各种功率变换器。

任务学习

目前使用的功率变换器可分为 AC/DC（或 AC-DC）、DC/DC（或 DC-DC）、DC/AC（或 DC-AC）三种类型。它们分别适用于各种不同的领域，其中使用最多的是前两种。

8.1.1 DC/DC 变换器概述

1. DC/DC 变换器简介

DC/DC（Direct Current，DC）转换器是直流/直流转换器的缩写。在电动汽车的电子系统和设备中，系统中的直流母线不可能满足性能各异、种类繁多的元器件（包括集成组件）对直流电源的电压等级、稳定性等的要求，因而必须采用各种 DC/DC 功率变换模块来满足电子系统对直流电源的各种需求。DC/

DC 变换模块的直流输入电源可来自系统中的电池，也可来自直流总线。这种电源通常有 48V、24V、5V 或者其他数值，其中电压稳定性能差且会有较高的噪声分量。例如，一个 12V 的汽车电池在充电时的电压可高达 15V 以上，启动电机时电压可低至 6V。要使汽车电子设备正常工作，必须使用一个 DC/DC 功率变换模块，将大范围变化的直流电压变换成一种稳定性能良好的直流电压。

2. DC/DC 变换器的功能

电动汽车的 DC/DC 变换器的主要功能是给车灯、电器控制设备（electric control unit，ECU）、小型电器等车辆附属设备供给电力和向附属设备电源充电，其作用与传统内燃机汽车的交流发电机相似。传统内燃机汽车依靠发动机带动交流发电机发电供给附属用电设备和附属设备的电源。由于纯电动汽车和燃料电池电动汽车无发动机、混合动力汽车的发动机并不是不间断地工作，并且多带有"自动停止怠速"设备，因此新能源电动汽车无法使用交流发电机提供电源，必须靠主电池向附属用电设备及电源供电。因此，DC/DC 变换器成为必备设备。

电动汽车中 DC/DC 功率转换器的主要功能如下。

（1）降压转换器

单向 DC/DC 把动力蓄电池高压直流电降压为低压直流电，电压为 12V 或 24V。例如：将 400V 蓄电池在汽车行驶中会降到电动机不能工作的电压，如电压 280V，DC/DC 转换器保证在 280~400V 变化电压区间内输出稳定的 14V 电压。

另外，当主蓄电池完全放完电之后，汽车已经不能行驶时，DC/DC 转换器仍能从蓄电池中吸取能量向电动汽车的基本辅助子系统提供稳定的 14V 电压，对于 24V 系统提供稳定 28V 电。

（2）升压转换器

1）对动力电池电压进行升压。采用 DC/DC 转换器将蓄电池高压升为更高的直流电压来驱动电动机，可提高系统的工作效率。

2）对 12V 铅酸电池进行升压。在高压蓄电池容量不能驱动汽车时，为了让汽车能开离路面，防止阻塞交通，而采用 DC/DC 转换器将 12V/24V 铅酸蓄电池电压升为高压锂离子（或镍氢蓄电池）蓄电池的电压来驱动电动机。

3. DC/DC 变换器的类型

DC/DC 变换器按是否采用高频变压器分为隔离式和非隔离式两类，隔离式 DC/DC 变换器可由非隔离式演变而来，非隔离式 DC/DC 变换器的基本拓扑是降压变换器（buck 电路）和升压变换器（boost 电路），这两种基本电路的组合又构成了另外两种基本变换器：降压升压变换器（buck-boost 电路）和升压降压变换器（cuk 电路）。

这几种电路都有电感电流连续与断续的工作状态，而对于燃料电池电动汽车用 DC/DC 变换器，则要求电感电流工作在连续的状态。隔离式变换器由基本的非隔离式变换器和隔离变压器组成，这类功率变换电路包括单端正激、单端反激、推挽式、半桥式和全桥式等几种。

双向 DC/DC 变换器的电路拓扑有很多种，如图 8-1-1 所示，常见的有电流双象限变换器、全桥变换器、T 型双向升降压变换器、级联式升降压变换器、cuk 双向变换器、sepic-zeta 双向变换器及基于上述拓扑的衍生电路，其功能及特点对比见表 8-1-1。

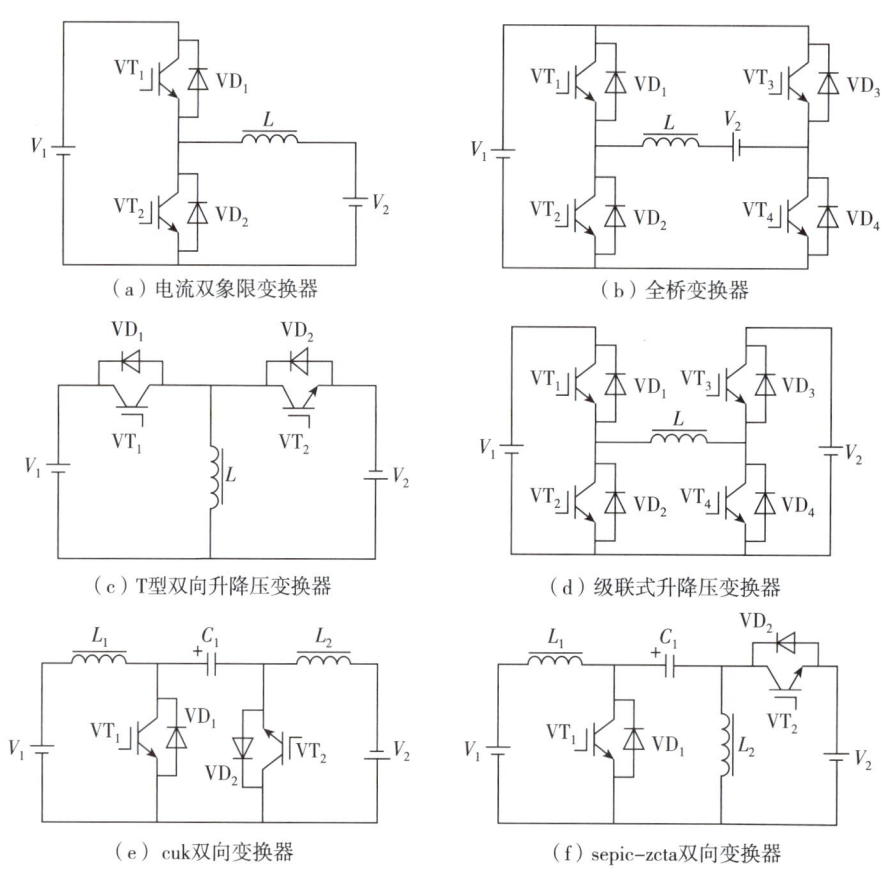

图 8-1-1 常见双向变换器的结构

表 8-1-1 常见双向变换器的功能和特点

变换器	功能	特点
电流双象限变换器	降压/升压	电流双象限、结构简单、应用成熟，同等功率条件下主开关管电压电流应力小，电感易于优化设计
全桥变换器	降压/升压	四象限运行，应用于中大功率场合，结构复杂，所用元器件较多
T 型双向升降压变换器	双向升降压	结构简单，输入输出极性相反，开关管应力大
级联式升降压变换器	双向升降压	开关管应力与电流双象限变换器相似，结构复杂，所用器件多、成本高
cuk 双向变换器	双向升降压	电容的使用降低了可靠性，输入输出极性相反，电路结构稍显复杂
sepic-zeta 双向变换器	双向升降压	电容的使用降低了可靠性，电路结构稍显复杂

8.1.2 双向 DC/DC 变换器工作原理

目前，大多数 DC/DC 变换器是单向工作的，即通过变换器的能量流动的方向只能是单向的。然而，对于需要能量双向流动的场合，例如，超级电容器在新能源电动汽车中，如果仍然使用单向 DC/DC 变换器，则需要将两个单向 DC/DC 变换器反方向并联使用，这样的做法虽然可以达到能量双向流动的目的，但是总体电路会变得非常复杂，双向 DC/DC 变换器就是可以完成这种能量流动的直接变换器。

双向 DC/DC 变换器是指在保持变换器两端的直流电压极性不变的情况下，根据实际需要完成能量双向传输的直流变换器。双向 DC/DC 变换器可以非常方便地实现能量的双向传输，使用的电力电子器件数少，具有效率高、体积小和成本低等优势。

由于双向 DC/DC 变换器具有以上优点，使其在新能源电动汽车的发展过程中得到以下应用：

1. 采用直流电机的电动汽车驱动系统

在电动汽车发展的初期，由于直流电机结构简单、技术比较成熟和优良的电磁转矩特性，所以直流电机得到了广泛应用。对于采用直流电机的新能源电动汽车而言，如图 8-1-2 所示为常见的利用双向 DC/DC 变换器的驱动系统结构图。

2. 采用交流电机的电动汽车驱动系统

由于直流电机存在价格高、体积和质量大、维护困难等缺点，目前，电动汽车用电机正在逐渐由直流向交流发展，直流电机基本上已经被交流电机、永磁电机所取代。在这些应用场合，双向 DC/DC 变换器可以调节逆变器的输入电压，并且可以实现再生回馈制动。图 8-1-3 所示为这种驱动系统的结构图。

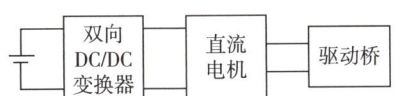

图 8-1-2 双向 DC/DC 变换器的驱动系统结构图

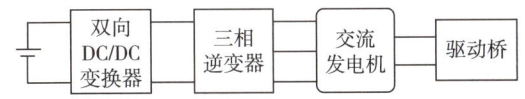

图 8-1-3 采用交流电机的电动汽车驱动系统结构图

3. 燃料电池电动汽车的驱动系统

燃料电池以其优越的性能和良好的开发前景，被广泛认为是未来电动汽车车载电池的最佳选择。

（1）在燃料电池发电前通过双向 DC/DC 变换器升高电压，提供较高的总线电压能量，保持电源输出功率的稳定。

（2）当汽车加速时，超容量电容器通过双向 DC/DC 变换器，可以提供所需的峰值功率。

（3）当汽车制动时，逆变器和双向 DC/DC 变换器将再生制动的能量存储到超级电容器中。

通过加入超级电容器和双向 DC/DC 变换器，提高了新能源电动汽车的加速和减速性能。图 8-1-4 所示为燃料电池电动汽车的驱动系统。

4. 以蓄电池和超级电容器组成的混合驱动系统

在以蓄电池和超级电容器组成的混合电源上，一般蓄电池以稳态充电、放电的形式工作，而超级电容器在电动车辆启动时，能够以大电流的放电形式工作，在接受外电源或制动反馈的电能时又能以大电流的充电形式工作。蓄电池和超级电容器的电流为双向流动，因此，在蓄电池和超级电容器与电力总线之间装置双向、升降压（Buck-Boost）型 DC/DC 转换器，双向控制和调配所输入和输出的电流。升降压双向 DC/DC 转换器电路如图 8-1-5 所示。

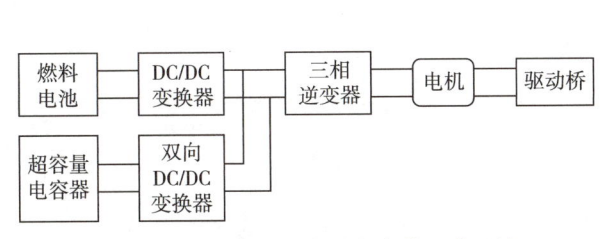

图 8-1-4 燃料电池电动汽车的驱动系统

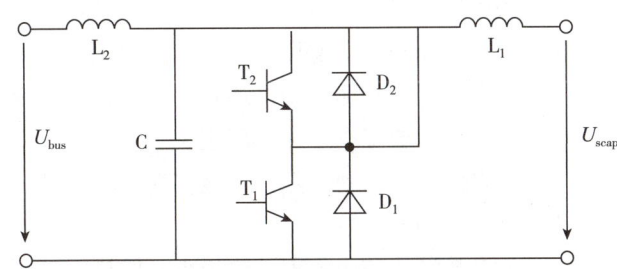

图 8-1-5 双向 DC/DC 转换器电路

在升、降压双向 DC/DC 转换器的输入端用 2 个导通开关和 2 个整流二极管，分别组成 2 个大功率的直流电转换器（IGBT），在输入端装有电感器 L_2 和电容器 C，在输出端装有电感器 L_1。双向 DC/DC 转换器处于充电工况时，导通开关 T_1 切断，导通开关 T_2 导通，充电机或制动反馈的电流，经由动力总线向蓄电池或超级电容器充电。在通过电感 L_1 时，部分电流暂时存留在电感 L_1 中，当导通开关 T_2 断开后，电感 L_1 中存留的电流通过整流二极管 D_2 转存在电容器 C 中。双向 DC/DC 转换器在对超级电容器充电时处于降压（Buck）状态。在超级电容器电路上装置电感 L_1 还可以减小进入超级电容器线路的电流脉冲。

双向 DC/DC 转换器处于放电工况时，导通开关 T_1 导通，导通开关 T_2 切断。蓄电池或超级电容器放电，电容器 C 中储存的电荷也同时放电，电流方向是由超级电容器向动力总线方向流动，DC/DC 转换器对外放电处于升压（Boost）状态。在总线电路上装置电感 L_2 可以减小进入总线的电流脉冲。

8.2　电动汽车制动系统

任务解析

传统燃油车制动系统真空助力装置的真空源来自发动机进气歧管，真空度负压一般可达到 0.05～0.07MPa。对于电动汽车，由于没有真空动力源，仅由人力所产生的制动力无法满足行车制动的需要，因此需要开发设计满足电动汽车的制动系统。

任务学习

8.2.1　电动制动系统的结构

电动机械制动（EMB）系统有 6 大基本组成部分：安装在 4 个车轮的独立的车轮控制模块、制动踏板模拟器、中央控制单元、EMB 的控制器、轮速、车速等各种传感器和电源系统。

1. 车轮制动模块

车轮制动模块由 EMB 执行器及其控制器等组成。其中，EMB 执行器有两种方案：一是集成了力/力矩传感器；二是没有集成力/力矩传感器，EMB 执行器作为制动系统的制动执行机构，也是其核心部件，用来产生对制动盘的夹紧力，其性能直接影响制动的效果。其组成原理如图 8-2-1 所示。它一般有 3 个基本组成部分：电机（M）、传动装置和制动钳。EMB 执行器中的电机经减速装置减速增矩，再由运动转换装置将旋转运动转换为直线运动，驱动制动钳对制动盘进行制动，电机的运动由 EMB 执行器控制器控制。

对 EMB 执行器的结构和性能有以下几点要求：
1）电机要小巧而又能提供足够大的力矩。
2）传动装置能减速增矩，还要将旋转运动转换为直线运动。
3）整个机构要工作迅速，反应灵敏。
4）能自动补偿制动间隙，并能实现驻车制动。
5）有良好的散热性。
6）整个执行器结构紧凑，体积小，质量轻，便于安装。
7）有足够的强度和寿命，以保证安全可靠。

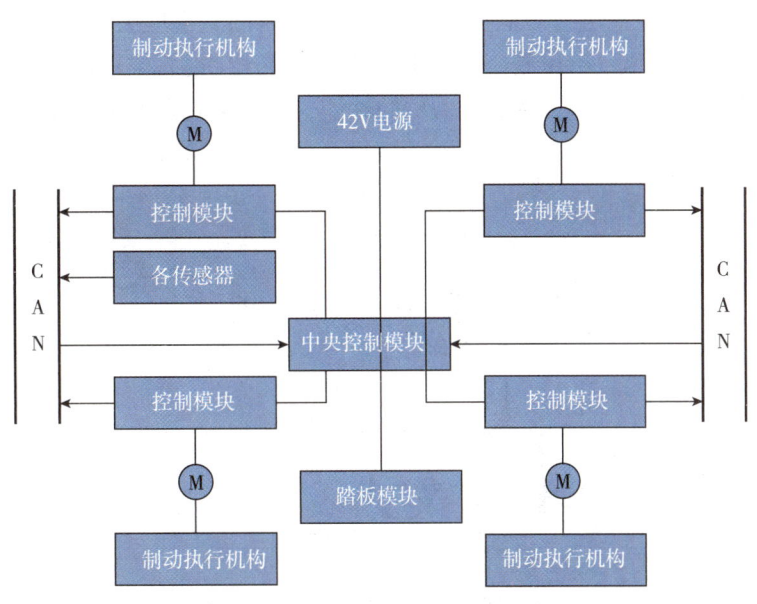

图 8-2-1　EMB 执行器组成原理图

2. 电子控制器

接收制动踏板发出的信号，控制制动；接收驻车制动信号，控制驻车制动；接收车轮传感器信号，识别车轮是否抱死、打滑等，控制车轮制动力，实现防抱死和驱动防滑。由于未来车辆的各种控制系统（卫星定位/导航系统、自动变速系统、无级转向系统、悬架系统等的控制系统）与制动系统高度集成，所以控制器还得兼顾对这些系统的控制。

3. 制动踏板模拟器

在电控机械制动系统中，已经不需要制动液，而是由电机来产生制动力矩，但是由于长期使用传统的制动器会形成一定的驾驶习惯，因此需要一个踏板模拟器来模拟传统制动器的驾驶感受。踏板模拟器必须满足的条件是：能辨识出驾驶人踩踏制动踏板的程度，从而产生近似大小的制动力矩；把路面状况反馈给驾驶人，便于操纵；模拟传统制动器踏板的特性以适应驾驶人所养成的驾驶习惯。

与传统的液压制动系统相比，在电子机械制动系统中，电源代替了液压源，机电动器代替了液压作动装置。在 EMB 系统中，常规制动系统中的液压系统（主缸、真空增压装置、液压管路等）都被电子机械系统所代替，而液压盘和鼓式制动器的调节器被电机驱动装置（制动执行器）所代替，制动力由电机产生，大小受电子控制器的控制。EMB 系统的电子控制单元根据电子踏板模块传感器的位移和速度信号，并且结合车速等其他传感器信号，向车轮制动模块的电机发出信号控制其电流和转子转角，进而产生所需要的制动力，以达到制动的目的。由于没有备用的机械或液压系统，EMB 系统的可靠性变得非常重要，要求系统有备用的电源（在主电源失效时工作）和冗余的通信。

EMB 系统的控制器采用高可靠度的总线协议，控制系统冗余设计。为了减小空间，可以把电子元件安装在 EMB 调节器内。

8.2.2　电控真空助力制动系统

图 8-2-2 所示为电控真空助力制动系统的结构，真空助力器安装于制动踏板和制动主缸间，由踏板通过推杆直接操纵。助力器与踏板产生的力叠加在一起作用在制动主缸推杆上，以提高制动主缸的输出压力。真空助力器的真空伺服气室由带有橡胶膜片的活塞分为常压室与变压室（大气阀打开时可与大气

相通），一般常压室的真空度为60~80kPa（即真空泵可以提供的真空度大小）。真空助力器所能提供助力的大小取决于其常压室与变压室气压差值的大小。真空泵所产生的真空度的大小及速度关系到真空助力器的工作状态，真空泵的容量大小关系到助力器的性能，进而影响到制动系统在各种工况下能否正常工作。

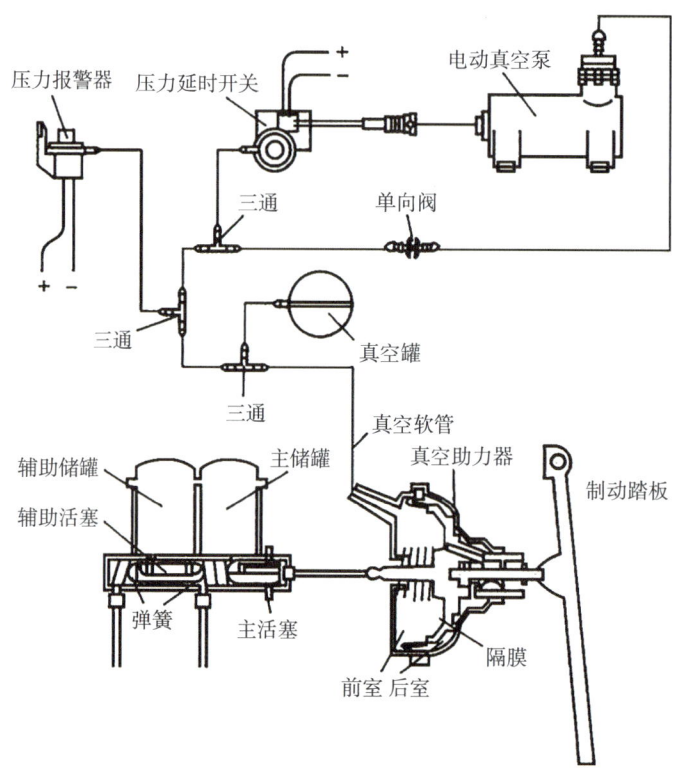

图8-2-2　电控真空助力制动系统的结构

电动真空助力制动系统的控制过程如下。

（1）接通汽车12V电源，压力延时开关闭合，真空泵大约工作30s后开关断开，这时真空罐内真空度约为80kPa。

（2）当真空罐内真空度降到55kPa时，压力延时开关再次闭合。

（3）当真空罐内真空度降到约34kPa时，压力报警器发出信号。

若真空泵控制开关有很明显的短时间开启和关闭，说明发生了泄漏。

按照这个控制策略，设计了间歇性真空发生系统，该间歇性真空发生系统的基本工作原理为：当驾驶员发动汽车时，12V电源接通，压力延时开关与压力报警器开始压力自检，若真空罐内的真空度小于55kPa，则压力膜片将会挤压触点，从而接通电源，真空泵开始工作；当真空度增加至55kPa时，压力延时开关断开，然后通过延时继电器使得真空泵继续工作大约30s后停止。每次驾驶员有制动动作时，压力延时开关均会自检，从而判断电动真空泵是否应该工作。若真空罐内的真空度低于34kPa，真空助力器不能提供有效的真空助力，这时压力报警器将会发出信号，提醒驾驶员注意行车速度。电动真空泵控制也可以采用电控单元控制，只要将压力开关换成绝对压力传感器，电动真空泵由控制单元控制继电器控制即可。

8.2.3　制动能量回收系统

制动能量回收系统是指汽车滑行、减速或下坡时，将车辆行驶过程中的动能及势能转化或部分转化为车载可充电储能系统的能量并存储起来的系统。制动能量回收对于提高电动汽车的能量利用率具有重要意义。有关研究表明，在存在较频繁的制动与启动的城市工况运行条件下，有效地回收制动能量，电动汽车大约可降低15%的能量消耗，可使电动汽车的续驶里程延长10%~30%。

1. 电动汽车制动能量回收系统的结构

电动汽车的制动系统主要由两部分组成，即电机再生制动部分和传统液压摩擦部分。因此，电动汽车的制动系统是机电复合的制动系统。电动汽车制动能量回收系统涉及的主要部件如图8-2-3所示。

当驾驶人松开加速踏板时，整车控制器根据制动踏板的开度、车辆行驶状态信息，以及动力蓄电池的状态信息，来判断某一时刻是否进行制动能量回收。例如，当动力蓄电池的温度过低时，不能进行能量回收；根据动力蓄电池的剩余电量，决定制动能量回收的大小，不同车型可能有不同的控制策略。如果动力蓄电池的电量还有很多，如电量大于90%或95%，就不进行能量回收；如果动力蓄电池的电量很少，就能够进行正常的能量回收，电池电量介于两者之间时，就会限制能量回收的最大充电电流。

当电动汽车减速时，车轮带动驱动电机转动，电机成为交流发电机而产生电流，通过电机控制器将交流电整流为直流电给动力蓄电池组充电（制动再生能量）。电动汽车控制器可通过各种传感器对动力蓄电池、驱动电机进行监控并及时反馈信息，并通过电功率表、转速表和温度表等仪表进行显示。

制动能量回收的原则：能量回收制动不应该干预ABS的工作。当ABS进行制动力调节或ABS报警时，制动能量回收不应该工作。当电机驱动系统有故障时，制动能量回收系统也不工作。在整个制动过程中，要保证电动汽车的制动稳定性和平稳性，并尽可能多地回收制动能量，延长电动汽车的续驶里程。

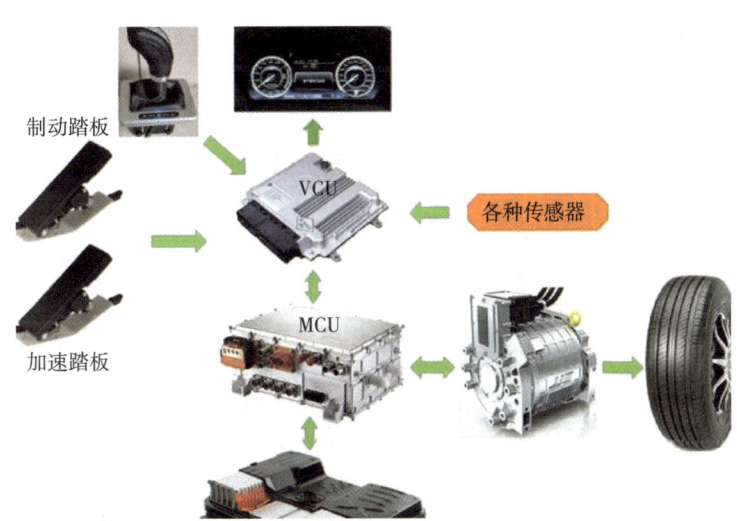

图8-2-3 电动汽车制动能量回收系统涉及的主要部件

2. 电动汽车制动能量回收系统的原理

四轮轮毂电机驱动的纯电动汽车制动能量回收系统的结构与原理，如图8-2-4所示。电动汽车的制动过程是由液压摩擦制动与电机再生制动协调作用完成的。再生制动系统主要是由轮毂电机、电机控制器、逆变器、制动控制器和动力电池等主要部件组成。汽车进行制动时，制动控制器根据不同的制动工况发出不同的指令，通过电机控制器控制轮毂电机，进行再生制动。制动能量回收的实现过程如下。

（1）在制动开始时，能量管理系统将动力电池SOC值发送给制动控制器，当SOC>0.8时，取消能量回收；当0.7≤SOC≤0.8时，制动能量回收受电池允许的最大充电电流制约；当SOC<0.7时，制动能量回收不受电池允许的最大充电电流制约。

（2）制动控制器接收由压力变送器传送的主缸压力信号，并计算出需求的电机再生制动强度上限。

（3）制动控制器根据电动机转速，计算电机实际能够提供的制动强度。

（4）比较需求的电机再生制动强度上限和电机实际能够提供的制动强度，并将结果作为电信号发送给电机控制器。

（5）此时的电动机工作在发电机状态下，可以提供电压恒定流向的电流，再通过逆变器限制电机产生的最高电压和对电压进行升压，以便满足电流输出要求，充到动力电池组中。

（6）为了保护电池，能量管理系统需要时刻监测电池温度，温度过高则停止制动能量回收。

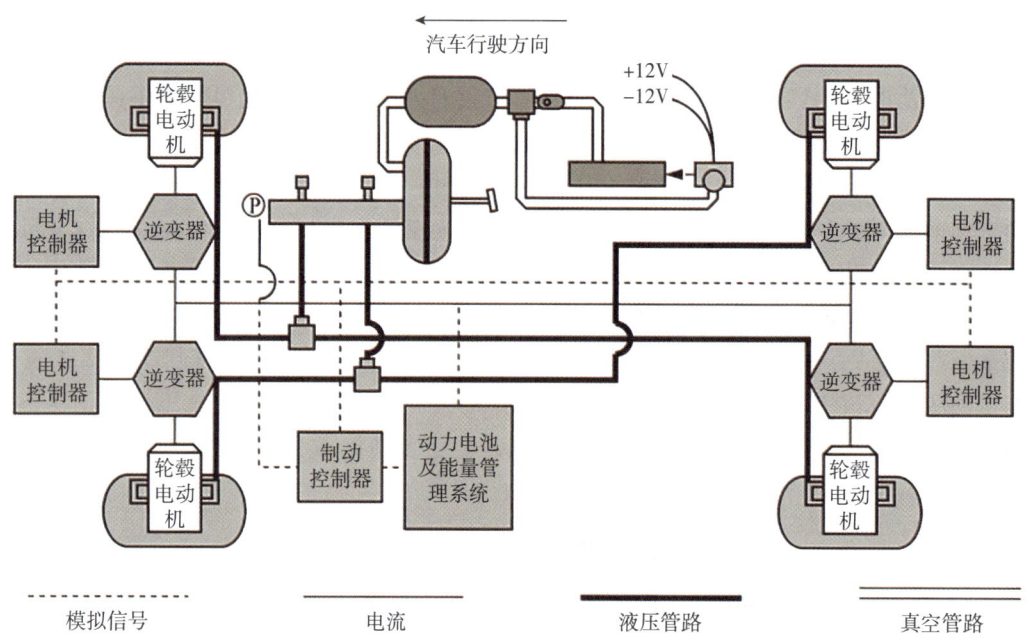

图 8-2-4　电动汽车制动能量回收系统的结构原理

3. 电动汽车制动能量回收控制策略

（1）影响电动汽车制动能量回收的因素

制动能量回收的过程是把驱动轮的部分动能通过电机回馈到动力蓄电池组中，因此整车控制系统的各个模块和各模块的使用环境对制动能量回收有较大影响。影响电动汽车制动能量回收的因素主要有以下 4 方面：

1）电机特性

当进行制动能量回收时，电机工作在再生制动模式，电机的最大制动转矩影响能够提供的电制动力的大小。向蓄电池组充电功率的大小由电机的发电功率决定，同时在制定能量回收策略时也须考虑电机的工作温度等因素。

2）蓄电池特性

当蓄电池剩余电量较高时，只能进行小电流充电或者不回收制动能量；当蓄电池剩余电量较低时，在不影响安全的前提下可以适当提高制动能量所占比例。同时，充电时间过长或充电电流过大会损害蓄电池的健康，蓄电池应该具有较高的充放电循环次数和快速充放电能力。此外，蓄电池的充电内阻影响蓄电池的充电功率，因此要选用内阻小的电池。

3）车辆行驶工况

车辆行驶于不同工况时，纯电动汽车的制动频率和制动强度不同。制动越频繁或制动强度越低，电动汽车可以回收的制动能量就越多，如车辆频繁起步与停车的城市工况。在高速公路行驶工况下制动频率较低，因而回收的制动能量也相对较少。

4）制动的安全性

当车辆进行制动时，首先需要考虑的是制动系统须满足驾驶人的制动需求和制动时车辆的稳定性，只有在满足这些要求的前提下才能够考虑回收制动能量的多少。在有些情况下，虽然电机能够提供足够大的制动力，但是为了防止车轮抱死也必须减小电制动力以确保行车安全。

2. 常见的制动能量回收控制策略

常见的电动汽车主要是采取前轮驱动的形式，因此相应的制动能量回收的控制策略主要关注前、后轮制动器提供的制动力和前轮电机提供的再生制动力三部分之间的关系。由此得到的基于电机再生制动的能量回收控制策略主要有以下三种：前后轴制动力理想分配时的控制策略、前后轴制动力比例分配时的控制策略和最优能量回收控制策略。

1）前后轴制动力理想分配时的控制策略。当减速度要求较小时，仅电机再生制动系统工作。随着制动减速度逐渐增大，前后轴制动力将被控制在理想制动力分配曲线上。其中前轴制动力等于再生制动力和机械制动力的总和。当控制系统得到驾驶员的减速度要求时，将根据制动电机的特性和车载能量存储系统的 SOC 值来决定驱动轴制动由再生制动系统单独提供，还是由机械制动系统和再生制动系统共同提供。

2）前后轴制动力比例分配时的控制策略。需要的总制动力较小时，全部由再生制动力提供；当需要的减速度增大时，电机再生制动力所占的比例逐渐减小；机械制动力开始起作用；当总制动力大于一定值时意味着这是一个紧急制动，再生制动力减小到零，机械制动提供所有的制动力；当所需的制动减速度在两者之间时，再生制动与机械制动共同作用。

3）最优能量回收控制策略。当总制动力需求小于此时能提供的最大再生制动力时，仅由再生制动力起作用；当总制动力大于此时能提供的最大再生制动力时，总制动力减去最大再生制动力是应该提供的机械制动力，剩余的需提供的机械制动力将分配为前轮机械制动力和后轮机械制动力。前、后轮机械制动力的分配按照尽量使总的前、后轮制动力分配接近理想制动力曲线。三种制动控制策略进行比较结果见表 8-2-1。

表 8-2-1 三种常见制动能量回收控制策略的比较

回收控制策略	硬件组成的复杂程度	制动稳定性	制动能量回收效率
前后轴制动力理想分配时的控制策略	较复杂，需控制系统专门的控制力	较高	较高
前后轴制动力比例分配时的控制策略	一般，改动较小	中等	中等
最优能量回收控制策略	较复杂，需专门的制动力控制系统	较低	最高

可以看出，三种回收策略各有优缺点，其中，前后轴制动力比例分配时的控制策略既能保证一定的能量回收效率，制动稳定性较理想，而且结构较简单，是目前技术条件下的一种比较好的选择。

8.3 电动汽车转向系统

任务解析

对于电动汽车而言，采用电子助力转向系统（EPS）是必然的选择，由于它本身没有内燃机，助力转向系统动力的来源只能是电机，因此电动汽车动力转向系统的选择只能是电子助力转向系统（EPS）

或液压电控转向系统（EHPS），通常趋向于选择 EPS。

📖 任务学习

在汽车的发展历程中，转向系统经历了五个发展阶段：从最初的机械式转向系统（Manual Steering，MS）发展为液压助力转向系统（Hydraulic Power Steering，HPS），再到电控液压助力转向系统（Electrical Hydraulic Power Steering，EHPS）、电动助力转向系统（Electric Power Steering，EPS）。随着电控技术的不断发展，近些年出现了线控转向系统（Direct Adaptive Steering，DAS）。

装配机械式转向系统的汽车，在泊车和低速行驶时驾驶人的转向操纵负担过于沉重，为了解决这个问题，美国 GM 公司在 20 世纪 50 年代率先在轿车上采用了液压助力转向系统。液压助力转向系统无法兼顾车辆低速时的转向轻便性和高速时的转向稳定性，于是在 1983 年日本 Koyo 公司推出了具备车速感应功能的电控液压助力转向系统。这种转向系统可以随着车速的升高提供逐渐减小的转向助力，但是结构复杂、造价较高，而且无法克服液压系统自身所具有的许多缺点，是一种介于液压助力转向和电动助力转向之间的过渡产品。1988 年，日本 Suzuki 公司在小型轿车 Cervo 上配备了 Koyo 公司研发的转向柱助力式电动助力转向系统；1990 年，日本 Honda 公司在运动型轿车 NSX 上采用了自主研发的齿条助力式电动助力转向系统，从此开始了电动助力转向在汽车上应用的历史。

8.3.1 电动助力转向系统

对于纯电动汽车而言，采用电子助力转向系统（EPS）是必然选择，由于它本身没有内燃机，助力转向系统动力的来源只能是电机，因此纯电动汽车动力转向系统的选择只能是 EPS 或者液压电动转向系统（EHPS），通常来讲都是趋向于选择 EPS（图 8-3-1）。

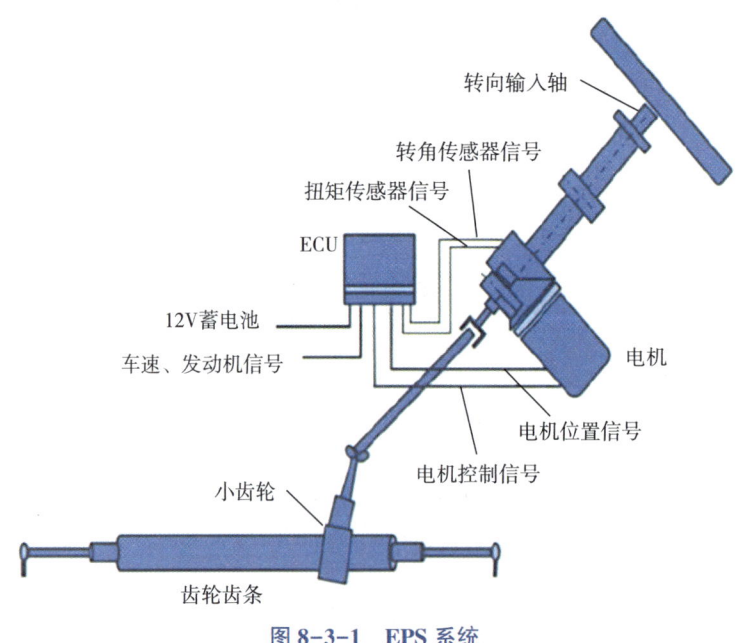

图 8-3-1　EPS 系统

1. 电动转向系统的特点

现代汽车的转向系统已经从最初的机械转向系统、液压助力转向系统（EHPS）发展至 EPS 技术。现代汽车 EPS 技术的现状是随着微电子控制技术在汽车领域的广泛应用，以及世界节能和环保两大主题的推广，其优越性越来越突出。作为今后汽车转向系统的发展方向，必将取代现有的机械转向系统、液压助力转向系统及电控液压助力转向系统。

电动转向与液压转向相比有以下优点：

（1）不转向时，不消耗功率，比液压助力转向系统可以降低燃油消耗3%~5%。

（2）转向助力的大小，可以通过控制单元中的软件，实现随车速等的变化而变化。

（3）结构紧凑、重量轻。

（4）工作时噪声小。

（5）比液压助力转向系统结构简单，无油泵、液压油、橡胶软管、油罐等。

（6）符合环保要求，车辆报废时，无须处理液压油、橡胶软管等，没有液压油的泄漏问题。

（7）安装简化（尤其是对于发动机后置和中置的车辆），装配时可节省时间。

2. 电动转向系统的分类

电动转向系统可分为液压电动转向系统（EHPS）、电动转向助力系统（EPAS或EPS）、主动前轮电动转向系统（AFS）及线控电动转向系统（SBW）四大类。

（1）液压电动转向系统（图8-3-2）。其液压油泵的驱动和发动机无关，改成由智能电控单元（ECU）控制的高性能直流无刷电机驱动，可以根据转向需要向液压转向助力器提供压力油。

（2）电动转向助力系统（图8-3-3）。电动转向助力系统是一种全电动，且和发动机无关的动力转向系统。这种系统取消了传统的液压油泵、软管、液压油、皮带及皮带轮等零件，与液压转向系统相比燃油消耗可减少4%左右。

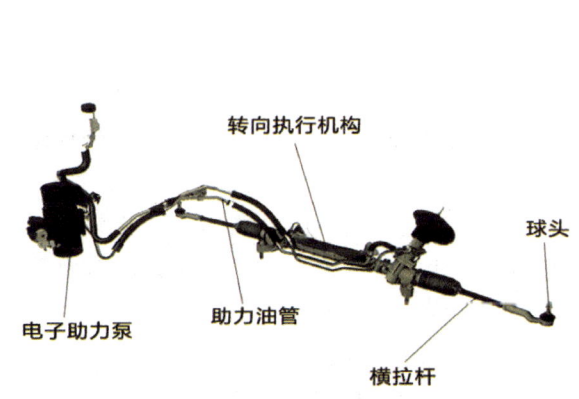

图8-3-2 液压电动转向系统

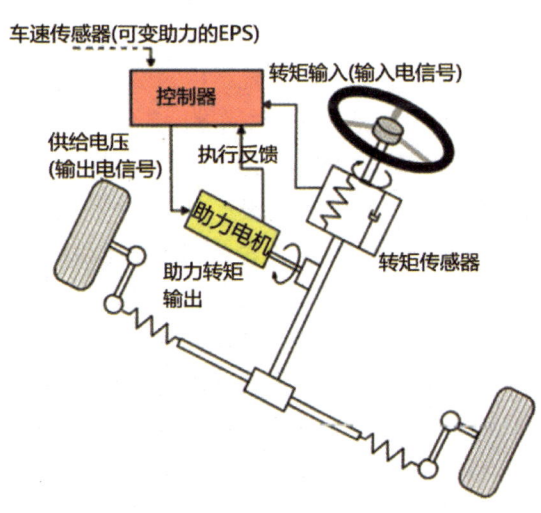

图8-3-3 电动转向助力系统

（3）主动前轮电动转向系统（图8-3-4）。AFS与各种转向助力系统相比。不但减轻了转向盘的操纵力，更是一种电子化、转向转动比可变的、必要时可以与动态稳定控制DSC配合工作的系统，其转向转动比直接和车辆速度、行车模式、道路状况有关。在正常道路条件下，低、中速度行驶时，转向盘的输入角与前轮转向角比例较小（1：10），转向感觉变得更为直接，驾驶员仅需将转向盘转动很小角度，就可轻松地使前轮转动较大角度，以增加在交通繁忙的城市道路上的车辆操控性，特别是停车转向时，提高了驾驶车辆的敏捷度。高速行驶时，转向速比增大（1：20），转向则变得"迟钝"，以提供更加安全的操作稳定性。

（4）线控电动转向系统（图8-3-5）。线控电动转向系统代表了下一代车辆转向系统的发展方向，这是由于与传统转向系统比较，它去掉了转向盘与车轮之间直接的机械连接，通过控制算法能够实现智能化车辆转向，使车辆的操纵安全更有保障，同时比传统转向系统更节省安装空间、重量更轻，也使整车设计布置具有极大灵活性。

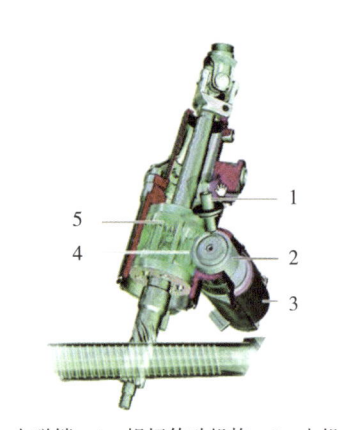

1—电磁锁；2—蜗杆传动机构；3—电机；
4—涡轮；5—行星齿轮组。

图 8-3-4　BMW AFS 转向系统

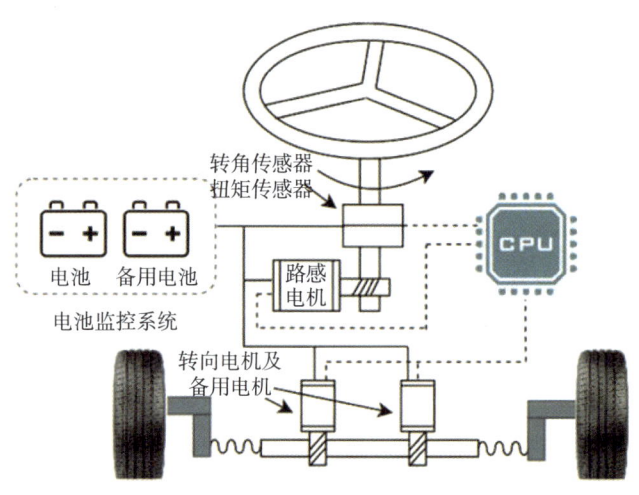

图 8-3-5　线控电动转向系统

3. 电动转向助力系统的分类

电动转向助力系统（EPAS 或 EPS）按照电动转向助力单元在电动转向系统中的安装位置的不同，可分为转向柱型、齿条型、小齿轮型、直接驱动型、循环球助力型。

（1）转向柱型 EPS。如图 8-3-6（a）所示，这种形式的 EPS 的动力辅助单元、控制器、力矩传感器等均装在转向柱上，系统结构紧凑，无论是固定式转向柱或是倾斜式转向柱以及其他形式转向柱都能安装，这种结构适用于中型车辆。

（2）齿条型 EPS。如图 8-3-6（b）所示，这种结构形式的 EPS，其动力辅助单元可以安装在齿条的任何位置，增加了结构设计布置的灵活性。动力辅助单元的大减速比使惯性很小，同时打转向盘的感觉非常好。典型的"双齿轮"式电子机械助力转向系统即为齿条型 EPS，由两个可以向转向拉杆提供足够转向力的齿轮（转向齿轮和驱动齿轮）组成。

（3）小齿轮型 EPS。如图 8-3-6（c）所示，这种结构形式的 EPS 的动力辅助单元安装在转向机构的小齿轮轴上，因为动力辅助单元在车厢外面，使得即使辅助力矩有很大增加也不会增加车厢内的噪声。若再将它与可变速比的转向器结合在一起，该系统的操纵特性将会非常好。

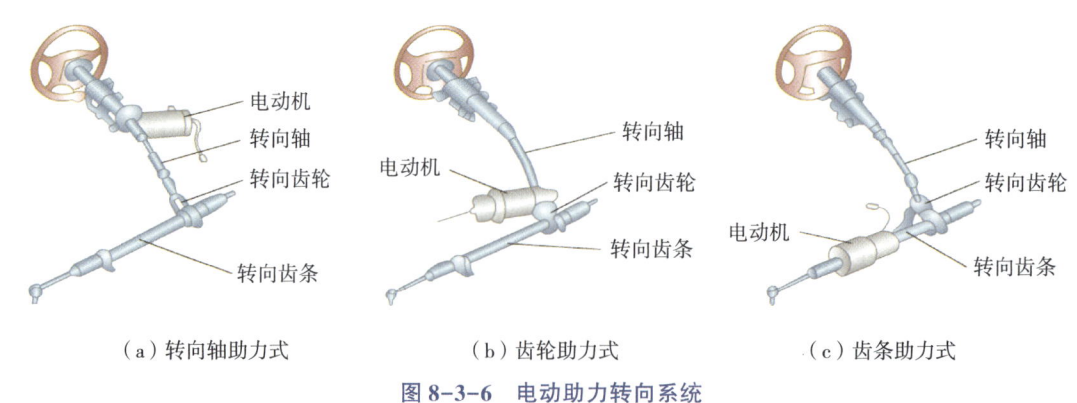

（a）转向轴助力式　　　　（b）齿轮助力式　　　　（c）齿条助力式

图 8-3-6　电动助力转向系统

（4）直接驱动型 EPS。这种 EPS 的转向齿条与动力辅助单元形成一个部件，结构紧凑，而且容易将它安装在发动机机舱内，因为助力直接通过齿条，摩擦与惯性都很小，打转向盘的感觉很理想。

（5）循环球助力型 EPS。这种结构形式的 EPS 由一个齿轮齿条式转向器和一个齿条同心安装的电动机组成。电机通过一个循环球驱动机构，推动齿条左右移动。转向传感器布置在输入轴齿轮壳体内。这种结构形式的EPS更适宜客车转向系统，其减速机构与电机相连，起降速增扭作用，常采用蜗轮蜗杆机构，也有使用行星齿轮机构的。EPS将电磁离合器装在减速机构一侧，是为了确保EPS仅在预先设定的行驶车速范围内起作用；当车速达到某一值时，离合器分离，电机停止工作，转向系统变换为手动转向。此外，当电机发生故障时，离合器也将自动分离。

8.3.2 线控主动转向系统

1. 系统原理

线控主动转向系统（Direct Adaptive Steering，DAS）的构成与传统转向系统结构类似，也是由转向盘、转向柱、转向器组成（图8-3-7），不同之处是多了3组电控单元（ECU）、转向盘后的转向动作回馈器和离合器。

线控主动转向系统在工作时，转向盘和转向轮之间没有机械连接，车轮转向的速度和角度均由ECU根据实际路况和驾驶人的转向意图计算得到，而且由于DAS最终是由ECU控制的，因此转向比、转向反应速度和转向盘转向力都是可调的，可以在个性化模式下进行设定。例如，转向力反馈的变化，通过模拟器传递给转向盘的力度可以在轻、标准和较重之间转换，运动模式下默认是较重的力度；车身对于转向盘转动的反应速度有快速、标准、慢速3种不同的调节选项，最直观的就是在快速/运动模式下的车辆，只需要转动转向盘90°多一点，不用双手离开转向盘交替转动转向盘即可完成调头动作。

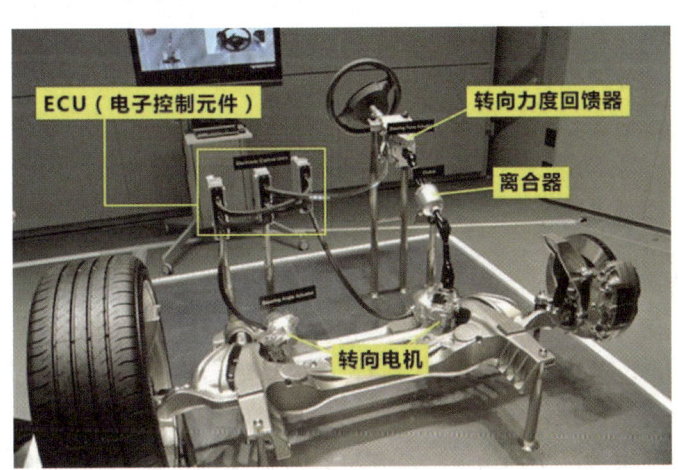

图8-3-7 线控转向系统结构

2. 系统特点

线控转向系统中，整体信号控制均以电信号进行传输，大幅提高了转向系统的反应速度。线控转向系统还提高了车辆的驾驶舒适性，由于转向盘不会因路面的剧烈变化而产生过度振动，驾驶人能更平稳地把控转向盘。此外，控制模块在收集到路面情况以及车辆跳动信息后，将会用电子信号发送指令给转向回馈动作器，随后转向回馈动作器会模拟出当下车辆行驶时所处的环境所需回馈力度。线控转向系统还可以与车辆的中央控制技术协同工作，为驾驶人提供不同预设驾驶模式以及自定义驾驶模式功能，依照个人的驾驶习惯以及路面情况改变车辆转向系统的反应。基于车速、牵引力控制及其他相关参数基础的转向比率（转向盘转角和车轮转角的比值）不断变化，低速行驶时，转向比率低，可以减少转弯或停车时转向盘转动的角度；高速行驶时，转向比率变大，获得更好的直线行驶条件。

此外，随着智能化普及，线控转向系统还可以和其他控制系统配合，起到主动安全作用。例如，作为车道偏离修正系统的一部分，主动车道控制技术通过车身外部的摄像头采集车辆和两侧车道线之间的距离，当车道监视摄像头判断行驶轨迹将会偏离出车道时，系统将联动对车轮转角进行细微的调整，确保车辆行驶在车道内。智能化的控制系统还可以根据汽车的行驶状态判断驾驶人的操作是否合理，并做出相应的调整；当汽车处于极限工况时，能够自动对汽车进行稳定控制。

3. 安全控制

为了保证车辆能够安全行驶，线控转向系统在开发过程中均开展了失效模式分析，并设定了相应的解决方案。系统将进行控制的电控单元设置成3组，互相起到备用功能，备份系统会在主系统出现故障时自动开启并替换工作。当各组系统均发生故障时，转向柱与转向机间的机械离合器立即结合，形成与传统转向系统相同的结构，从而保证正常驾驶安全。

8.4 电动汽车空调系统

任务解析

传统汽车与电动汽车空调系统的区别在于：电动汽车没有发动机的余热可以利用或者不能完全利用发动机的余热，需采用热泵型空调系统或辅助加热器。电动空调压缩机采用电动机直接驱动，但对压缩机高转速性和密封性的要求高。电动空调系统目前采用的方案包括电动热泵式空调系统、电动压缩机制冷与电加热器混合调节空调系统。

任务学习

8.4.1 电动汽车空调系统

电动汽车的动力源为汽车自带的蓄电池输出的电功率，蓄电池的容量是有限的，电动汽车的空调系统功耗约占汽车总辅助系统功耗的60%~75%，对电动汽车续驶里程影响很大。此外，电动汽车空调必须解决制冷、制热两大问题，且在制热模式时为防止挡风玻璃结霜会引入一定量的低温空气，通风热损失可达汽车热负荷的70%左右，使得冬季空调系统的能耗对电动汽车的续驶里程影响更大。所以，拥有一套高效节能的空调系统对电动汽车开拓市场具有重要的意义。对于传统燃油汽车空调系统而言，制冷主要采用发动机驱动压缩机制冷，制热主要来自发动机余热。对于电动汽车中的纯电动汽车及燃料电池汽车而言，没有发动机作为空调压缩机的动力源，不能利用其方案；对于混合动力汽车而言，发动机的控制方式多样，空调压缩机也不能采用发动机直接驱动的方案。开发高效的电动汽车空调系统对于突破电动汽车发展的"瓶颈"和节能环保都具有重要意义。

1. 电动汽车热泵空调系统

如图8-4-1所示，电动汽车热泵空调系统配套开发了双工作腔滑片压缩机、直流无刷电机和逆变器控制系统。压缩机由直流无刷电机通过皮带驱动，系统的制热/制冷运行方式的转换由四通换向阀完成。与传统的燃油汽车空调系统相比，该系统的低速性能略差，但它却具有较好的高速性能。此外，采用R12为制冷剂，已不能满足环保法规的要求。

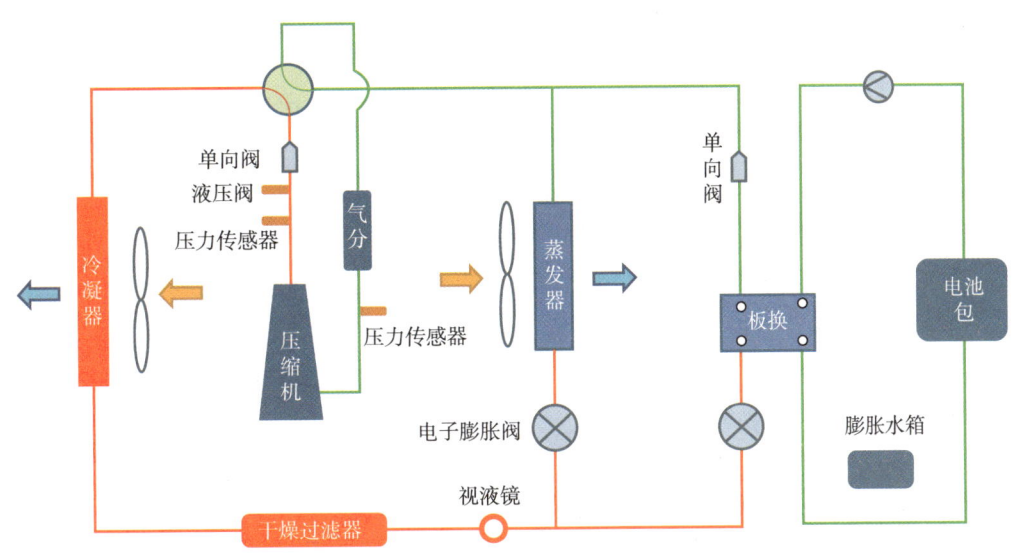

图 8-4-1　电动汽车热泵型空调系统原理图

对于热泵空调系统从融霜模式转为制热模式时，风道内换热器上的冷凝水会迅速蒸发，雾化在挡风玻璃上，对行车造成一定的危险。为解决该问题，日本电装（DENSO）公司开发了一套电动汽车热泵型空调系统，如图 8-4-2 所示，在风道内同时设置了车内冷凝器和车内蒸发器。当系统以融霜模式运行时，该空调系统经过车内外的 3 个换热器，空气通过车内蒸发器除湿冷却，再通过车内冷凝器加热后送入车内，解决了结霜对驾驶安全性的影响。该公司在 2003 年又开发了一套 CO_2 热泵空调系统，空调系统也采用了在风道内同时设置冷凝器和蒸发器的方案，并加装了可节能的内部热交换器，如图 8-4-3 所示。

该公司 2013 年设计了一套适用于电动汽车的蒸汽压缩式冷暖双模式热泵空调系统，系统的制热/制冷转换也是由四通换向阀完成的，以 R134a 作为运行工质，分别对处在 1.6℃、5.5℃、6.6℃ 环境温度下系统的制热模式进行试验。结果表明，车室内分别在 10min、6min、4min 达到较为舒适的 18℃，足以满足日常需求。此外，外界环境对热泵空调的性能影响较大，随着车室外环境温度的降低，系统压力降低，压缩机排气温度降低，单位时间内热量减少。

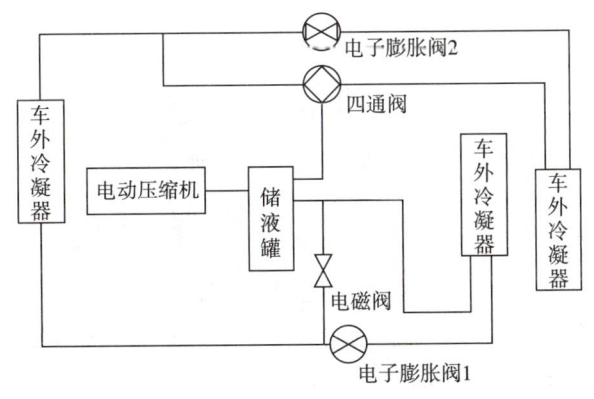

图 8-4-2　日本电装电动汽车热泵型空调系统

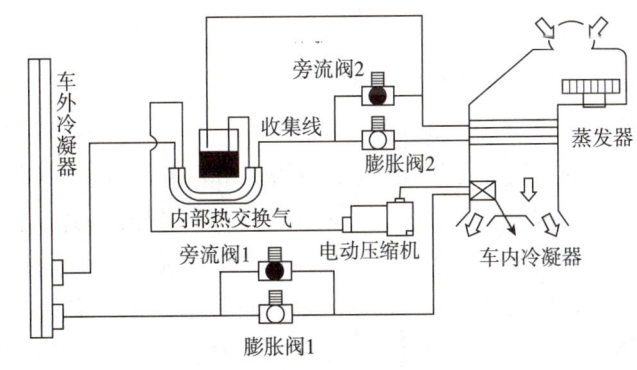

图 8-4-3　CO_2 热泵空调系统

2. 电动压缩式制冷—电加热采暖空调系统

由于电动汽车空调系统没有可利用的发动机余热，因而其制热可通过 PTC 和电热管加热实现。制冷采用直流电机驱动的蒸汽压缩式。此方案的缺点在于加热模式对动力蓄电池的消耗较大，在寒冷气候条件下，PTC加热器的使用可使电动汽车的续驶里程缩短30%~65%，极大地影响电动汽车的续驶里程，增加电动汽车的生产成本。

PTC加热器包括PTC空气加热器和PTC液体加热器两种。PTC液体加热器可布置在机舱内，对现有汽车的空调系统可直接沿用，因而在电动汽车采暖系统上应用更广泛。其工作原理如图8-4-4所示。

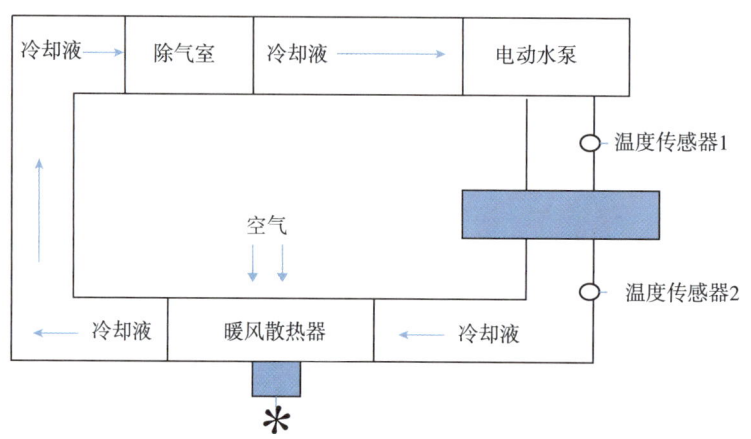

图8-4-4　PTC液体加热器工作原理

3. 余热空调及复合热泵空调系统

对于燃料电池汽车，燃料电池的发热量很大，由化学能转化的电能和热能均各占1/2，如果能有效地利用这部分余热，不但可以提高电池本身的效率，还可用于驱动车上空调系统来达到车室内对温度、湿度的要求。在利用燃料电池废热的吸收式制冷空调系统中，燃料电池热管理系统的主换热器与吸收式制冷系统的发生器直接相通，消除了二次换热引起的能量耗损。主换热器上部接有旁通支路，当燃料电池的热量大于所需值时，可由此支路经系统的辅助换热器排出。辅助换热器、吸收器、冷凝器由一套冷却系统通至车外的换热器冷却。

该系统具有节能环保、无振动、噪声低、操作简便等优点，但是其设备比常规压缩式制冷的设备体积大，系统本身存在机组密封和防腐蚀问题。由于燃料电池需要在较稳定的温度环境下工作，对燃料电池的热管理系统要求较高。

4. 冷热联合储能式电动汽车空调系统

冷热联合储能式电动汽车空调系统可通过车载蓄能器储存一定的冷量或热量，满足汽车行驶时所需的空调负荷。按蓄冷方式的不同，可将其分为载冷剂循环式冰蓄冷和制冷剂直接蒸发式冰蓄冷；按融冰方式的不同，可将其分为外融冰式和内融冰式。采用冷热联合储能式空调系统，在相同动力性能下，节约成本约20%；在相同的成本下，提高整车续航能力约30%。目前已经成熟应用的为电动压缩式制冷+电加热采暖空调系统。该系统对整车结构改变较小且操作容易，但是动力蓄电池的消耗较大。

冷热联合储能式电动汽车空调系统利用冰蓄冷和水蓄热技术达到储能目的，为电动汽车提供冷气和热量，提高了电动汽车续程能力，但该系统的缺点是增加的储能设备加大了汽车的自重。

8.4.2　电动汽车空调系统的主要组成部件

1. 涡旋式压缩机

现代纯电动汽车已不再安装内燃机，或主要不以发动机作为动力源，显然空调的压缩机已不能以发动机来驱动，而改由电机来驱动。这种驱动方式取消了传统的外驱动式皮带轮，电机一般与压缩机组装为一体，形成全封闭的结构，其结构如图 8-4-5 所示。

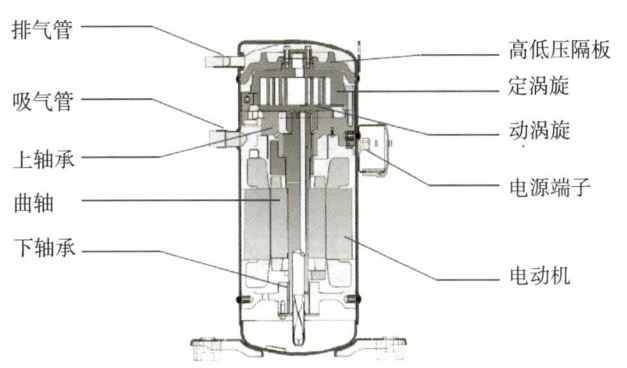

图 8-4-5　涡旋式压缩机结构

这种结构形式灵活、方便，可装置在发动机室的任何位置，而且电机与压缩机采取同轴驱动，不会出现传统驱动方式的皮带打滑、压缩机转速与发动机转速不同步现象。可通过调节电机转速改变压缩机转速，实现空调压缩机排量及制冷量的灵活控制。封闭式的驱动结构，只有电源线及进出气管与外部联系，泵气装置运行的可靠性较高，故障率较低。

电动汽车空调的制冷系统与传统汽车基本相同，主要由一体化压缩机、冷凝器、膨胀阀、蒸发器和储液干燥器 5 个部件组成，另外还增加了电气系统的空调驱动器。使用泵气效率较高的涡旋式压缩机是电动汽车空调的一个共同特点，与其他诸多类型的空调压缩机（斜盘式、曲柄连杆式、叶片式等）相比，涡旋式压缩机具有震动小、噪声低、使用寿命长、质量小转速高、效率高、外形尺寸小等多个优点，更符合电动汽车的空调使用要求。

涡旋式压缩机包括一个固定涡盘和一个运动涡盘，这两个相互啮合的涡盘的线形是相同的，它们相互错 180°安装在一起，即相位角相差 180°。涡旋式压缩机的结构如图 8-4-6 所示。

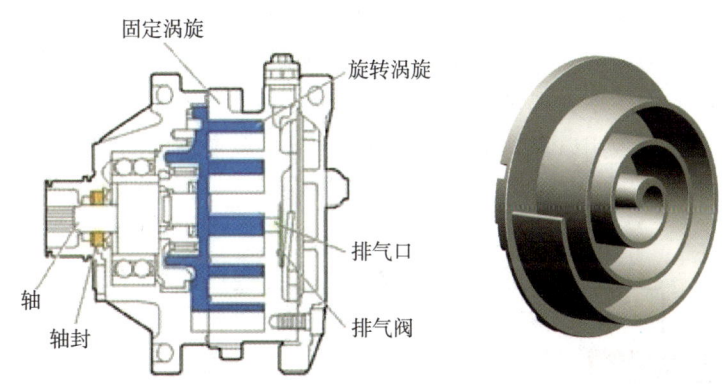

图 8-4-6　涡旋式压缩机结构

工作原理如图 8-4-7 所示，其固定涡盘固定在机架上，而运动涡盘由电机直接驱动。运动涡盘是不能自转的，只能围绕固定涡盘做很小回转半径的公转运动。当驱动电机旋转带动运动涡盘公转时，制冷气体通过滤芯吸入固定涡盘的外围部分，随着驱动轴的旋转，运动涡盘在固定涡盘内按轨迹运转，使运动、固定涡盘之间形成由外向内体积逐渐缩小的 6 个腔，即 A 腔、B 腔、C 腔、D 腔、E 腔和 F 腔，制冷气体在运动、固定涡盘所组成的 6 个月牙形压缩腔被逐渐压缩，最后从固定涡盘中心孔通过阀片将被压缩后的制冷气体连续排出。

在涡旋式压缩机的整个工作过程中，所有工作腔均由外向内逐渐变小且处于不同的压缩状况，从而保证涡旋式压缩机能连续不断地吸气、压缩和排气。虽然涡旋式压缩机每次排出制冷剂的气量较小（其排出量为 27~30cm³），但由于其运动涡盘可做高达 9000~13000r/min 的公转，所以它的总排量足够大，能满足车辆空调制冷的需求，当然压缩机的功率也较大，可达 4~7kW。

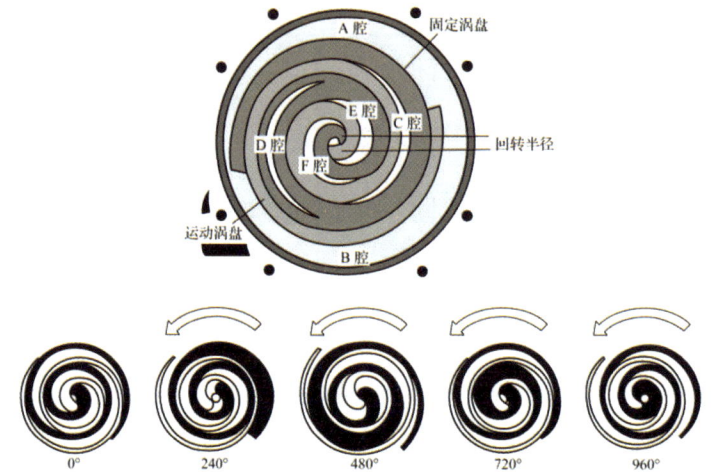

图 8-4-7　涡旋式压缩机的工作原理

2. 空调的制热源

电动汽车空调的供暖系统热源因电动汽车的形式差别而有所不同。混合动力汽车虽然有发动机，但是车辆行驶时可运行也可不运行，如混合动力电动车可单纯利用电力驱动行驶，不以发动机为动力，纯电动汽车没有发动机，所以有的电动汽车空调采用传统发动机循环冷却水做热源，而当发动机不运转时，则由半导体 PTC 元件加热，或由储热罐供热。

（1）PTC 元件供热

PTC 是一种直热式电阻材料，通电时将会产生热量，可供空调制热。例如，有的电动车空调内部有 8 条 PTC 发热元件，由空调驱动器将动力蓄电池高压电源向每条元件供电，功率可达 300~600W，用于对冷空气或冷却液的加热。前期的制热装置采用 PTC 发热条，直接将空气加热为热空气，再用风机吹出热气的方式。为提高制热器的效率，现在的制热多以水为介质，将水加热后送到空调风道的散热器，再经风机吹向车厢内的风窗玻璃，用以提高车厢内的温度和除去风窗玻璃的霜雾，如图 8-4-8。

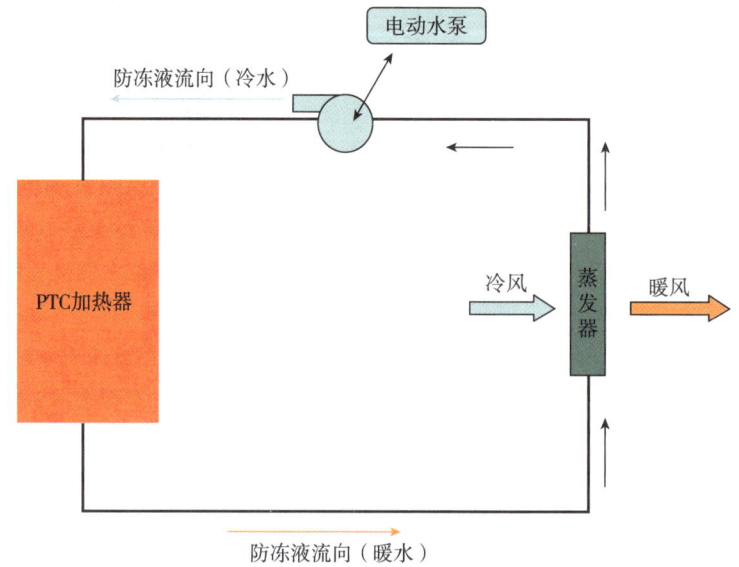

图 8-4-8　PTC 供热原理

PTC 电阻是一种具有正温度敏感性的典型半导体电阻,它可作为发热元件,也可用作热敏开关,还可用于检测温度,但是汽车上的温度传感器则用负温度系数的 NTC 材料。PTC 元件的温度、电阻的特性如图 8-4-10 所示。开始对元件通电时,其电阻会随着温度的升高而呈现缓慢下降的趋势,也就是其常温下的发热量较低。当温度超过"居里温度"时,它的电阻值会随着温度的升高呈阶跃性的增高,在狭窄温度范围内,如达到 250℃ 温度时,其电阻值会急剧增加几个至十几个数量级,即电阻变得极大,这就是所谓非线性 PTC 效应,吹出气体的温度最高可达 85℃,完全可满足空调制热的要求,如果高于 85℃,则 PTC 电阻变得极大,实际表现为自动停止工作。作为加热用的陶瓷 PTC 元件具有自动恒温的特性,可省去一套复杂的温控线路,而且其工作电压可高达 1 000 V,可直接由电池的高压供电。

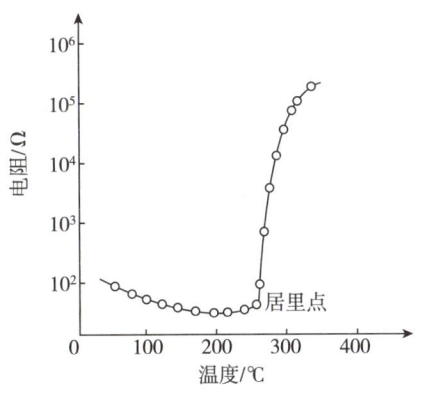

图 8-4-9　PTC 元件的温度—电阻特性

（2）储热罐供热

现代混合电动汽车所配置的发动机,多采用阿特金森循环,其特点是膨胀做功行程大于压缩行程,使热效率比普通发动机的奥托循环要高。提高发动机的经济性应是重点,这就要求发动机始终可靠地在经济转速下运行,发动机节省燃油,提高经济性,比提高发动机的动力性更重要。由于混合电动汽车运行特点,要求发动机的工况比较单一,既要回避怠速热车及小功率的运转,也不需要大功率的产出,因而应在中负荷下运行。为加速发动机的快速启动及热机过程,一般采用"储热罐"技术,利用储热罐将发动机运转时的循环冷却液储存起来,冷启动有一定的预热作用,可缩短热机过程。这种绝热的储热罐容量较大,放置在前保险杠内侧能长时间保持较高的温度,一般能保温 3 天。可利用储热罐的热量供给空调的稳定热源,有专用的电动泵将热水泵置入空调散热器。

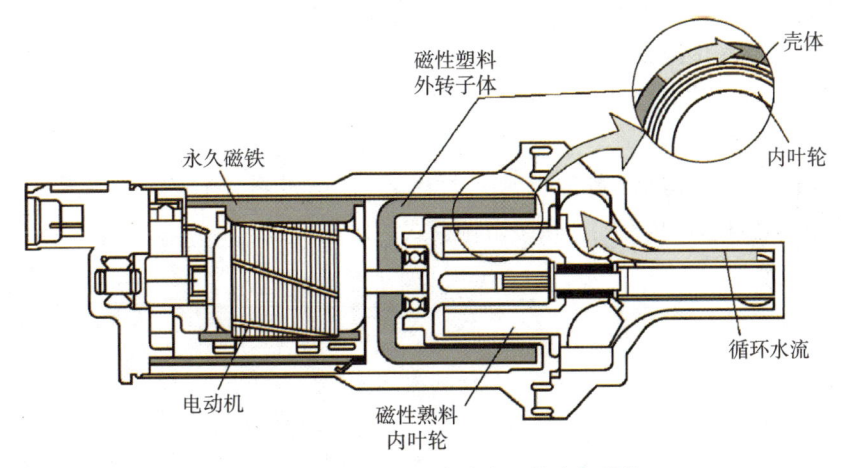

图 8-4-10　不接触式电动水泵的内部结构

不接触式电动水泵的内部结构如图 8-4-10 所示,它由电机驱动,但电机驱动叶轮不直接接触冷却液，称为不接触式水泵。电机的驱动力是通过磁性塑料，将外转子的旋转透过中间的壳体，直接驱动磁性塑料的叶轮内转子旋转，这就是磁性耦合的原理。这种水泵的特点是在运行时减少水的阻力，有效地降低了功耗。磁性塑料体是由磁性材料与树脂等混合压制而成的，能取得较好的磁力性能。

(3) 循环冷却液供热

若利用储热罐的供热方式，供热量已不能满足空调制热需求，空调控制系统将根据设定温度及冷却液温度等信号，综合判定让发动机工作，以让冷却液升温产生足够的热量。发动机运行的条件有：车外温度低于-3℃、冷却液温度低于50℃，当空调设定湿度高于20℃并有供暖需求时，则发动机运转；当电动汽车在内燃机拖动工况时，空调的供热会自动采取传统的发动机循环冷却液的供热方式。

8.4.2　电动空调系统的优点

相比传统空调系统，电动空调系统在环境保护、前舱结构布置及车厢舒适性等各项指标上均处于优势，其主要优点包括：

(1) 电动压缩机空调系统可以采用全封闭的HFC134a（目前主要汽车空调用制冷剂）系统及制冷剂回收技术，整体的高度密封性可以减小正常运行及修理、维护时制冷剂的泄漏损失，从而减少了对环境的污染。

(2) 电动空调的压缩机靠电动机驱动，因此可以通过精确的控制及在常见热负荷工况下的高效率运行来降低空调系统的能耗，从而提高整车的经济性。

(3) 采用电驱动，噪声较低、可靠性高、使用寿命长、故障率低。

(4) 对于一体式电动压缩机，取消了发动机与压缩机之间的传动带，没有了张紧件的质量，相对于传统结构减小了整车质量。

(5) 可以在上车之前预先遥控启动电动空调，对车厢内的空气进行预先调节，相比传统空调可增加乘员的舒适性。

思考与练习

1. 简述电动真空助力系统的组成及工作原理。
2. 简述 DC/DC 转换器工作原理。
3. 简述能量回收系统的工作原理及特点。
4. 按照电动机安装位置，简述电动助力转向分为哪些类型？
5. 线控转向系统有哪些优缺点？
6. 电动助力转向系统电动机过热会出现什么后果？
7. 简述电动空调系统的分类？
8. 简述涡旋式压缩机的结构及工作原理？
9. 电动机压缩机+电阻丝加热模式与热泵空调模式的区别？

学习重点：

学习难点：

必考点：

记录：

学习重点

学习难点

必考点

记录

学习重点:

学习难点:

必考点:

记录:

学习重点

学习难点

必考点

记录